KB235594

丁若鏞의 上帝思想

金 榮 一

景仁文化社

v

<목 차>

▫ 책머리에

서 론 ▫ 1

제1부 서학사상의 태동 ● 13

제1장 『천주실의』의 전래 ···················· 15
　Ⅰ. 들어가는 말 ························· 15
　Ⅱ. 간추린 내용 ························· 17
　Ⅲ. 입수된 경로 ························· 20
　Ⅳ. 역사적 의의 ························· 22

제2장 성호학파의 논변 ···················· 25
　Ⅰ. 공서파의 벽위론 ····················· 27
　Ⅱ. 신서파의 호교론 ····················· 37

제3장 유교와 서교의 갈등 ··················· 51
　Ⅰ. 국가·군주의 문제 ···················· 52
　Ⅱ. 가정 윤리의 문제 ···················· 55
　Ⅲ. 인권과 사회질서 ····················· 58
　Ⅳ. 맺는말 ··························· 61

제2부 다산의 천명사상 ● 65

제1장 천명사상의 淵源 ···················· 67
　Ⅰ. 들어가는 말 ························· 67
　Ⅱ. 원시 천 신앙 ························ 69
　Ⅲ. 공맹의 천관 ························· 71
　Ⅳ. 주자의 천명관 ······················· 74

제2장 주자학 비판 ··· 79

   Ⅰ. 실학의 발흥 ··· 79

   Ⅱ. 이기론 ··· 82

   Ⅲ. 심성론 ··· 88

제3장 천명의 해석 ··· 95

   Ⅰ. 종교적 천명 ··· 96

   Ⅱ. 윤리적 천명 ·· 103

   Ⅲ. 맺는말 ·· 113

제3부 다산의 상제사상 • 117

제1장 天의 의미 ·· 119

   Ⅰ. 들어가는 말 ·· 119

   Ⅱ. 天理로서의 天 ··· 124

   Ⅲ. 天主로서의 天 ··· 133

   Ⅳ. 上帝로서의 天 ··· 137

제2장 상제의 속성 ·· 147

   Ⅰ. 主宰性 ·· 149

   Ⅱ. 靈明性 ·· 156

제3장 상제와 인간 ·· 167

   Ⅰ. 상제의 명 ·· 167

   Ⅱ. 人間의 性 ··· 176

   Ⅲ. 맺는 말 ··· 186

제4부 다산의 윤리사상 ● 191

제1장 道心과 聖人 ··· 193
Ⅰ. 들어가는 말 ·· 193
Ⅱ. 道心과 人心 ·· 195
Ⅲ. 聖人의 道 ·· 210

제2장 『중용』의 天德 ··· 229
Ⅰ. 誠의 윤리 ·· 230
Ⅱ. 善의 실천 ·· 240
Ⅲ. 맺는말 ··· 254

결 론 ● 259

참고문헌 ▫ 271
찾아보기 ▫ 279

<h1 style="text-align: center">서 론</h1>

1. 한국기독교의 수용

    한국교회나 신자들은 타종교인의 생활과 만날 수밖에 없는 것이다. 서로 만나는 곳에는 대화가 생기며 대화가 되면 공통점과 상이점을 알게 된다. 우리가 알게 모르게 이렇게 만나는 가운데 한국의 토착화 신학이 형성될 수 있는 것이다.[1]

    종교들 사이의 사상의 교섭은 대화에서 그치지 않고 수용과 모방과 융합 등을 일삼는 데까지 나아간다. 이러한 현상은 자연스럽

---

1) 한국(토착화)신학을 모색해온 유동식 교수가 계간 『사상』誌 1989년 여름호에 발표한 논문 「한국인의 영성과 종교」에서 "한국은 동서의 종교문화를 하나로 가다듬는 수렴문화의 場이라는 점을 기독교가 인식해야 한다"고 강조했다. 이미 우리 신학계의 잘 알려진 독일의 신학자 J. Moltmann는 근세기에 들어와서 기독교가 서구의 식민주의나 제국주의와 손을 잡고 비기독교인 모든 종교를 미신이나 이단으로 보았던 서구 중심주의 기독교 시대가 끝나고 새로운 세계선교의 시대가 열렸다고 하면서 이렇게 역설하고 있다. "기독교는 토착화의 모든 형태를 발전시키지 않으면 안 된다. … 구라파 중심주의는 끝난 것이다. 이것은 토착화된 기독교가 때때로 여러 토착 종교와의 대화, 교환 그리고 상호관련에 들어가는 것을 의미한다." 비교(cf.) "어찌하여 억지로 이방인을 유대인답게 살게 하려느냐 하였노라"(갈라디아서 2: 14下).

든지 또는 의도적이든지 가능할 것이며 지상의 종교로서 이러한 역사를 갖지 않은 종교는 아마도 없을 것이다.

가령 한 사람의 서방선교사가 기독교와 다른 종교지역에서 선교사업에 종사하고 있다고 하자, 그는 거기서 현지의 원주민들에게 그가 가지고 온 메시지를 전달하기 위해서는 우선 원주민들의 말을 배우지 않을 수 없을 것이다. 현지의 말을 학습한 이 선교사는 그가 가지고 온 기독교 교리를 번역하는 일을 하지 않으면 안 되는 것이다. 그는 우선 기독교의 神에 대한 설명을 현지의 말로 해야 하는 것이다. 현지의 말 가운데 가장 서방적인 기독교의 관념에 근사한 것을 골라서 이것을 기독교화(Sprachverchristlichung)하는 방식으로 이루어진다. 이 단계에서 이미 문화의 융합 현상이 형성되기 시작하는 것이다.[2] 다만 기독교는 일방적이고 배타적인 경향이 강한 것뿐이다.

유교가 우리 전통사회의 사상적 주류이었다면, 기독교는 서양문화의 정신적 기반을 이루고 있는 것이다. 여기서 조선조의 전통사회가 서학과 만날 때 일어나는 갈등의 이념적 근거는 먼저 유교와 기독교의 교리의 상이점에서 찾아볼 수 있게 된다.[3] 유교와 기독교 사이에 있어서 18세기 말엽과 19세기에 일어났던 갈등의 양상과 성격을 제대로 해명하기 위해서는, 우선 그 이전까지 거의 아무런 상호교류와 이해의 기회나 필요성을 갖지 못하였던 동양과 서양이라는 두 상이한 문화권이 너무나 갑자기 만났다는 사실과, 또 이 만남의 장으로 서양이 일방적으로 동양에 침투해 들어와서 만나게 되었던 상황을 전제로 의식해야 할 것이다. 특히 유교적 가치체계의 침잠해 있던 전통적 문화체계인 조선후기 사회에, 이와는

---

2) 정대위, 1986, 『그리스도교와 동양인의 세계』, 한국신학연구소, 21~22쪽.
3) 금장태, 1984, 『동서교섭과 한국근대사상』, 성균관대 출판부, 11쪽.

이질성이 너무나 현격한 외래적 가치체계인 기독교신앙이 조선인의 자율적 탐구로 수용된 사실은 경탄과 환희, 그리고 한편으로는 곤혹과 박해의 두 흐름을 자아내었다.[4]

한국기독교사상의 초기 수용문제를 다루는데 있어서 그 시기를 17세기 초엽부터 1801년(순조 원년)까지로 하였다. 그 근거는 조선조에 기독교가 소개된 것이 한역서학서에 의해서 이루어졌는데, 서학사상 태동의 주요서적인 Matteo Ricci(利瑪竇, 1552~1610)의 『天主實義』가 북경에서 간행된 연대가 1603년이었고, 또한 이 간행연대와 그것이 조선조에 전래되기 시작한 연대가 큰 차이가 없기 때문에 이를 기점으로 하였고, 여기서 시작하여 수용의 초기가 끝나는 순조 원년까지 잡은 것이다.[5]

사실상 이 시기는 무엇보다도 우리의 전통사상과 이념을 아는 학자들이 주동이 되어 수용한 때이며 따라서 별로 서양선교사들이 영향을 주지 못하였고 우리의 유학자들이 주체가 되고 평신도가 주체가 되어 수용한 가장 특징 있는 시기라고 말할 수 있는 것이다.[6] 이 시기를 한정지어서 한역서학서 특히 『天主實義』에 내포된 이질적 가치체계가 조선조 전통사회에 작용한 사상사적 영향을 밝히려고 한다.

조선후기사회는 유교의 전통과 사상을 正統으로 삼고 있던 사회였기 때문에 서양종교(西敎)인 기독교가 어떻게 이 전통사회에서 받아들여졌으며 또는 그것과 어떻게 충돌했는가 등의 문제를 봐야

---

4) 이원순, 1990, 「한국교회사 연구사」 『교회와 역사』 제178호, 한국교회사연구소, 18쪽.
5) 최석우, 1982, 『한국천주교회사의 탐구』, 한국교회사 연구소, 9쪽.
6) 위의 책, 같은 쪽. 이 시기에 기독교라 함은 물론 가톨릭 교회이지만 조선후기 사회에서는 궁정에서 또는 학자들에게서 西敎라고 일컬었다. 아주 훌륭한 茶山年普인 「俟菴先生年普」에서 西敎로 나오고 있음을 자주 발견할 수 있다.

하므로 이제는 어떤 자료들을 가지고 써야할 것인지 뚜렷해진다. 첫째는 기독교를 받아들이도록 기록한 자료들(護敎論), 둘째는 기독교를 반대하도록 기록한 자료들(斥邪論), 셋째는 한국교회의 사정을 있는 그대로 전하는 자료들(宣敎論)이 있다.[7] 그렇다면 이 글이 어떻게 쓰여져야 할 것인지 분명해진다.

이와 같이 <한국기독교의 수용>이 엮어져 나와야 비로소 한국기독교의 정체성이 무엇인지 드러나게 되고 한국적 신학이 활발하게 형성되리라 믿는다. 한국에 이미 기독교가 토착화하기에 4세기간의 역사가 있었다고 주장한다면, 한국신학의 형성은 이 나라 초기교회의 역사와 전통을 해석하는 일로부터 시작해야 할 것이다. 그리고는 한국기독교사상의 특징을 찾아야 할 것이고 또한 그것이 가지는 타당성을 가지고 학문적으로 논의하고 비판을 주고받아야 할 것이다.

2. 茶山의 『中庸』 해석

丁若鏞(茶山 1762~1836)은 주자학뿐만 아니라 양명학, 노장사상, 불교 및 기독교(서학)에 이르기까지 다양한 사상 유파들을 섭렵하여 비판적으로 수용하고 그 자신의 독창적인 한국철학을 전개하였다. 그는 그 자신의 사상을 <修己・治人>의 영역으로 구분하였

---

7) 김영일, 1985, 「한국기독교의 역사성」『신앙세계』, 8월호, 참조. 여기서 가장 중요한 대표적인 기초자료를 한 가지씩 간추려 말한다면, 첫 번째 호교론은 Matteo Ricci의『天主實義』이고, 두 번째 척사론은 이만채의 『闢衛篇』이고, 세 번째 선교론은 C. Dallet의『韓國天主敎會史』; *Historie de LEglise de Coree*, Paris, 또는 영역본으로 *The History of the Catholic Church in Korea*이다.

다.8) 修己의 영역은 經學을 말하고, 治人의 영역은 經世學을 말하고 있다. 茶山이 그의 경학사상을 체계화함에 앞서 무엇보다도 해결해야 할 문제라고 여겼던 가장 중요한 일은 상제사상이라고 할 수 있다. 물론 그의 상제사상은 수기의 영역에서 경학 특히『중용』해석으로 밝히고 있고, 또한 그의 해석에서 그 자신의 독특한 사상을 드러내고 있다. 그러므로 그의『중용』해석을 중심으로 天命·上帝·倫理思想을 밝혀 나가고자 한다.

경학은 중세의 보편적 학문방식이었다. 朱熹(朱子 1130~1200)와 茶山 역시 이 전통에 누구보다 철저했다. 두 사람은 자기 나름대로의 사상을 주로 <경전의 해석>이라는 공통의 장을 통해 펼쳤던 것이다. 茶山의 경학은 本源儒學의 사상과 朱子의 새로운 해석 사이에서 성립된다. 그의 경학은 주자학의 사유와 논점을 이해하고 거기에 내포된 문제를 비판하는 과정에서 형성되고 심화되고 세련되어 갔다.9)

茶山은 주자학 비판을 통한 새로운 철학체계의 수립의 기초를 훈고의 방법으로 語義의 명료화에서 구하려고 했던 것으로 볼 수 있다. 훈고를 통한 어의의 명료화는 그의 입장에서 볼 때 모든 경전연구에 있어서 일차적으로 해야 할 작업이다. 그는 경학을 연구함에 있어 漢唐의 훈고학, 宋明의 주자학, 淸代의 고증학을 모두 포용하며, 비판적인 안목에서 본원유학의 참 뜻을 깨우치고 있다. 여기서 그는 의연하게 주자학의 사유체계를 전면적으로 그리고 적

---

8) 茶山은『牧民心書』의 序文에서 "大學教國子, 使各修身以治民. 治民者, 牧民也. 然則君子之學, 修身爲半, 其半牧民也"라 하였다. 그의 학문적 성격은 修己治人의 學임을 뜻하고 있다. 丁若鏞,『與猶堂全書』(景仁文化社, 영인간, 1982)를 인용할 때, 예를 들면 第一集 卷八 第三十面 前段을 이후부터는『全書』Ⅰ, 8/30a라고 약칭한다.
9)『全書』Ⅱ, 21/1b "余惟讀書之法, 必先明詁訓. 詁訓者, 字義也."

극적으로 검토한 바탕 위에 그 자신의 새로운 사상을 세워나갔다.

그의 주된 학문적 동기는 그 당시에도 여전히 지배적인 학문의 지위를 누리고 있던 주자학의 空疏性에서 탈피하여 실천 지향적인 학문체계를 세우고, 이에 의거한 이상적인 새로운 세계의 건설을 위한 구체적인 안을 제시하는 것이었다. 그 가운데 그의 경학의 연구 성과는 주자학의 체계를 극복한 실천 지향적 학문체계를 세우는 방면에 해당하며, 經世的 實學의 체계는 현실 속에 이상적인 새로운 세계를 세우기 위한 구체적인 제시를 하고 있는 것이라 할 수 있다.10)

그의 중용사상을 알기 위해서 우선 그의 학문배경과 그 성격을 고찰해야 한다. 그의 학문배경은 크게 두 가지로 나누어 볼 수 있다. 그 하나는 李瀷(星湖 1681~1763)으로부터 이어 받은 유학의 학통과 실학의 치인학 태도이고, 또 다른 하나는 李檗(曠菴 1754~1801)으로부터 이어 받은 補儒論的인 西學의 학문방법이다. 즉 철학적인 면에 있어서는 성호의 영향을 받았고, 그리고 종교적인 면에서는 광암의 영향을 받았다고 하겠다.

茶山은 그의 가족과 친지들, 특히 그의 매부인 李承薰(1756~1801)을 따라 성호의 저술을 읽으면서 학문적으로 이미 성호학파에 참여하게 되었다.11) 그들은 현실적 실천이 없는 주자학에 염증

---

10) 성태용, 1994, 「茶山 정약용의 철학사상」『철학과 현실』, 겨울호, 110쪽.
11) 김영일, 1995, 「韓國初期天主教思想史考」『한국신학의 토착화론과 사회윤리』, 국학자료원, 35~76쪽 참조. 1777년 16세 때 茶山은 이가환과 친교를 맺으면서 그의 권고로 성호문집을 읽었고 이익의 학문을 하겠다고 결심한다. 당시 새롭게 형성되어 가던 학파에 속한 실학임을 알 수 있다. 성호 이익의 사상은 안정복(1721~1791)을 중심으로 하는 우파인 攻西派와 녹암 권철신(1736~1801)을 중심으로 하는 좌파인 信西派로 나누어지는데, 정약전(1758~1816)과 정약용 두 형제는 권철신의 학문을 계승하였다. 권철신의 묘지명에 의하면 茶山은 경전 해석에 있

을 느끼고 중국을 통해 들어오는 한역서학서를 읽으며 새로운 학문적 체계를 모색하였다. 그래서 그는 현실과 이념의 조화를 추구하면서 관념적 의리론자의 비실제적 공소성을 부정하고 실질적 효과를 통한 진실성과 정당성의 근거를 제시하고자 하였다.

天主教 教理에 처음 접촉한 시기가 23세 때인 1784년이라는 그 자신의 기록을 일단 인정한다면,[12] 당시 그는 經義進士가 되어 성균관 대학생으로 학업을 닦고 있었으며, 그 해 여름에 정조 임금이 성균관에 내린『중용』에 관한 의문점 70조에 대한 해답을 위하여 서울 시내 수표교에서 독서하던 광암 이벽(그의 큰형 정약전의 처남)을 찾아가 토론을 하여 초고본『中庸策』(후에『중용강의』로 보강됨)을 이루었다.[13]

그는『中庸』의 근본을 천명으로 보고 하느님(上帝)에 대한 징험에 있어서는 광암의 인용문을 아무런 이의 없이 받아들이고 있다. 여기서도 Ricci처럼 神(god)에 대한 증명(합리론)이 아니라 광암처럼 하느님(上帝)에 대한 징험(경험론)을 말하고 있다. 그러나 理氣論에 있어서는 광암은 李滉(退溪 1501~1570)의 理發氣隨說을 따르고 있지만, 茶山은 李珥(栗谷 1536~1584))의 氣發理乘一途說을 따르고 있다.

광암 이벽은 한국기독교의 수용 초기에 유학과 서학의 접합을 모색하던 탁월한 학자이다. 따라서 이 책들은 서학의 영향을 받아

어서 그의 영향을 많이 받았다고 기록하고 있다.
12) 이것은 茶山 선생의 玄孫인 丁奎英이 편찬한『俟菴先生年譜』에 따른 것이다.
13)『全書』Ⅱ, 4/1a. "亡友曠菴李蘗, 在水橋讀書, 就問其所以對. 曠菴樂之 爲談討, 相與草創." 광암에 대한 대표적인 연구서적으로는 다음과 같은 두 편의 박사학위 논문이 있다.
김옥희, 1979,『광암 이벽의 서학사상』, 카톨릭출판사.
이성배, 1985,『이벽의 한국적 신학원리』, 분도출판사.

유학을 실존적 종교의 관점에서 해석하던 그의 사상적 영향이 강
하게 내포되어 있다.[14]

1) 문제와 과제

茶山은 실학자이기에 당시 수입된 서양의 과학 사상과 천주교
사상에 대한 관심과 이해가 깊었다. 그의 형제·친척과 학우들 중
많은 사람들이 천주교 탄압에 의하여 죽임을 당하거나 유배되는
처지였으며, 그 자신도 한 때 천주교 신앙을 받아들여 이로 말미암
아 좌천당하거나 유배의 삶을 살았다. 따라서 우리는 그의 사상에
있어서 서학(기독교) 수용의 측면 역시 결코 무시할 수 없다.

그의 상제사상은 천주교 신앙을 흡수함으로써 유학사상의 새로
운 장을 열었다고 할 수 있다. 그는 본원유학의 天 관념에 그대로
회귀한 것이 아니라 서학을 수용해서 상제사상을 재발견하여 더욱
풍부하게 하고, 그것을 현실 사회에서 새로운 세계관을 구축하기
위한 근거로 삼았다. 그의 사상은 기본적으로 본원유학의 上帝天
관념과 Ricci의 대표적 저서『天主實義』[15]의 천주사상에 영향을 받
아 전개되고 있기 때문에, 茶山의『中庸』해석은 동·서양 사상의
세계관을 이해하고, 더 나아가서 그것을 지양하여 서로 융통할 수
있는 새로운 지평 모색의 근거를 찾는 데 더 없이 중요하다.

Ricci의『天主實義』는 중국·한국·일본·몽고 등 한자문화권

---

14) 琴章泰, 1989,『韓國實學思想研究』, 集文堂, 181쪽.
15) 제1부 제1장 참조. "吾天主, 乃古經書, 所稱上帝也. 中庸引孔子曰: '郊
    社之禮', 所以事上帝也"(『天主實義』, 85~86쪽). 앞으로 筆者가 Matteo
    Ricci,『天主實義』(韓國敎會史硏究所, 1972)를 인용할 때는 Matteo Ricci,
    앞의 책, … 쪽으로 표기하고자 한다.

에 속하는 여러 나라에 커다란 사상적 영향을 주었던 책이다. 서양인이 한자로 저술한 서적으로 이보다 더 큰 영향을 남긴 것이 없다. 그 유명한 책이 동북아시아 전통사회에 천주교 신앙을 정착시켰고, 서구윤리사상의 유포에 기여하였다.[16] 乾隆帝는 비록 천주교의 박해자였으나, 그 책을 중국의 양서로 평가하고 四庫全書에 수록하였다.

茶山은『天主實義』의 영향을 받고 있다. 그러나 좀 더 따지고 보면 그 영향을 받으면서도 미묘한 차이를 보이고 있다. 그는 유학자로서 어디까지 서학을 수용하고 있으며, 서학에 어느 만큼 동화되어 있는지를 알아내야 할 것이다. 결국 이것은 그가 한국유학의 독자적인 입장을 지켜내고 있는지를 밝혀야 함을 의미한다. 우리는 이러한 문제와 과제에서 茶山 사상의 특징을 찾아내야 하리라 생각된다.

필자는 茶山의 사상을 한국유학의 역사적 전개라는 입장에서, 그가 기독교 사상[17]을 수용한 근거가 된 그의 상제사상에 대한 연구를 통해 그의 사상의 특색과 동·서양 사상이 어떻게 만나고 헤어지고 있는지를 알려고 한다.

그 자신의 기록에 따르면, 23세(1784) 때 그는 광암 이벽을 통해 서학을 본격적으로 연구하기 시작하였고, 젊은 유학도로서 우주와 인간의 문제에 관한 천주교 교리에 감동되고 심취하였다 한다.[18]

---

16) 李元淳, 1989,『朝鮮西學史硏究』, 一志社, 60쪽.

17) 筆者는 <基督敎 思想>을 넓은 의미로 천주교와 개신교를 함께 생각하는 말로 쓰고자 한다. 물론 여기서 茶山이 말하고 있는 <西敎>는 天主敎 敎理(Thomism)이다. 물론 개신교 신앙의 근원도 초대·중세교회의 교리에 두고 있으나, 신·구교가 서로 견해 차이를 좁히지 못하고 있음을 나는 부끄럽게 느끼고 있다.

18) 茶山은 그 자신의 기록에 의하면, 그가 23살 때 천주교의 독실한 신자인 이벽(1754~86)을 만나『天主實義』를 비롯한 기독교 서적을 얻어 읽

그는 24세 때 서울 명동의 中人 김범우 집에서 있었던 신앙집회에 참석하였으며, 26세 때 성균관 근처의 민가에서 이승훈과 더불어 교리연구를 하였고, 30세 때까지 천주교 신앙에 깊이 젖어 있었다가 전라도 진산에서 있었던 윤지충의 사건(1791)[19]을 계기로 신앙생활을 떠났던 것이다.

그런데 茶山과 천주교 신앙의 관계를 이해하는데는, "그는 일생 동안 천주교도인가? 아니면 30세 이후로는 배교하고 유학적 신념을 지켰던가?" 라는 소박한 질문에 대답이 필요하다. 이 점에서 Dallet의 『韓國天主敎會史』와 茶山 자신의 기록은 상반된 대답을 주고 있다.[20] 이러한 사실에 대한 최종적인 해답은 확고한 증거와

게 된다. 이벽은 그의 맏형수의 남동생이다. 그 자신의 글에 따르면 이렇게 적고 있다. "갑진년(1784) 4월 보름에 맏형수의 기제사를 마치고 나의 형제들은 이벽과 함께 같은 배를 타고 물을 따라 내려왔다. 배 안에서 천지창조의 시원이나 신체와 영혼 또는 삶과 죽음의 이치에 관하여 들으니 놀랍고 의아하여 마치 은하수가 무한한 것과 같았다. 서울에 돌아오자 이벽을 따라가 『天主實義』와 『七克』 등 몇 권의 책을 보고 비로소 기뻐하여 마음이 기울어졌다"(『全書』 I, 15/42a). "이벽을 따라 놀면서 서교(천주교)에 관해서 듣기도 하고 서학서를 보기도 하였으며 정미년 이후 4, 5년 동안 마음을 기울였다"(『全書』 I, 16/1b). 이벽에게서 처음 천주교 교리를 들었을 때, 茶山은 그의 세계관을 이루는 우주와 人生 문제에 대한 근본적 인식을 새롭게 하는 계기가 되었다.

19) 1791년(신해)에 전라도 진산의 윤지충이 천주교 신도로써 일으킨 분주폐제(焚主廢祭)한 사건으로, 이른바 '전례문제'가 일어났다. 홍낙안의 상소로 말미암아 윤지충(茶山의 외종형)과 권상연(윤지충의 외종형)의 처단에 그치지 않고, 그 여파가 권일신과 이승훈에게까지 미치게 된다. 이러한 전례문제는 조선의 선비로는 받아들이기가 어려웠다. 茶山은 그의 「자명소」에서 말하고 있는 데로, 유교와 기독교의 윤리적 갈등으로 천주교 신앙을 떠났다. 그는 유교의 윤리를 따르고 있다.

20) Dallet는 茶山이 유배기간과 만년에도 천주교 신앙에 열심이었고, 죽기 전에 중국인 유방제(파치피코) 신부에게서 임종성사를 받았다고 기록하고 있다(안응렬·최석우 역, 1980, 『한국천주교회사』, 中卷, 186쪽). 그러나 茶山은 정조에게 벼슬을 사양하는 상소, 이른바 「자명소」에서

연구를 좀 더 기다린 다음에 내려도 좋을 것이다. 다만 그 자신은 어느 곳에서도 명시적으로 서학의 영향을 이야기한 적이 없기에, 일단 茶山의 논리 전개에 따라 그의 <上帝思想>을 Ricci의 『天主實義』와 비교하면서 살펴보기로 하겠다.

그의 『중용강의』는 초고가 이루어진 30년 후 전라도 강진에서 유배생활 중에 고쳐 쓴 『중용자잠』과 『중용강의보』(1814)로 완성되었다. 그 때에도 그는 광암 이벽의 크나 큰 학덕을 회상하고 있으며,21) 초기사상을 지속적으로 간직하고 있음을 알 수 있다. 이 『중용』 해석은 茶山의 사상체계 속에서 유학과 서학의 이념이 조화롭게 만나는 창의적 융화가 이루어지고 있다. 특히 3, 4부에서는 이 『중용』 해석을 통하여 茶山의 상제사상에 있어서 유학과 서학이 서로 만나는 양상을 용어의 개념을 중심으로 살펴보고자 한다.

2) 방법론

유학과 서학이 조선실학자인 茶山에 의해 이해되는 과정에서 표출되는 인간 인식의 조건과 한계를 비교철학적 관점에서 고찰하는 것이 본 논문의 연구방법이다. 자기와는 다른 사상과의 만남은 본질적으로 상호차별을 인정하는 적극적 문화의식을 전제로 한다.

자기 마음속에 품고 있든 것을 진술하면서, 맨 끝 부분에 "지금 계획한 일은 오직 경전에 잠심하여 만년의 보답을 도모함이니, 영달의 길에서 자취를 멀리하여 자정하는 뜻을 본받고자 합니다"라고 맺고 있다. 그는 「자명소」에서 유학자임을 강하게 내비치고 있다.

21) 『全書』 Ⅱ, 4/1b. "使曠菴而尙存, 其進德博學, 豈余比哉. 合觀新舊, 其必犁然. 一存一亡, 何嗟及矣." 그는 『中庸』 주석에 대한 견해가 단순히 자신의 입장이 아니라 광암 이벽과의 토론을 회상하며 이끌어낸 것이기에 신구의 의견을 합하여 보면 광암 이벽과 일치되었음을 여기에 밝히고 있다.

자기반성(Nachdenken)이라는 인식에 학문 방법적 기반을 가진 철학
은 타자와의 비교행위 속에서 비로소 자의식(Selbstbewusstsein)에 도
달할 수 있다.

우리가 유학이라는 사상과 서학이라는 사상을 비교할 수 있는
정당성은 무엇인가? 필자는 그 이유를 각기 다른 철학들이 "동일
하거나 비슷한 주제(the same or similar themes)"를 다루고 있기 때문
이라고 말하겠다. 그들이 전혀 상이한 문제들을 토론하고 있다면
어떻게 비교가 가능하겠는가? 비교철학이란 일단 기본적인 유사성
을 인정한 다음에야 차별성을 토론할 수 있다는 것이다.[22]

우리는 이제 <비교철학>을 "둘 혹은 그 이상의 철학 사상이 가
지고 있는 중요한 특성을 비교하여 그들의 유사성과 차이성을 동시
에 들어내는 철학의 한 분야"라고 정의를 내릴 수 있다.[23] 本書에서
비교철학적 방법으로 유사성과 차이성을 동시에 드러내는 작업을
하고자 한다. 필자가 늘 관심을 갖고 있는 특수한 주제 곧 하느님
(上帝)을 놓고 유학과 서학을 비교하려는 것이다. 따라서 이 주제를
놓고 茶山과 朱子와 그리고 Ricci 사이에서 논쟁을 하게 될 것이다.

사상에 있어서 보편(Allgemeines)과 개별(Einzelnes)은 결국 내가 사
는 땅인 한국이라는 특수(Besonders) 속에 매개되어 우리에게 인식
된다. 우리가 21세기 다원화 세계로 접근하기 위해서는 <같음>
(유사성)과 <다름>(차이성)에 대한 새로운 이해와 틀을 요청하고
있다. 우리 문화의 새로운 세계관을 열 수 있도록 시사하는 바를
찾는 것이 본서를 집필하는 동기라고 할 수 있다.

---

22) 黃弼晧, 1988, 「비교철학이란 무엇인가」『哲學』 제29집(봄호), 23쪽.
23) 위의 책, 26쪽.

제1부

서학사상의 태동

제1장 『천주실의』의 전래

제2장 성호학파의 논변

제3장 유교와 서교의 갈등

제1장

『천주실의』의 전래

Ⅰ. 들어가는 말

조선후기사회에 있어서의 서양문물의 전래양상은 다른 나라의 그것과 특이한 점이 있다. 우리 나라의 그것은 우리 나라와 관계를 갖게 된 서양인에 의해서 전래된 것이 아니라 우리 나라 사람들의 손에 의해서 직접 도입되고 연구되었다는 점이다. 즉 수동적으로 전래를 받은 것이 아니라 능동적으로 도입되었다는 사실이 우리 나라의 서양문물 전래의 특성인 것이다.[1] 따라서 조선조의 西敎는 먼저 그것이 신앙의 종교로서보다는 문헌에 의한 이론적이며 학문적인 연구와 비판으로 수용되었음이 그 특성인 것이다. 한국에 있어서 기독교 신앙은 한역서학서[2] 연구가 가져온 성과였다.

---

[1] 이원순, 1989, 앞의 책, 49쪽 ; 또는 김양선, 1980, 『한국기독교사연구』, 기독교교문사, 30쪽.

[2] 서양선교사들이 천주교를 전교하는 한편 서양문물을 전수하기 위하여 서양의 종교・윤리와 지리・천문・역사・과학과 기술관계의 서적을

明·淸을 왕래하는 조선사절단을 통하여 북경 천주당에서 예수회 신부 Ricci를 비롯한 그의 후계자들이 저술한 많은 과학서적들과 기독교 서적들이 우리 나라에 도입되었다. 거기에는 『天主實義』도 있고, 『七克』도 있고, 수백 종류의 한역서학서가 있으나,[3] 가장 알려지고 많이 읽혀진 책이 바로 Ricci의 『천주실의』이다. 서양인이 저술한 한문 서책으로 이보다 더 큰 영향력을 발휘한 것은 없다.

우리 나라의 서학은 조선후기사회의 유교적 지식인 일부에서 명·청으로부터 사신들의 손을 거쳐 꾸준히 도입된 한역서학서에 대한 학문적인 접촉과 연구를 지칭하는 역사적 용어인 것이다. 그것은 종교적·윤리적 측면의 <理>에 대한 것과 과학적·기술적인 측면인 <器>의 내용을 모두 포함하는 학문활동이었다.[4] 다만 전자만을 가리켜 그 종교활동을 지칭할 때는 천주교 또는 西敎라는 말로 표현하기도 하였다. 茶山은 그 자신의 글에서 西學을 西敎(천주교)와 西書(서학서)를 나누어서 말하고 있는데, 본서에서 필자는 <서학>을 특히 天主學 서적인 『천주실의』를 중심으로 하여 다루고 있다.

한문으로 번역 또는 저술한 서책을 한역서학서라 한다.
3) Matteo Ricci 신부가 『天主實義』 등의 서학서를 한문으로 저술·출간한 후 반세기 사이에 많은 예수회 신부들이 이마두(Ricci)의 사상을 계승하여 350여종에 달하는 한역서학서를 출간한 바 있다. 그러나 그것이 산재해 있음으로 西敎를 연구하고자 하는 人士들이 손쉽게 입수 열람할 수 없는 안타까움을 덜고자 중국학자 李之操(1565~1630)가 『천주실의』를 비롯한 아주 중요한 서교 서적을 가려 뽑아 수합하여 체계적인 총서를 꾸민 것이 『天學初函』이다. 이것은 조선 신진학자 사이에 비상한 관심을 모았던 그 유명한 책이다.
4) 이원순, 1989, 앞의 책, 13쪽.

Ⅱ. 간추린 내용

Matteo Ricci(利瑪竇 1552~1610)가 당시에 주자학적인 학문 바탕 위에 서있었던 여러 문인들과의 대화에 기초하여 작성한 『天主實義』(1603)는 이미 400년 전에 중국의 전통문화 속에 서양 철학사상 특히 Aristoteles의 철학과 그것에 근거하는 Thomism을 체계적으로 소개한 최초의 전문서적이다.[5] Ricci는 거의 완전하게 한문을 구사하여 중국고전을 소화하였고 중국 상고사상에 밝았고 대화체의 방법을 빌어 동양 유교철학과 서양 스콜라철학의 접착을 기도하여 『천주실의』를 저술한 것이다.[6]

『天主實義』의 서양 이름은 *De Deo Verax Disputatio*이며 그 뜻은 "神에 대한 참된 토론"이라는 것이다. 이 책의 내용은 한 마디로 서학의 천주교 교리서 내지는 입문서이다. 『천주실의』를 편찬하면서, 그는 기독교의 중요한 개념, 특히 <하느님>을 바로 유학의 고전 속에 등장하는 <天>이나 <上帝>와 동일한 존재로 본다는 기본전제를 하고 있다. Ricci는 이 책을 집필하고 있을 당시에 이렇게 고백하고 있다.

> 우리는 카톨릭의 신앙진리를 카톨릭의 신학저서에 의하여 증명하는 한편, 사서육경과 그 밖의 중국학자들의 문헌을 참고했고, 거기에는 하나님의 단일성, 영혼의 불멸성, 그리고 선한 자(善者)의 영광 등에 대한 우리의 신앙과 부합되는 논증을 들 수 있었다.[7]

---

5) 송영배, 2000, 「유교와 기독교의 충돌과 대화의 모색」 『교우론, 이십오인, 기인십편』, 서울대출판부, 507쪽.
6) 이원순, 1989, 앞의 책.

　그 저서의 주제가 되는 내용은 천주의 속성 및 인간의 본성, 영혼불멸과 상선벌악 등의 천주교 교리와 親儒斥佛論 등에 대한 견해를 표명하고 있다.

　그의 이러한 집필 의도는 토착문화 적응의 선교방법으로 현명한 것이었다. 사실상 유교의 본원지이며 유학사상의 사회이념으로 고정되어 있는 동양사회에 있어서 스콜라 철학으로 이론화된 카톨릭 신앙이란 너무나 이질적인 것이었기에 설득력 있는 학문저작이란 그렇게 용이한 일이 아니었다. 그러나 Ricci는 先秦에서 孔孟에 이르는 중국고전을 섭렵하고 이어서 스콜라 철학적 天主思想과 공명성을 지닌 중국 고대종교 사상을 자기 이론화하는데 도입하였던 것이다.[8]

　신자를 위한 강론이라기보다는 일반독자를 위한 저술인데, 누구나 자연이성의 빛으로 조명해 보아서 수긍이 갈 수 있도록 쓰여진 그런 책이다. 내용의 체제로서는 중국선비(中士)와 서양선비(西士) 사이의 대화체로 중국선비(中士)가 묻고 서양선비(西士)가 답하는 護敎를 염두에 둔 일종의 변증적 교리문답서이다. 이 책 첫 장(首章)에 나오는 "천지 중에 주재하시는 일위의 천주"부문에서는 논리적으로 그 존재를 증명하고 제2장에서 "천주는 經書에 나오는 上帝와 동일한 분"이라고 정의하였다.[9]

> 　우리들의 천주는 중국 고전 가운데서 말하는 上帝입니다. 『중용』 가운데 공자의 말을 인용하면 '郊社의 祭禮로 상제를 섬긴다'고 했습니다. … 『시경』 大雅에 "오직 이 문왕이 공경하고 섬기며 상제를 밝게 섬긴다"고 했습니다. … 여러 古書를 읽어보았습니다만 상제와

---

7) 이원순, 1986, 『한국천주교회사 연구』, 한국교회사연구소, 35～36쪽.
8) 위의 책, 36쪽. 또는 정대위, 앞의 책, 28쪽.
9) Vincent Cronin, 1989, *The wise man from the west* ; 이기반 역, 『西方에서 온 賢者』, 분도출판사, 245쪽.

천주는 이름이 다를 뿐임을 알았습니다.[10]

　기독교가 동양인의 心魂과 접합할 수 있는 최상의 방법은, 그것
은 비교적 순수했던 본원유학의 종교사상으로 돌아가는 길이었다.
본원유학의 天思想으로 돌아가는 거기서 上帝와 만나게 하려는
것이었다.

　Ricci는 천당·지옥의 문제에 있어서 불교와 서로 비슷한 용어의
사용으로 인한 오해를 피하기 위하여 불교적인 사후 세계관 "윤회
육도설"의 비판에 주력하고 있다. 그는 유교에 대하여서는 詩·書
經등의 경전 속에 "先王이 在天"하고 있다는 기록을 인용하여 유
교에도 천당·지옥설이 있는 것이라 하여 유교와의 조화 속에 서
학을 이해시키려는 노력을 기울였음을 보여주고 있다.[11] 이외에도
그는 여러 문장에서 詩·書經의 글을 인용하여 천주의 속성과 상
선벌악 및 영혼불멸에 대한 설명을 하고 있다.

　그는 기독교적인 聖化와 경건 역시 중국적인 군자의 생활 가운
데서 찾아보려고 노력하였다. 기독교의 교리적이고 사상적인 구조
에 있어서 뿐만 아니라 양식과 생활에 있어서도 Ricci는 대담하게
유교적인 것을 많이 채용하였다.[12] 그는 『天主實義』에서 동양인
일반의 수신교과서인 유학의 평서들을 원용하면서 동양인이 보편
적으로 이해할 수 있는 기독교 변증론을 유교 용어를 골격으로 하
여 썼다. 동양인의 심성으로 이해할 수 있는 동양적 기독교의 모형
을 주조한 것이다.[13]

---

10) Matteo Ricci, 1984, 이수웅 역, 『天主實義』, 분도출판사, 39~40쪽.
11) 금장태, 1982, 『한국 유교의 재조명』, 전망사, 314쪽.
12) 정대위, 앞의 책, 29쪽.
13) V. Cronin, 앞의 책, 244쪽.

Ⅲ. 입수된 경로

『天主實義』가 북경에서 개정판이 된 후 상당히 빠른 속도로 한자문화권에 속하는 여러 나라로 유포되었다. 그 속도는 매우 놀라운 것이어서 1604년에는 일본에 전해진 증거가 있으며, 우리 나라에도 17세기초 중국에 갔던 사신이 받아온 것으로 되어 있다. 明·淸에 파송되던 수행원들은 단순한 호기심에서 또는 의도적인 탐구욕에서 서양기독교 성직자인 예수회 수사들이 살고 있던 북경 천주당이나 서양과학·기술 제공기관으로 되어있던 欽天監을 방문하여 필담을 가졌다. 작별할 때 그들로부터 각종 서양과학기기와 한역서학서를 증여 받아 가지고 돌아왔다. 이러한 사절단 중 몇 사람이 Ricci의 후계자들과 접촉하게 되었다.[14]

우리 나라 학자로서 西敎에 대한 최초의 기술은 李晬光(芝峰 1563~1628)의 저서인『芝峰類說』에서 Ricci의 東來와『天主實義』두 권의 편목을 대략 열거하고 있다.

그 첫머리에 천주가 천지를 창조하고 편안히 살게 보양해주는 도리를 주재하였음을 말하고, 다음에는 사람과 귀신은 영혼불멸한 것이어서 금수와는 크게 다름을 논하였고, 그 다음에는 불교의 윤회와 육도설의 잘못됨과 천당과 지옥·선과 악의 인과응보를 논하였으며, 마지막으로 인간의 성품은 본래 착하다 하고 천주를 공경하고 받들어야 한다는 뜻을 논하였다.[15]

---

14) 백낙준, 1973,『한국개신교사』, 연세대출판부, 1973, 28쪽.
15) 이수광,『芝峰類說』, 권2, 諸國部 ; 또는 이만채, 1984,『闢衛篇』, 김시준 역주, 삼경당, 22쪽.

그의 유명한 『지봉유설』은 1614년에 나왔는데, 이 책은 『천주실의』 등과 아울러 새로운 지식을 추구하는 신진학자들 사이에 널리 읽혀져, 이러한 사상에 공명하는 많은 인재가 나오게 되었다.[16] 우리는 이러한 사실로 미루어 보아 『천주실의』는 중국에서 간행된 후 짧은 기간 내에, 적어도 20년 이내에 사신들의 손을 거쳐 우리 나라에 도입되어 젊은 선비들 사이에서 열람되었음을 알 수 있다.[17]

이수광과 시대를 같이하는 柳夢寅(於于堂 1559~1623)은 그의 저서인 『於于野談』에서 한역서교서적인 『천주실의』와 『交友論』을 읽고 천주교와 유·불 및 도교와의 관계를 논하였다. 그는 결론 짓기를 다음과 같이 말했다.

> 天主라 함은 上帝를 말함이고, 實이라고 함은 不空을 말하는 것이니 老·佛의 空과 無를 배격하는 것이다. … 그 말하는 것이 많은 이치를 갖고 있기는 하나, 천당·지옥이 있다고 하니 … 어찌 그릇된 道를 도와 세상을 미혹케 하는 죄를 면할 수 있을 것이냐?[18]

그는 <天主>가 유교적 전통사회에서 고대부터 받들어 오는 <上帝>라고 이해하고, 천주교가 佛·老와 다른 종교체제임을 파악하였다. 그러나 그는 천주교를 혹세의 異敎라고 단정하였다. 다만 유몽인의 천주교 관계의 기록은 서교에 대한 소개하는 서적에 그치고 있나.

『천주실의』는 이와 같이 17세기 초엽부터 조선에 전래되어 지식인들에게 읽혀지고 있었으며 조선조의 학자들은 대부분 『천주실의』를 통하여 서학사상과 접촉할 수 있었다. 그리고 일반상민들은

---

16) 김광수, 1976, 『한국 기독교 인물사』, 기독교 교문사, 278쪽.
17) 안정복, 『順菴集』, 권17, 天學考 ; 이만채, 앞의 책, 23쪽. "서학서는 선조 말년에 이미 우리 나라에 들어와서 고관이나 학자들 가운데 보지 않는 사람이 없었는데 그들은 그것을 불교나 도교관계의 책처럼 여기고 서재에서 즐기기 위해 갖추어 두고 있다"(안정복).
18) 유몽인, 『於于野談』, 권2, 西敎.

한글로 번역된 『텬쥬실의』를 가지고 있었으며, 이를 통하여 천주교에 대한 이해를 깊게 할 수 있었을 것이다.[19]

Ⅳ. 역사적 의의

Ricci가 중국에 들어온 이후에 가장 고민했던 것은 어떠한 방법으로 포교를 하느냐 하는 것이었다. 이에 생각해 낸 것이 토착화의 선교방법(Acculturation)이었다. 그래서 먼저 중국의 경전을 연구하였다. 그들이 무엇을 생각하고 있었느냐 하는 물음에 대한 대답은 그것이 가장 빠른 길이었기 때문이었다. 교리가 한 나라의 전통사상에 위배되지 않아야 하고, 또 그들의 논리에 부합될 수 있어야 한다고 생각했다.

마침내 그는 천주교의 하느님과 유가의 상제는 똑같은 지존의 神으로 믿었다.[20] 이러한 신앙심은 『천주실의』를 쓰게된 동기가 되었다. 그리하여 문화적응주의 선교방법은 그를 계승하는 예수회 후계자들에게 전승되어 같은 목적으로 수많은 한역서학서를 저술하게 되었다.

---

19) 조광, 1988, 『조선후기천주교사 연구』, 고려대 민족문화연구소, 130쪽.
20) 정대위, 앞의 책, 29쪽. Matteo Ricci와 몇 사람의 그의 동료들은 이 사실을 중국인들이 소중히 간직해 올 수 있었던 신에 대한 인류의 원경험에 유래한 것이라고 보았다. Ricci에 의하면 유교야말로 모든 종교들 가운데 가장 순수한 자연종교이었다. 불교나 도교 등에 의하여 후세에 더러워지지만 않았던들 중국의 유교는 기독교와 동일한 종교가 될 뻔하였다고 그는 탄식하였다.

　　예수회 선교사들의 활동은 중국의 明末淸初의 주자학에 큰 영향을 주었을 뿐만 아니라, 동서교섭의 구체적 대화를 열게 하여 유럽에 있어서도 중요한 영향을 끼쳤다. 유럽에서는 그들에 의하여 중국문화에 관한 지식이 소개되고 그것이 유럽의 계몽주의 운동에서, 다시 말하면 서구문화 체제 속에 있는 기독교의 배타적인 성격에 대하여 반성을 가지는 계기가 되었다.[21) 그러므로 『천주실의』는 동서사상의 융합이라는 세계지성사의 문헌임을 우리는 주목하여야 할 것이다.

　　Ricci의 死後, 그의 이름은 카톨릭교회 내에서는 받아들여지지 않았다. 그가 <토착화> 방법을 고집함으로써 교황청 당국은 그가 카톨릭의 본질을 훼파하였다고 간주했기 때문이었다. 그러다가 교황 비오 12세(1939～1958)때 중국학 전문가들과 선교사학자들이 중국인의 하느님 칭호문제를 연구한 결과 그의 이해가 옳다는 것을 알았고, 이에 교황은 그의 문화적응주의적 전교방법을 정당화하여 주기에 이르렀던 것이다.[22)

　　Ricci의 철학적·신학적 해설은 기본적으로 Aristoteles의 철학체계와 Thomas Aguinas의 신학사상에 바탕을 두고서 전개되고 있기 때문에 『천주실의』의 텍스트 분석은 동·서 형이상학적 세계관의 대립을 이해하고 더 나아가서 그것을 지양해서 유교와 기독교 사상이 서로 융통할 수 있는 새로운 지평모색의 근거를 찾는데 더 없

---

21) 김옥희, 1979, 『광암 이벽의 서학사상』, 가톨릭출판사, 70쪽.
22) V. Cronin, 앞의 책, 12쪽. 1982년 10월 마테오 리치의 중국 도착 400주년을 기념하는 학술회의 그 자리에서 현 교왕 요한 바오르 2세는 다음과 같은 결론적인 말을 하였다. "기독교와 희랍 문화(와의 융합)에 관련하여 교우들이 생각했던 것과 꼭 마찬가지로 마테오 리치도 기독교 신앙이 중국문화에 어떠한 해를 끼치는 것이 아니라 오히려 중국문화를 더욱 풍부하고 완전하게 할 수 있다는 올바른 확신을 가지고 있었다."(송영배, 앞의 책, 504쪽).

이 중요하다.[23]

우리 나라에 있어서『천주실의』는 문화적으로 서양에 대한 학문적 관심을 일게 하였으며 서학연구를 진작시켰고 종교적으로는 기독교 신앙을 가능케 하였다. 즉 이질적 새 종교를 유교 세계에서 뿌리박게 하는 바탕을 이루어 주었다.

---

23) 송영배, 앞의 책, 507쪽.

제2장

성호학파의 논변

　이수광에 의해 『천주실의』가 소개된 이후 正祖 때 천주교 신앙 운동이 일어나기까지는 거의 2세기의 세월이 경과되었다. 17세기와 18세기 전반부에서 西教가 전래하는 양상은 신앙활동이 없이 한문교리서의 입수를 통한 문헌적 접근이었고, 교리서적은 유교적 전통의 입장 위에서 학문적 평가를 받았던 특징을 지니고 있다.[1] 따라서 서양문물과 천주교 교리에 관한 학문적 평가를 내리고 있는 것도 이수광으로부터 1세기가 지나서 성호 이익에 이르러서야 엿 볼 수 있게 된다.

　성호 이익이 서학, 즉 서양과학과 천주교교리에 관해 폭 넓게 이해하고 자신의 학문의 중요과제로 다루자 그의 높은 학덕 때문에 많은 문인들이 배출되어 조선후기에 있어서 하나의 학파를 이루게 되었다. 비교적 저명한 문인들만 들어도 안정복, 신후담, 권철신 등을 들 수 있으며, 그 학문적 영향은 정약용에게까지 깊이 미치고 있는 것이다.[2] 성호학파 안에서는 천주교 교리에 대한 비판적 성

---

1) 금장태, 앞의 책, 252쪽.

격이 강하여 서양과학에 조차 소극적인 입장의 노장층인 攻西派와
서양과학에 심취하여 천주교 교리를 신봉하는 데까지 다다란 입장
의 소장층인 信西派의 태도로 양분하는 현상이 나타났다.[3]

그 당시『천주실의』의 내용을 철저히 분석 정독하였던 인사들은
대체로 南人時派 학자들로서 대부분 찬부의 반응을 일으키게 되었
다. 한편에서는 아래와 같은 저술을 통하여 이 책의 논평을 가하고
있다. 星湖 이익은『星湖僿說』54권「天主實義跋」에서, 신후담은
『西學辯』에서, 안정복은『天學問答』에서, 그리고 이헌경도 그의『천
학문답』에서 그들은『天主實義』의 소개와 아울러 예리한 비판을 가
하고 있는 것이다. 성리학에 젖어 있던 이들은 Ricci의 주장에 대하여
그들의 처지에서 저항감을 노출했다고 말 할 수 있을 것이다.[4]

그리하여 성리학자들에 의한 斥邪論을 비롯하여 사상체계를 갖
춘 수많은 闢衛論을 유발시켰다. 다른 한편에서는 이들과는 정반
대의 입장에서 조선후기사회의 관학인 성리학의 병폐와 허점을 자
각하고 여기에 대하여 회의를 느꼈던 신진학자들은 Ricci의 補儒
論[5]에 크게 자극되어 당시의 지배이념에 대한 그들의 정신적 불만
에 탈출구를 찾는데 이론적인 합리성을 마련해 주는 계기가 되었
다.[6] 즉 주자학 비판에서부터 출발하여 본원유학인 洙泗學을 추구
하게 되었고, 그것과 서학과의 철학적인 연관성으로 기독교의 수
용에 대한 이론적 바탕인 호교론을 성립시켜 주었다.

---

2) 강만길, 1983,「이익과 성호사설」『한국의 실학사상』, 삼성출판사, 132쪽.
3) 금장태, 앞의 책, 277쪽.
4) 김옥희, 앞의 책, 76쪽.
5) Ricci의 補儒論이란 말은 그의『天主實義』卷下, 第7篇에 나오는 "論人
   生本善 而述天主門士正學" 條에서 論한 것으로 "유교의 부족한 점을
   보충하고, 불교의 허망함을 배척하기 위해, 천주교 성직자인 본인이 明
   나라에 오게 된 것이라"고 공언한 <補儒斥佛>에서 나온 말이다.
6) 김옥희, 앞의 책, 76쪽.

Ⅰ. 공서파의 벽위론

성호학파의 태두인 성호 이익은 퇴계를 사숙하고 四七論을 비롯한 理氣論에 대해 정밀한 지식을 가졌으며 예학에도 상당한 조예를 지녔지만, 그의 학문적 관심은 사회제도의 개선에 있었다. 여기서 그는 유형원의 영향을 크게 받고 있음을 볼 수 있다. 특히 이익은 당시 한역된 서학문헌에 해박한 지식을 가져 천문·역법 등 서양과학 지식에 적극적인 긍정태도를 밝혔고, 천주교 교리에 대해서도 신앙적 내용에 대한 부분적 비판을 보내면서도 윤리적 내용에 긍정적 태도를 가졌다.[7] 그는 특히『천주실의』를 애독하고 여기에 대한 跋文을 쓰고 제자들과 토론하였다.

1. 李瀷 (星湖 1681~1763)

성호는 西敎의 교리와 윤리사상에 대하여 유교의 사상과 윤리와의 공통점을 인정하는가 하면, 상반되는 것을 비판함으로써 어느 정도 객관적이고 학문적인 자세로 임했다고 말할 수 있다.

천주학은 오로지 천주만을 숭상하는데 천주란 곧 유가의 하느님(上帝)이다. 그 공경하고 섬기며 두려워하고 믿는 점은 불교의 석가와 같다. 천당과 지옥으로 권선징악을 하며, 두루 돌아다니며 교화하고 인도하던 사람은 예수라 했다. 예수란 서방나라의 구세주라는 말

---

7) 금장태, 1989,『한국실학사상연구』, 집문당, 22~23쪽.

> 이다. … 불교를 철저하게 배격하면서도 결국은 다같이 幻妄에 돌아
> 감을 깨닫지 못하고 있다.[8]

여기서 이익은 西敎의 宗旨가 천주 신봉에 있으며 천주는 다름
아닌 유교에서 말하는 상제로, 그리고 천주에 대한 敬神 행위를 불
교에서 섬기는 행위와 흡사하게 보았던 것이다. 특히 서교에서의
천당·지옥의 교리는 불교에서 취하여 온 것같이 그는 생각하였
다. 천당·지옥설로 사람을 권징하는 데 그 교설로 말미암아 불교
의 환망과 같은 오류를 범하고 있다고 보았다.

그러면서도 그는 천주교의 "악함을 헐고 덕을 쌓음"과 "세상을
교화함"이 유교의 修身克己說과 같은 교화 기능을 가졌음을 인정
하였던 것이다. 그는 서교 윤리서의 하나인 방적아(I. de Pantoja
1571~1618)의 『七克』에 대하여 언급하면서 이 책은 "吾儒의 克己
說이다"라고 단정하면서도, 『七克』중에는 유교가 미쳐 발견하지
못한 점도 있으므로 克己復禮에 크게 도움이 될 것이라는 이른바
보유론의 입장을 취하였다.[9]

다만 사후세계에 대해서는 Ricci의 척불론과는 정반대로 오히려
서교는 불교와 비슷하여 마침내 불교와 똑같은 허망으로 돌아간다
고 보았다. 그러나 그는 천주학이 불교와는 달리 邪敎가 아님을 말
하고 있다.[10] 그를 방문한 제자인 하빈 신후담에게 이렇게 말하고
있기 때문이다.

---

8) 이익, 1969,『星湖僿說』권54,「天主實義跋」, 경희출판사 영인본 ; 이만
　　채, 앞의 책, 22~23쪽.
9) 이익의 西敎觀은『성호사설』에 실린「天主實義跋」이나『七克』의 논
　　평과 신후담이나 안정복 등 제자들과 주고받은 편지나 문답을 통해 파
　　악된다.
10) 이능화, 1928,『조선기독교 及외교사』, 조선기독교 장문사, 25쪽.

자네는 천주학을 배격함에 온 정력을 다하고 있다는데 … 불교도
가 혹세무민하는 것과는 다르다. … 천주학의 天主說에 어두운 자는
놀라나 경전에 실려있는 '상제귀신지설'로써 이를 본다면 서로 부합
되는 바는 있으니 … 자네가 오늘날 천주학을 물리치고 있음도 아직
그에 대한 깊은 고찰이 없기 때문이 아닐까 생각한다.[11]

천주교에서의 事天·尊天·畏天 등의 설은 『詩經』의 그것과
다른 바 없다고 그는 인식했다.

2. 신후담 (河濱 1702~1761)

성호의 제자인 하빈 신후담에 이르러서도 천주교와 유학의 유사
성은 시인되고 있다. 그러나 차츰 유교와 서교 사이의 유사성이 더
많이 부인되기 시작한다. 그 만큼 천주학의 교리와 정주학의 교리
가 더 날카롭게 맞서고 있다. 이러한 대립을 특히 신후담의 서학비
판을 통해 보게 될 것이다. 그는 마침내 1724년 『西學辯』이라는 장
편의 闢衛書를 지었다. 그의 저술은 서학서인 『천주실의』, 『영언
려작』, 『직방외기』 등에 대해 아주 예리한 논평을 가한 것으로 우
리 유학자들이 서학을 이렇게 이해했던가를 제시해주는 가장 좋은
기록이다.[12]

『서학변』에서 그가 『천주실의』를 평할 때 상제와 천주를 같다
고 시인하면서도 다만 상제가 천주처럼 천지의 조물주는 될 수 없
다고 하였다.

程朱가 말하기를 주재로서 帝라 하였은즉 저가 이르는 天主가 천

---

11) 신후담, 『河濱集』 권2, 內篇, 紀聞編.
12) 이원순, 1986, 『한국천주교회사연구』, 한국교회사연구소, 46쪽.

지를 주재한다는 그 말이 또한 可하다 하겠고, 정주가 말하기를 만물이 帝를 따라 출입한다 하였은즉, 저가 이르는 天主가 만물을 安養한다는 것이 그 뜻이 가까우나, 그러나 天主가 지어냄으로써 天地가 이루어졌다고 말하는 데 이치로 보아도 터무니없고 경서에서 담지 있지 않으니, 다만 함부로 생각해 낸 이론일 뿐이다.[13]

신후담은 천지의 개벽이 오로지 태극에서 유래한다고 보았다. 천지의 개벽이 태극에서 유래한다는 정주학은 Ricci가 극구 부인하는 점이었다.

> 내 자신이 경서를 읽음을 게을리 하지 않았는데 옛날 군자가 천지의 상제를 공경하였음을 들었지만 아직 태극을 받들었다는 말을 듣지 못했으며, 만일 태극이 상제이고 만물의 조상이라면 옛 성인들이 그 내용을 감추었을 리가 없다.[14]

Ricci가 태극을 만물의 근원으로 삼는 유가설을 古經에서 그 근거를 찾을 수 없다고 주장하는데 대하여 신후담은 이렇게 반론을 펴고 있다.

> 대저 태극이란 그 理는 實하고 그 位는 虛한 것으로 上帝가 天을 주재하여 定位가 있는 것과 다르다. 따라서 궁경지례를 베풀 수 있는 곳은 없지만, 그렇다고 해서 태극이 처음에 있었다든지 없었다든지를 이것으로써 정할 수는 없다.[15]

신후담은 태극의 엄존을 힘써 주장하여 성리학자로서의 그의 입장을 고수하였다. 그에 의하면 상제는 태극의 조화 후에 천지를 主宰하고 安養하는 것이었으니, 결국은 천주교에서 주장하는 만물의 으뜸으로써 태초의 창조주를 그는 인정하지 않으려 하는 것이다.[16]

---

13) 신후담, 『西學辯』 권1, 「벽위편」 ; 이만채, 앞의 책, 72쪽.
14) Matteo Ricci, 1984, 이수웅 역, 앞의 책, 32쪽.
15) 신후담, 『西學辯』 「天主實義」 제2편 ; 이만채, 앞의 책, 74~75쪽.

여기서 유학자들의 특색인 神觀에 있어서 소극적이고 부정적인 의식을 볼 수 있으며 신후담의 신관은 어디까지나 선진유학과는 다른 정주학적 인식에서 벗어나지 못하고 있다. 한편 이러한 신인식 체계는 동양과 서양 사상과의 차이점을 잘 드러내고 있다.

Ricci가 천주는 상제라고 할 때 그 상제는『詩·書經』등에 나오는 상제로서 기독교의 인격신과 유사한 속성(attribution)을 가지고 있다고 논하였다. 신후담의 정주학에서 이기론의 측면에서는 상제를 적극적으로 부정할 만한 어떤 논리적인 체계도 갖지 못하고 있음도 사실이다.[17]

서교의 윤리에서도 신후담은 그의 스승 이익의 보유론적 입장을 일축하고 있다. 서교의 기본신앙이 오로지 후세의 복을 구하고 화를 두려워하는 천당지옥설인 만큼 성심으로 공경하며 두려워하는 것이 아니라 利를 위하는 것이고 따라서 서학이 모두 이기심에서 연유하고 있어서 군자의 학이 될 수 없고 이단의 창설에 불과하다고 그는 혹평을 가하였다.[18]

또한 宋學의 우주론, 특히 정주학파의 윤리와 이기론에 입각하여 서학의 영혼론을 비판한 것이기에 흥미롭다. 그리하여 그는 해박한 성리학 논리를 동원하여 천주교의 相異性을 파헤쳤고, 한편으로는 유학과의 近理性을 가려냈다. 그는 유교사회에서도 서학을 연구하여야 한다고 주장한다. 그러나 그의 서학 연구의 주장은 서학자체의 수용을 위해서가 아니라 그 연구가 전통적 正學인 유학을 위한 데 있었다.

---

16) 김옥희, 앞의 책, 79~80쪽.
17) 최동희,「신후담의 서학변에 관한 연구」『亞細亞研究』, 제15권 2호, 고려대 아세아문제연구소 ; 최동희, 1988,『西學에 대한 韓國實學의 反應』, 고려대 민족문화연구소, 77쪽.
18) 이만채, 앞의 책, 45쪽.

3. 안정복(順菴 1712~1791)

실학자이며 역사가인 순암 안정복의 서학비판 이론은 유학 정통의 옹호를 전제하고 있지만, 서학자체의 입장을 서학교리서에 입각하여 논리적으로 설명하려는 객관적 태도를 지니고 있다. 따라서 비판이론이 단순히 정통주의에 사로잡혀 권위적 독단을 내리고 있는 것이 아니라 훨씬 온건한 합리적 논리 위에서 설득하고 있다. 그는『천학문답』에서는 천주학의 기본 교설인 천주론·원죄론·예수구속론·영혼불멸론·천당지옥론 등에 관해 유학의 입장에서 신랄하게 논평하였고 유학만이 정학임을 천명하는데 힘을 기울였다.[19]

그는『天學考』에서 천주학이 새로 들어온 것이 아니라, 이미 한·당 나라에서도 볼 수 있었던 것임을 사적인 기록을 들어 논증하였다.[20]『천학문답』에서는 당시 천주교 신앙에 긍정적인 입장의 인물들이 제기한 질문을 31항으로 나누어 이에 대한 비판적 대답을 저술한다.

그는 여기서『천주실의』에 나타난 기본교리의 다양한 문제에 대해 비판함으로써 서학에 관한 벽위론의 입장을 이론적으로 정립시키고 있다. 사실상 안정복의 서학비판 이론은 그 논리적 정밀성에서보다도 그의 학문적 비중에 따라 18세기의 서학비판 이론으로 가장 큰 영향을 미쳤던 것이다.[21]

---

19) 한편 안정복의 이러한 서학비판의식은 당시 천주교회 창설의 중심인물의 하나이던 권철신에게 보낸 2,600여자에 걸친 장문의 서한에도 잘 표현되어 있다(『順菴集』권6, 書, 答權旣明書).
20) 안정복,『順菴集』권17, 제일면 상단부터 제팔면 상단까지(이하에는 17/1a~8a로 함) ; 이만채, 앞의 책. 23~27쪽.
21) 금장태, 1982, 앞의 책, 280쪽.『天學問答』은 順菴 안정복이 직접 또는

순암 안정복은 그 자신이 『천주실의』 등 서학교리서를 열독 하였기 때문에 천주의 개념에 대해 상당히 깊이 이해를 하고 있다. 그는 서학의 천주가 유교의 상제와 이념적인 동질성을 갖는 것으로 긍정하였다. 그렇지만 유학자들은 <事天>을 말하나 천주교와는 다르며 상제가 주신 바 性命을 어기지 않고 일심을 다하여 事天하는 것이지, 종일토록 뉘우치고 지옥을 면해주도록 빌어야 할 필요도 없다고 유학의 입장을 밝혔다.[22] 그리고 그는 서학의 천주는 진정한 天이 될 수 없음을 성리학으로 입증하고 있다.

그는 유교 정통적 입장에서 상제란 주재가 있음을 말한 것이요 태극 또는 <理>란 소리도 없고 냄새도 없는 것을 말한 것으로 상제와 태극과 <理>가 모두 절대자(天)의 성격에 따른 동일한 존재임을 언명한다. 그러나 이 절대자를 파악하는 입장에서 유교와 서학의 차이를 비판 대상으로 삼고 있음을 보게 된다.

더구나 서학에서 천주와 예수를 동일 존재로 제시하는 降生說이나 삼위일체의 교리와 강생한 주가 십자가에 못 박혀 죽었다는 교리는 유교의 천(상제)관과 가장 현저한 차이를 보여주는 것이다. 서학의 인격신인 천주의 개념에서는 성육신의 강생도 설명될 수 있고, 대속과 수난도 더욱 큰 의미를 던져주는 것이지만, 유교의 合理的 <天> 개념에서는 쉽사리 수긍될 수 없는 것이다. 따라서 그는 여기에 대해서 의문을 제시하고 있다.[23]

서학의 원죄설에서 인간의 시조(아담과 이브)의 죄에 대해 만세의 자손이 같이 벌을 받는 다는 것은 先王의 징벌에 비추어 보아도

심혈을 기울여 이론적으로 西學을 비판한 저술이다. 지금 『順菴集』권 17에서 이 글을 볼 수 있는데 부록까지 넣어서 약 7,000字나 되는 비교적 긴 논술이다.

22) 안정복, 『順菴集』, 17/22b ; 이만채, 앞의 책, 29쪽.

23) 위의 책, 17/18a.

죄는 본인에 그치는 것이다 하고, 또 『천주실의』 속에서 영혼이 부모와 자녀사이에 계승되는 것이 아니라는 주장과도 모순됨을 그는 비판하였다.[24]

그의 서학비판에서 가장 큰 관심을 기울였던 것은 서학의 영혼개념과 죽은 뒤의 천당 지옥설이라 할 수 있다. 그는 서학을 불교와 일치시킴으로서 주자학에 있어서 불교에 대한 유교의 전통적 비판을 발판 삼고 있다.[25] 그는 예수가 救世한다는 것은 후세의 천당지옥으로 권징하는 것이요 유교의 성인이 도를 행하는 것은 현세에서 명덕·신민으로 교화하는 것으로 대조시키며 공의에 따라 현세에서 선한 자가 천당에 갈 터인데 후세에 천당의 복을 비는 것은 사욕이라 비판하였다.[26] 결국 천당지옥의 사후세계에 대한 신앙은 현세 중심의 도덕성을 중시하는 유교적 합리성에서 받아들여질 수 없었다. 그의 편지에서 유교와 서학의 특성을 단적으로 지적하여 자신의 기본입장을 밝혀 주었다.

> 유학의 修己養性하고 行善去惡하는 것은 마땅히 할 바를 하는 것이요 조금도 죽은 다음에 복을 구하는 일이 없다. 그러나 서학의 修身하는 바는 오로지 하느님(상제)의 심판을 위한다. 이것이 우리 유학과 크게 서로 다른 것이다.[27]

그는 여기서 서학의 천당지옥설에 대한 비판의 정신을 모으고 있으며, 아울러 『천주실의』에서 物이 있으면 理가 있고 物이 없으면 理가 없다는 주장을 순암은 氣가 理에 앞선다는 설(氣先於理之

---

24) 금장태, 1982, 앞의 책, 289쪽.
25) 안정복, 「順菴集」, 6/32a. 이에 따라 안정복은 불교와 서학의 일치점을 찾는데 있어서 가장 먼저 천당·지옥을 들고 있다. 그는 천주교의 大義를 天主와 천당·지옥 뿐이라고 주장하고 있다.
26) 위의 책, 17/10b~11a.
27) 위의 책, 2/16a~17a.

說)로 규정짓고 비판하였다. 그는 서학의 영혼불멸설과 천당지옥설을 거부하면서도 성리학의 <氣의 취산설>에 따른 귀신의 소멸설에 의문을 제기하여 흩어지지 않는(不散) 것이 있다는 주장을 하고 있다.[28] 그는 자신의 독특한 귀신론을 제기하였으며 특히 서학의 영혼론을 귀신론 속에서 문제 삼았다. 이러한 사실을 통하여 서학의 영혼론에 관한 깊은 관심에 내포된 그의 문제 의식을 주목할 필요가 있다. 그것이 바로 조선조 유학자에게 비친 서학의 기본적인 난점으로 부각되고 있음을 지적할 수 있다.

결국 안정복은 현세를 긍정하는 유교적 입장에서 인간 관계를 통한 윤리의 중요성을 각성하였던 것이요 내세의 구원을 위하여 현세를 수단화하는 것을 비판하는 입장을 밝혀주었던 것이다. 그는 천주교에서의 현세부인의 비현실적 종교체제를 三仇說[29]을 들어 無君無父 비윤리적 사회원리로, 마귀론이나 천당지옥설을 통해 미신의 논리로 인식하였다. 천주교는 불교의 한 가닥이라고 보았으며, 불교와 같이 배격되어야 할 것이라고 척사론을 주장하였다.[30] 그의 풍부한 식견을 배경으로 한 척사론은 이후 모든 유가의 서학배격론의 지표가 되었었다.[31]

『천주실의』에 대한 비판에서 성호 이익은 천주와 상제를 비슷하

---

28) 위의 책, 2/27a 朱子는 死生을 氣의 순환으로 보고 있다. 生은 氣가 모이면 혼백이 결합하는 것이요, 死는 氣가 흩어지고 혼백이 분리되는 것으로 설명되고 있다.

29) 그는 천주교의 三仇論을 통렬히 비난하여 '자기의 몸을 원수로 삼는다' (己身一仇)는 이룰데 없는 패륜이라고 공격하며 '세상을 원수로 삼는다' (世俗二仇)면 君臣主義를 끊는 것이요 '마귀를 원수로 삼는다' (魔鬼三仇)는 주장도 이치에 닿지 않는 것이라 한다.

30) 이원순, 1986, 앞의 책, 54쪽.

31) 최동희, 「안정복의 서학비판에 관한 연구」『亞細亞研究』제19권 2호, 고려대 아세아문제연구소 ; 최동희, 1988, 『서학에 대한 한국실학의 반응』, 고려대 민족문화연구소, 127~128쪽.

다고 한데 대하여 그의 제자들은 완전히 다른 것으로 판단한다. 천주교는 천주의 심성도 형상도 있다고 하나 유교의 상제는 심성도 형상도 없다고 하여 인격적인 신관을 부인하고 있다. 천주와 상제도 대체로 보면 거의 비슷한 것 같으나 그 실은 절대로 다르며 上帝란 다름 아닌 自然之勢로서의 理를 비유하여 한 말이다[32]고 주장하고 있다.

서학의 死生觀은 영혼불멸설과 더불어 인간 행위의 선악에 대하여 주재자인 천주의 심판에 따르는 상벌로서 천당지옥설이 핵심을 이루고 있다. 이러한 상벌은 사후에 인간의 영혼에 주어지는 것으로서 초현실적이며 신앙적인 확신인 것이다. 이 확신의 근거에는 영혼이 사후에도 상존한다는 영혼불멸설과 현세에서 인간에게 부여된 자유에 따르는 행위의 선악에 대하여 천주의 공변된 심판의 상벌이 사후에 내려진다는 보응으로써 천당 지옥설이 놓여 있다.

물론 유교에서도 화복설이 있고 영혼이 在天한다는 의식도 있다. 그러나 유교의 화복설은 신앙적이라기보다는 이치(天命)에 순응(順)하는가 역행(逆)하는가에 따라 내려지는 것으로 윤리적이며 수양론적이라 볼 수 있으며, 사후의 영혼이 받는 화복이라기보다는 "선을 쌓은 집안에는 반드시 남은 경사가 있다"라는 말에서 보이는 것처럼 현세에서 사리에 따라 받는 것이다.[33]

Ricci가 『천주실의』를 저술할 때 유교에 대하여 취한 자세는 유교를 기독교로 넘어 가는 교량이요, 교육자적 <몽학선생>의 역할을

---

32) 김영일, 1986, 「정약용의 天命思想硏究」『論文集』제16집, 강남대 출판부, 15쪽. 종래 성리학자들은 天의 의미를 理라는 실재개념으로 표현하고 도덕적 가치의 근거로서의 天과 자연법칙 또는 자연 하늘로서의 天을 구별치 않고 사용해 왔다. 그것은 그들이 사실상 天보다는 理라는 궁극적 실재에 더 깊은 관심을 기울인 결과이기 때문이다.

33) 금장태, 1982, 앞의 책, 324~325쪽.

할 수 있다고 보았다. 그러나 불교에 대해서는 어디까지나 배척하는 척불의 자세이다. 여기에 대해서 벽위론자(攻西派)들은 서교와 유교의 유사성을 부분적으로 인정했으나 오히려 천주교는 불교와 비슷하여 불교의 일파의 똑같은 허망으로 돌아간다고 보았다.[34]

서학은 특히 실학파의 주류를 이루는 기호 남인들에 의해 시작되고 발전되었다. 이들 중 많은 이가 학문적인 연구에 그쳤고 신앙의 종교로서는 받아들이려 하지 않았다. 그러나 모두가 그러했던 것은 아니고 신앙의 대상으로 받아들이려는 호교론자들도 나오게 되었다.

Ⅱ. 신서파의 호교론

천주교 신앙 운동은 이벽이 중심이 되어 이가환·이승훈·권철신·권일신·정약전·정약종·정약용 등이 천주교 교리에 대한 연구를 통하여 신서파를 형성하는데 이르게 되었다.[35]

천진암, 주어사에서 1779년에 <講學會>가 있었다. 성호문하이었던 신진남인 서학 인사들은 권철신을 비롯하여 정약용과 그 형제들, 그리고 좀 늦게 이벽이 참가하는 등 수십인이 이곳에 모여 우정과 친교를 두텁게 하고 그 스승 성호 이익의 학문을 계승하여 본원유학과 정주학에 이르는 유학전반의 사상을 연구 토론하였다. 특히 이들은 정주학에 더 깊은 관심을 가지고 서교를 적극적으로 이해 수용하게 되었다.

---

34) 최석우, 앞의 책, 12쪽.
35) 금장태, 1982, 앞의 책, 279쪽.

이들의 서학사상을 알 수 있는 자료는 희소하지만 그것은 대체로 한국인 스스로 처음으로 수용하는 기독교 사상이라 할 수 있는 퍽 중요한 내용들로 구성되어져 있다. 이벽과 신유교난으로 인하여 순교한 남인 신서파 학자들의 흩어져 있는 유고를 모은 문집이 남아 있는데 한국 최초의 受洗者인 이승훈의 호를 붙여 그의 문집을 『蔓川遺稿』라 하였다. 여기에는 蔓川 이승훈의 遺作으로 생각되는 「농부가」와 성호 이익의 「천주실의발」과 정약전의 「십계명가」와 이벽의 「천주공경가」와 이가환의 「經世歌」 그리고 또한 이벽의 『聖敎要旨』가 들어있다.36) 만천 이승훈은 『만천유고』에서 다음과 같이 말하였다.

> 동풍이 불면 얼음이 녹고 새로운 잎이 싹트고 봄이 오면 만물이 새로이 소생함이 上主의 광대무변한 섭리로다. 모든 우주 진리가 이와 같으니 태극과 무극의 차이를 크게 깨닫는 자는 上主의 뜻에 접합과 같음이니라.37)

바로 이것이 이 문집의 형성 경위인 것이다. 이것은 기독교 사상 중에서도 특별히 부활신앙의 근거를 둔 정신체제의 소산이라 할 수 있다.38)

1. 李檗 (曠菴 1754∼1786)

이벽이 이승훈에게 영세를 권고한 점으로 보아 선구자의 역할을 분명히 하고 있다.39) 사실상 그는 이미 서학을 다만 학문으로서가

---

36) 김옥희, 앞의 책, 35∼36쪽.
37) 이벽, 1986, 『聖敎要旨』 하성래 역주, 황석두루가서원, 11쪽.
38) 김옥희, 앞의 책, 38쪽.

아니라 종교적인 진리로서 탐구하고 있었음을 교회측 기록에서 읽을 수 있다.[40] 신유교난시 이승훈의 심문기록에서 이벽의 집을 중심으로 서교 활동이 본격적으로 전개되었고 정약용은 천주교에 매혹되어 이벽의 집에서 이승훈에게서 세례를 받았음을 알 수 있다.[41] 즉 그들이 이벽의 집에서 갑진년 경에 종교집회를 열었음을 다른 서교 봉행자들의 문초 기록에서 모두가 진술한 그대로이며, 이벽의 집이 이들의 종교집회소로 되면서 주로 이벽은 설교와 교리해설, 이승훈은 교단예식을 주관하였다.[42] 여기 신유교난의 피해자들인 이승훈, 이가환, 정약전, 정약종, 정약용, 권철신 등 이외 수십인이 서학 수용의 호교론자들이다.

이벽은 누구였나? 그에 대한 기록이 남아 있는 것은 황사영의 「백서」, Dallet의 『한국천주 교회사』그리고 茶山 정약용의 글들과 몇몇의 관변측의 자료들이다. 또한 茶山이 편찬했다고 여겨지는 『만천유고』속에 수록되어 있는 「천주공경가」와 『聖敎要旨』는 이벽의 작품으로 알려진 것인데 여기서 그의 사상을 엿볼 수 있을 따름이다.[43]

---

39) 초창기 한국 천주교회 창설의 선구자라 할 수 있는 인물은 이벽이다. 그는 누구보다도 초기 교회사에서 중요한 인물이요, 교회창설의 핵심적인 인물이다. 기실 이승훈이 북경에 들어가(1784) 영세 받은 것도 이벽이 밀닥에 따른 깃이다. 이벽으로 인혜 당시 석학이었던 권철신, 정약용, 정약전, 이가환 등이 천주교에 접하게 되었고 그의 영향을 받았다. 특히 茶山年普를 보게 되면 이벽은 西學과 經學에 상당한 학식을 가진 인물임을 알 수 있다(변기영, 1981, 『이벽 성조와 천지암』, 진명출판사).

40) Dallet, 1979, Historie de LEglise de Coree; 안응렬, 최석우 공역, 『韓國天主敎會史』上卷, 분도출판사, 307쪽.

41) 정약용이 西敎와 접하게 된 것은 23세(1784)때 고향 마현으로부터 서울로 오려고 배로 한강을 건너던 중 이벽과 동행하면서 천주교에 관해 들었고, 또한 그로부터 서학서적(『天主實義』와 『七克』)을 얻어 읽고서였다(『여유당전서』「자찬묘지명」에서).

42) 김옥희, 앞의 책, 29쪽. 신유년 攻西派 상소에서 자주 "邪黨中渠魁"로 꼽은 만큼 이벽이 信西派의 주역임을 생생하게 보여 주고 있다.

『만천유고』 가운데 가장 많은 부분을 차지하는 글이 『성교요지』이다. 이 글은 광암 이벽이 운시체로 천주교 교리를 읊은 이른바 천주가사이고, 詩節마다 이벽의 해설이라 할 註記가 붙어 있다. 그 본문은 고대중국 종교문학의 효시인 시경의 형식으로 되어 있다. 그 내용은 신구약 성서의 내용과 그 성서사상에 입각한 저자 자신의 正道觀을 읊은 한문정형시이다.[44]

그는 明末의 학자 李之藻(1565~1630)가 모은 한역서학서의 선별총서인 『천학초함』에 수록된 『천주실의』 등 여러 서학서적을 독파하여 천주교를 이해한 후에 이 글을 지었다.[45] 『성교요지』는 전체가 49장인데, 크게 세 부분으로 나눌 수 있다. 먼저 제1장에서 제15장까지는 구약·신약성서의 내용을 집약하여 서학의 성립과정을 읊은 부분이다. 천주에 의한 만물과 인간의 창조·원죄·노아의 홍수 등 구약성서의 기록을 들어 천주교의 구원관을 설명하였다. 주로 신약성서에 말하는 그리스도의 인격·행적·가르침을 보여줌으로서 그리스도의 구속사업을 요약하였다. 비록 짧기는 하나 이벽이 상당히 정확하게 그리스도 복음을 이해하고 신앙의 세계로 접어들었음을 입증하는 기록이라 할 것이다.

한편 그는 이러한 이해를 토대로 천주교 사상을 제16장에게 제30장까지 편술함에 있어서 先儒의 상제와 事天 사상 및 공자의 忠孝·誠·敬·人心道心說 등의 유교적 윤리 사상을 도처에서 원용하고 있다. 正道를 강조하며 충·효의 아름다움을 들어 지혜와

---

43) 그러나 광암 이벽에 대한 중요한 연구서적들이 이미 출판되었다.
  김옥희, 1979, 『광암 이벽의 서학사상』, 카톨릭 출판사.
  이성배, 1985, 『유교와 그리스도교』—이벽의 한국적 신학원리, 분도출판사.
44) 김옥희, 앞의 책, 44쪽.
45) 이원순, 앞의 책, 66쪽.

사랑과 성실 즉 정도 실천의 덕을 설명하였다. 특히 여기 이 부분은 동양의 윤리와 수덕 생활에서 수신·제가·치국·평천하의 사상이 기독교 사상 안에서 설명되므로 이벽의 유학경서에 대한 지식이 잘 드러나고 있다.

제31장부터 제49장 끝까지는 하늘·땅·시간·사람 등 우주만물의 갖가지 사물을 통해 드러나는 하느님의 나라가 고대 동양의 성인·성군의 치세처럼 나타난다는 결론을 내렸다. 이 제3편은 아름다운 한 폭의 그림처럼 자연을 노래한 시이다.[46] 특히 그는 <上主>라는 어휘를 거듭 사용하고 있다. 그가 天이니 上帝니 하는 유교의 관용어보다는 천주와의 친근성이 강한 上主라는 단어를 Ricci와 더불어[47] 즐겨 사용하였음에 유의할 필요가 있다.

다른 한편 그의 논지를 잘 읽어보면 그 이면에는 강한 사회의식이 배태되어 있음을 느낀다. 그는 새로운 학문인 서학에 접하였을 때 기존의 정주학에 만족할 수 없었고, 더욱 새로운 사상으로 당시 사회나 국가를 혁신할 수 있는 사상체계를 잡으려는 의욕을 가졌을 것이다. 그래서 暫世의 현실에서 영생의 정신적 구원을 위해 극기·복례할 것을 적극 권면 하는 그의 진지한 논조를 통해 혼탁한 조선후기 사회에서 새로운 인간 혼의 추구를 부르짖고 나선 의인의 모습을 보는 듯하며, 또한 그의 강렬한 사명의식은 바로 그 시대의 사회성의 표출이고 현실구원의 정신적 기반의 조성으로 실학정신의 전개였던 것이다.[48]

그가 천주교 교리를 이해하는 학문기반은 그가 체득한 유가적 경학사상이었으며, 이러한 학적 배경에서 그의 마음에 통하는 것

---

46) 이성배, 1985,『유교와 그리스도교』-이벽의 한국적 신학원리, 분도출판사, 59쪽.
47) Ricci는 특히『天主實義』序章에서 <上主>란 말을 즐겨 쓰고 있다.
48) 이원순, 앞의 책, 68쪽.

이기에 서교를 수용한 것이다. 광암도 본원유학 사상인 洙泗學의 정신체계를 기반으로 하는 기독교 사상의 수용이라는 사상사적인 문제를 함축하고 있다. 어떻든 외국 선교사의 도움 없이 받아들여진 초기 한국기독교의 정신세계를 보여주고 있는 점에서 그 사료적 가치에 우리는 주목해야 할 것이다.

2. 丁若鐘(1760~1801)

신유교난 때의 순교자 정약종의 『主敎要旨』도 천주교 신앙 초기 수용자의 서학사상을 파악하는데 유익한 자료이다. 한국 천주교의 창설에 참여한 사람이요, 평신도 지도자로 중책을 맡았던 정약종이 한문을 해독하지 못하는 서민층을 위하여 한글로 된 교리해설서를 저술한 것이며, 이 『주교요지』는 국문목판본과 국문활자본이 현존하는바 몇 군데 字句의 수정이 다를 뿐 내용상의 차이는 없다.[49] Ricci의 그것처럼 문답식으로 꾸며져 있고 上·下 2편으로 되어 있다.

이 책의 상편은 천주학의 호교론적 이론이요, 그 하편은 신덕 도리의 해설로 되어 있다. 모두 32조로서 장·절은 구분되어 있지 않으나 대개 아래와 같은 내용으로 되어 있다. 즉 1. 천주의 존재증명(5조) 2. 천주의 속성(9조) 3. 세속론 배제(4조) 4. 불교비판(9조) 5. 천주의 상벌(5조)이다. 그리고 이러한 論法은 『上宰上書』를 지은 그의 아들 정하상에 있어서도 동일한 사상체계를 보여주고 있다.[50]

---

49) 정약종, 1986, 『主敎要旨』, 하성래 역주, 성·황석두루가서원.
50) 그의 아들 정하상의 논술을 볼 때 그는 유교와 천주교가 일면 상통점이 있음을 인식하고 있었으며, 이로써 천주교가 참된 종교임을 풀이하는 한편, 유교에서 볼 수 없는 내세관과 영혼설과 천주상벌론을 가진

　　먼저 그는 천주의 존재를 증명하기 위한 이론부터 전개한다. Ricci
가『천주실의』상권 제 1편에서 했듯이 그는 이러한 천주 존재의 증
명이론을 천주교의 교리 그대로이기는 하나 Ricci보다는 아주 쉽게
이해할 수 있도록 풀이하고 있는 점이 특이하다. 그 다음은 전통적인
天에 대한 숭배, 자연신 신앙, 귀신 섬기는 일 등의 민속신앙에 대해
예리하게 비판하는 그의 이론도 매우 평이하나, 그 의식만은 강렬하
다. 인간의 화와 복은 천주에 매인 것이지 잡스러운 귀신에 매인 것
이 아니므로 유일신인 천주만을 신앙하여야 한다는 것이다.[51]

　　정약종은 강하게 불교를 배척하는 이론을 폈다. 석가도 창조주
의 피조물인 한낱 인간에 지나지 않으며, 사람이 죽어 짐승이 되고
짐승이 다시 사람이 될 수도 있다는 불교의 윤회설은 인간의 영성
을 그르치는 망령된 가르침이며 천주교의 지옥벌은 형체가 없는
영혼에 대한 것인데, 불교는 형체가 있는 육신에 대한 영벌이라고
하니 망발이라고 보았다.[52] 이러한 그의 불교관은 대부분의 벽위
론자들이 기독교를 불교의 일파로 싸잡아 버리는 견해를 반박하고
있다. 그의 주장은 공서파 유가들의 천주교 곡해와 천주교에 대한
비난에 바른 이해를 심어주고 그 곡해를 극복하여야 하겠다는 의
지의 표현이다. 또한 교인들의 의식을 더욱 깨우쳐 正道·正敎에
대한 신앙을 굳건하게 굳혀주겠다는 지도자로서의 사명감에서 나
온 것이라 하겠다.[53]

　　점을 강조하고 있어 그의 천주사상이 이마두의 補儒論 天主思想의 이
　　해였음을 보여주고 있다(이만채, 『벽위편』, 343~355쪽 참조). 그는 교
　　리를 논함에 있어 세속적 미신과 불교를 배척하였으나 유교사상만은
　　천주교 교리와 원칙적으로 일치한다고 보아 유가설을 빌어 그의 논지
　　를 폈다. 이로부터 정하상은 상당히 높은 유학의 선비요, 부동의 신념
　　을 가진 천주교 수용자였음을 알 수 있다.
51) 이원순, 앞의 책, 69~70쪽.
52) 위의 책, 70쪽.

그는 자기의 논리를 펴감에 있어 어려운 말을 쓰지 않고 유교사회의 일상생활에서 경험하는 매우 비근한 예를 들어 주장을 펴고 있다. 이는 단순히 한역서교서의 번안이라기 보다는 한국적 사유에 의하여 서교의 사상과 신앙을 소화·수용한 증거라 할 수 있다.[54] 정약종이 물론 자신의 경험과 사상을 첨가해 가면서 비교적 쉽게 한국인의 구미에 맞는 호교서를 쓴 것이라고 할 수 있다.

유교적 체질에 바탕을 두면서도 학문적 연구를 통해서 천주신앙을 수용한 초기지식인층 人士들은 그들이 얻은 신앙을 그들만의 것으로 생각하지 않았다. 그들은 천주의 복음을 세상과 더불어 널리 나누고자 하는 선교정신의 소유자였다. 그리하여 직접 전교에 나섰고 한문과 한글로 교리서를 서술하였으며 이벽의『聖敎要旨』, 정약종의『主敎要旨』등 이를 세상에 유포시키는 문서선교 운동을 폈다. 한편 교양이 부족한 부녀자 서민 등을 대상으로 천주가사를 지어, 노래를 통한 전교활동을 전개하였다. 이러한 노력에 힘입어 마침내 초대 교회는 교세를 확장 할 수 있었다.

3. 丁若鏞(茶山 1762~1836)

茶山은 이익을 사숙하여 퇴계까지 소급하였고 또 이벽의 논변에 심취하여 천주교에 입문하였다.[55] 그는 23세에 이벽으로부터 천주

---

53) 위의 책, 71쪽.
54) 박종홍, 1969,「서구사상의 도입 비판과 섭취」,「亞細亞硏究」, 제12권 제3호, 고려대 아세아문제연구소. 그는 정약종의 서교 사상이 서교 서적의 단순한 번안이 아니라 소화·섭취에 의해 구성된 것이라고 결론 짓고 있다.
55) 그가 학문적으로 이벽의 영향을 상당히 받았음은 그의 유배 생활 중에

교 교리를 듣고 자기 형제들인 정약전, 정약종과 함께 이승훈에게 세례를 받았다. 세례명은 요한(Johane)이다. 33세에 홍문관 수찬이 된 그는 정조의 총애와 신임을 크게 얻어 侍講에 나갔으며 그 자리에서 때로는 서학에 관한 논의도 기탄 없이 하였다.[56]

정약용은 일생동안 여러 차례에 걸쳐 천주교에 대한 태도를 달리한 결함이 있다. 1785년에는 조상의 제사문제에 걸려서 배교를 약속하였으나 곧 회심하였다. 1791년 신유교난 때에도 배교하였고 그리고 1797년 정약용은 自明疏를 임금에게 올려 그의 배교를 다시 한번 글로써 확인하였다. 그리고 1801년에도 배교하였다. 그런고로 그가 사형을 면하고 생명을 부지할 수 있었음이 사실이었다.[57] 그러나 그가 청년시절 교제를 가진 人士들이 이가환, 이승훈이나 이벽과 같이 조선왕국에서 천주교 신앙운동을 일으킨 인물이었고, 그의 형들인 약종, 약전이 천주교 관계로 연좌되는 가족분위기를 보아도 그의 서학 접촉은 상당한 것이었음을 알 수 있다.

그의 사상계보는 확실히 Ricci의 보유론의 영향과 자극을 받아 공・맹의 본원유학의 수사학까지 소급하는 방법으로 철학체계를 확립한 실학자였음을 보여주고 있는 것이다. 그렇지만 茶山에게는 천주교에 대해 직접 언급한 기록이 남아있지 않다. 다만 그와 더불어 천주교에 연좌된 인물을 변명해주는 기록 수 편만이 남아 있어 매우 기이하게 느낀다.[58] 그러므로 정약용의 西敎 사상은 그의 많

經書의 의문이 잘 풀리지 않는 안타까움이 있을 때마다 광암을 회상하고 있음에서 파악된다.

56) 송재소, 1986, 『茶山詩 硏究』, 부록 「俟菴先生年譜」, 창작사, 237~242쪽 참조.

57) 유홍열, 1975, 『한국천주교회사』, 上卷, 카톨릭출판사, 230쪽 ; Dallet. 1980, 앞의 책 中卷, 17~19쪽.

58) 茶山 정약용이 과연 천주교인이었느냐를 판단하는 기본이 되는 자료는 그 자신이 1782년에 지은 「자찬묘지명」이다. 이 글은 훗날 간행된

은 저서에 실려 있는 경학사상의 고찰을 통해서 특히 「中庸講義」·
「中庸自箴」에 나타난 天命觀 또는 上帝觀을 살펴봄으로써 유학과
서학의 관계를 밝혀 볼 수밖에 없다.

그는 理보다는 天에 궁극적 관심을 기울였으며 天으로부터 윤리
적 실천의 근거를 도출하고자 하였다. 그리하여 茶山은 먼저 天을
자연현상으로서의 하늘과 윤리실천의 근거로서의 하느님인 上帝
를 구분하여 생각한다.

> 天과 地를 함께 말했으나 유독 天의 命令만 말한 것에 대해 臣은
> 다음과 같이 생각합니다. '높고 맑음을 하늘에 비긴다'고 할 때의 天
> 은 바로 '푸르고 형체가 있는 하늘'입니다. '아아 天의 命은 심원하
> 여 그치지 않는다'고 할 때의 天은 바로 '영명하고 주재하는 하느님'
> 입니다. 그러므로 천지 산수와 같이 넓고 큰 것을 죽 늘어놓고 주재
> 하는 하느님(天)의 功化를 찬탄하는 것입니다.[59]

<하늘>과 <하느님>의 구분은 茶山의 物我二分法의 사고에서
비롯된다. 그는 자연현상으로서의 하늘(天)은 인간의 감각대상에 불
과한 것으로 한정을 짓고, 종래의 천인합일의 사고에서 도덕적 근
거로서의 하느님(天)과 동일하지 않은 점을 철저히 구분하였다. 그
럼으로써 유가의 전통적인 천인합일의 사고를 지향하면서도 한편
물아일체 의식을 탈피하는 그의 독자적 천관을 형성하고 있다.[60]

그의 문집인 『여유당전서』 속에 포함되어 있는데 그 안에는 이와 유
사한 내용을 담고 있는 「녹암 권철신 묘지명」, 「정헌 이가환 묘지명」,
「복암 이기양 묘지명」, 「선백씨 정약현 묘지명」 그리고 「선중씨 정약
전 묘지명」도 함께 들어 있다.

59) 丁若鏞, 『與猶堂全書』(景仁文化社, 영인간, 1982) 第一集 卷八 第三十
面 前段, 『여유당전서』를 인용할 때 이후부터는 『全書』 I, 8/30a라고
약칭함. "竝言天地, 而獨言天命者, 臣 以爲高明配天之天, 是蒼蒼有形之
天. 維天於穆之天, 是靈明主宰之天. 是故列序天地山水之廣大, 而贊歎
功化於主宰之天."

다산의 독자적인 천관은 특히 인격적 주재자의 天에 관점을 두고 그것을 하느님(上帝)이라고 부를 때, 그 성격이 더욱 뚜렷해진다. 그는 천과 상제가 일치되는 이유를 다음과 같이 밝히고 있다.

> 주재하는 天이 上帝이다. 그것을 天(하느님)이라고 부르는데는 나라의 君主를 國(나랏님)이라고 부르는 점과 같다.[61]

그에게서 하느님(上帝)은 靈明과 主宰의 능력이 있는 존재이다. 여기서 <영명>은 주재자가 앎의 능력을 갖추었다는 의미이고, <주재>는 의지를 지니고 만물을 다스린다는 말이다.[62] 여기서 말하는 天이란 어떤 인격적인 존재라는 것이 의심할 여지가 없게 된다.

주자는 만물의 생성을 음양오행으로서 설명하였다. 이에 대하여 다산은 음양오행이 만물을 생성할 수 없는 것이라고 날카롭게 비판한다.

> 이제 살피건대 음양의 이름은 햇빛이 비치고 가리는 것에서 생긴 것이니 해가 가리어 숨은 곳을 음이라 하고 해가 나타나 비치는 곳을 양이라 한다. (그러므로) 본래 형체와 형질이 없고 단지 명암만 있을 뿐이니 원래 만물의 부모가 될 수 없는 것이다.[63]

다산은 음양을 실체시 할 수 없다는 이유로써 음양은 태양의 움

---

60) 김영일, 1986, 앞의 책, 15~16쪽.

61) 『全書』 II, 6/38b. "天之主宰爲上帝. 其謂之天者, 猶謂王爲國." ; 『全書』 八, 「春秋考徵」 709쪽. "謂帝爲天, 猶謂王爲國." 비교(cf.), Matteo Ricci, 앞의 책, 90~91쪽. "比此天地之主 或稱爲天地焉."

62) 최동희, 앞의 책, 163쪽 ; 최동희, 1977, 「茶山의 神觀」 『한국사상』 제15집, 108~109쪽.

63) 『全書』 II, 4/1b~2a. "今案陰陽之名, 起於日光之照掩. 日所隱曰陰, 日所映曰陽. 本無體質, 只有明暗, 原不可以爲萬物之父母."

직임에 따라 생겨나는 가변적 현상에 불과할 뿐이라고 말하고 있다. 오행은 金·木·水·火·土로서 이들의 이름이 생긴 것은 만물 가운데 다섯 가지 물질에서 유래된 것이며, 그러므로 그것들에게 이러한 물질을 벗어난 형이상학적 의미를 붙이는 데에 그는 반대하고 있다.

그런데 주자학에서는 <性卽理>라 하여 인성 문제까지도 理氣論으로 환원시켜 이론화하고 있다. 즉 대체로 만물은 理氣二元으로 되어 있으며 氣가 모여서 형체를 이루고 理도 여기에 갖추어 있는 것이다.[64] 그리하여 理에서 말한다면 萬物一源으로, 人과 物과의 구별은 없다.

다산은 이와 같이 설명하는 理氣論에 대해서도 날카롭게 비판하였다. 사실 그는 "인간의 성은 한 가지 인간의 성일 뿐이며, 개와 소(犬牛)의 성은 한 가지 금수의 성일 뿐"[65]이라고 한다. 그러므로 그는 人·物은 원래 생득하는 성이 다르다고 보고 있다. 즉 그는 인간만이 영명한 성을 부여받아서 동물에 없는 도덕적 능력을 소유한다고 한다. 인간은 본래 육신의 기호(形軀之嗜好)와 영혼의 기호(靈知之嗜好)를 가진 존재로, 전자는 금수의 성에 근거한 人心이며, 후자는 도덕의 성에 근거한 道心으로, 인간은 <인심>을 절제하고 <도심>을 살려가야 하며 그렇게 하는 노력이 몸을 닦고(修身) 하늘을 섬기는(事天) 길이라고 보았다.[66] 茶山은 분명히 몸을 닦는 것이 하늘을 섬기는 길이라고 잘라 말했다. 이런 점에서 그가 기독교 교리를 견지한다기보다는 유교 사상을 견지하고 있음을 알 수 있다.

그러나 이러한 茶山의 사상은 이른바 서학의 영향을 강하게 받

---

64) 『全書』 Ⅱ, 4/3a. "天以陰陽五行, 化生萬物. 氣以成形, 理亦賦焉."
65) 『全書』 Ⅱ, 6/19a. "人之性, 只是一部人性. 犬牛之性, 只是一部禽獸之性."
66) 『全書』 Ⅱ, 3/2b～3a. "故人之所以修身事天 亦以人倫致力."

고 있음을 알 수 있다. 특히 Ricci의 『천주실의』에서 이미 밝혀진 사실들을 염두에 두면 더욱 그렇다. 이 책 머리 편(首篇) 제2장에서 천주가 처음으로 천지만물을 만들어서 이것을 주재하고 안양하는 분임을 말했고, 제4편 제46장에서 만물의 생성은 음양에 의한 것이 아님을 또한 말하고 있다. 그리고 제3편에서 인간과 동물과의 큰 차이를 논하고 있다. 이렇게 볼 때 그는 근본적이고도 광범하게 서교 사상의 영향을 받아들이고 있다고 하겠다.

여기서 우리는 Ricci에서부터 이벽을 거쳐 茶山에게서 완성되는 새로운 東洋西敎 사상의 정신사적인 연결 계보를 부인할 수 없게 되는 것이다. 정약용은 서양과학에 따른 실학적 지식의 계발로 중요한 요소를 이루지만, 더욱 중요한 문제는 천주교 교리를 받아들였던 인물이다.[67]

위에서 말한바와 같이 성호학파의 소장학자들 가운데 이벽, 이승훈, 정약용 등은 서학의 자연과학 지식에 대한 경탄 속에서 기독교 교리를 관심 깊게 연구하였고, 실천에로 한 걸음 더 나아가 이들을 중심으로 천주교 신앙 운동이 일어나게 되었다. 이 신앙운동은 이들의 친지들을 통하여 충청도와 전라도 지방으로 전파되고 또 중인 계층과 부녀자 및 서민 계층으로 저변이 확대되어 갔다. 천주교 신앙활동의 발생과 더불어 비로소 사회문제로 확대되고 이에 관한 관심이 격렬하게 불붙었던 것이다.

정조일대에 걸쳐 18세기 말기 마지막 20년 동안은 천주교 신앙 문제가 사상적으로, 사회적으로 격돌하여 정치적 문제로까지 떠올랐던 시기이다.[68] 기독교 교리와 유교적 체제와의 상이성을 처음부터 띠고 있었던 만큼 기존 질서와의 마찰이 일어나지 않을 수 없

---

67) 금장태, 1982, 앞의 책, 259쪽.
68) 위의 책, 252쪽.

었다. 따라서 유교사회의 척사론에 근거하여 엄격하고 철저한 억압이 일어났고, 천주교 신앙운동도 기존 체제에 대한 비판적 입장에서 출발했기 때문에 양극적인 분열 속에 대립하고 말았다.

제3장

유교와 서교의 갈등

조선후기 사회변동의 과정에서 당시의 사회는 새로운 사상을 받아들일 수 있는 토양이 조성되고 있었다. 1784년을 계기로 하여 천주교 신앙이 수용된 것은 사회·경제적 모순을 해결하기 위한 실학파 사상의 한 결과이기도 하였고, 또한 동시에 천주교 교리는 참신한 세계관과 인생관과 사회관을 제공해 주는 한 사상체제로서 전통사회의 붕괴를 촉진하는 요소로 작용하게 되었던 것이다.[1]

그러나 천주교 신앙은 전통사회의 사상적 기반에 중대한 충격을 주었고, 상당한 정도에서는 파괴적이었다. 조상 제사의 폐지를 주장한 것은 전통적 가속 질서와 사회소식을 근원적으로 동요시키는 것이다. 부모와 군주 위에 천주의 절대적 권위를 주장하고, 남녀간의 신분 계급 분별의 기능을 거부하며 혼인의 필연성을 부정한 것은 유교적 윤리 규범인 五常에 도전하는 것이었다.[2]

따라서 조선 왕조의 지배층에서는 천주교에 대한 금령을 실시했고 1791년 진산사건이 계기가 되어 천주교에 대한 탄압이 본격적

---

1) 노길명, 1988,『카톨릭과 조선후기 사회변동』, 고려대 민족문화연구소, 참조.
2) 금장태, 1982, 앞의 책, 260쪽.

으로 전개되기에 이르렀다. 특히 1801년 발생한 신유교난은 정부
와 천주교의 관계가 파국에 이르렀음을 나타내는 사건이었고, 그
이후 국내에서 포교의 자유가 인정되기까지(1884년) 천주교에 대
한 정부의 탄압은 계속 되었다.

그런데 당시 정부와 교회 내지는 신도 사이에 발생된 이 파국적
사태는 근본적으로 천주교 신앙이 가지고 있던 이질성 때문이었다.
그리고 동시에 이 양자간의 갈등 관계는 신도들이 천주교 교회에
대한 독특한 인식과 이에 기초하여 그들이 드러내었던 특수한 행동
의 결과이기도 하다.[3] 그러므로 여기에서는 천주교의 초기 수용에
서 나타난 교회신도들의 독특한 인식과 행동을 살펴보고자 한다.

Ⅰ. 국가·군주의 문제

그때 천주교 신도들이 많이 읽었던 천주교 서적에서는 일반적으
로 국가와 군주에 대하여 충성을 강조하고 있다. 그러나 이 서적들
이 내세우고 있던 충성에 대한 개념은 상대적 의미의 것이었으며
천주교 교리에서는 절대적 권위를 가진 존재로 군주가 아닌 천주
를 내세우며 천주의 능력과 권위가 군주보다 월등함을 역설하고
있었다. 그리고 신도들은 국가란 천주가 주재하는 인간사의 일부
로서 존재하는 것이며, 국가의 최고통치자인 군주도 천주에 예속
된 인간으로 파악하고 있었다.

---

3) 조광, 앞의 책, 120쪽. 1791년에 진산군의 천주교도인 윤지충이 모친상
   의 상례를 갖추지 않고 그의 이웃친척 권상연이 神主를 불태우고 제사
   를 제지한 일이 드러나면서 문화적 갈등이 심화되었다.

　　『天主實義』를 대충 읽으니 천주는 우리 공동의 아버지이시오 하늘과 天神과 사람과 만물을 창조하신 분임을 알게 되었습니다. 그분은 중국 책에서 上帝라고 부르는 분이십니다. 하늘과 땅 사이에서 사람이 태어났는데, 비록 삶과 피는 부모에게서 받으나 사실인즉 천주께서 그들에게 주신 것입니다. 한 영혼이 육신과 결합하는데 그것을 결합시키는 이도 천주이십니다. 임금께 대한 충성의 근본도 천주의 명령이요, 부모께 대한 효도의 근본도 역시 천주의 명령입니다.[4]

　이것은 진산사건 심리를 맡은 현령에게 윤지충이 문초를 받고 공술한 내용이다. 우리는 내포지방의 신도였던 이도기의 증언을 통해서도 이러한 인식의 실제적 사례를 또 찾아볼 수 있다.[5] 천주가 모든 사회제도나 인물보다 더 위대한 창조주임을 설명하였다.

　　처음에는 천주 한 분만 계셨습니다. 지금 있는 모든 것을 창조하신 분은 그분입니다. 창조 후에 부부와 가족이 있게 되었고 그 다음에 임금과 신하들이 있게 되었습니다. 부처, 공자, 맹자, 임금과 신하 등은 천지 창조 후에 생긴 것입니다. 천주는 하늘과 땅의 참 임금이시고 만물을 주재하시고 보존하는 분이시며 부모에 대한 효도와 임금에 대한 충성의 참 근원이십니다.[6]

　이와 같은 초기의 신도들은 천주가 군주보다 높은 존재임을 인식하고 있었지만 동시에 군주에 대한 충성을 다음과 같이 강조하고 있다.

　　임금님은 온 나라의 아버지이시고 관장은 그 고을의 어머니입니다. 그러므로 그 분들에게는 충성의 본분을 지켜야 합니다. 그런데 이 모든 것이 제4계에 포함되어 있습니다.[7]

---

4) Dallet, 앞의 책, 345～346쪽.
5) 1797년에 공주의 충청감사 한용화가 도내의 모든 수령에게 천주교인 체포령을 내렸을 때 잡혀서 순교를 당한 李道起를 문초하는 과정에서 그는 관장(감사)에게 그렇게 증언하고 있다.
6) Dallet, 앞의 책, 402쪽.

이것도 역시 윤지충의 공술내용이다. 또한 이도기의 증언에서도 이와 비슷한 것을 엿볼 수 있다.[8] 천주교의 교리에서는 충성을 강조한 바 있고, 당시의 신도들은 이를 알고 있었다. 그러나 우리는 그때까지 거의 절대적인 것으로 이해되고 있던 왕권에 대해 이를 상대적인 것으로 파악하고 있었음에 먼저 주목할 필요가 있다.[9] 우리는 당시 유포되어 있던『천주실의』와 같은 내용이나, 이에 대한 반응에서 나온『벽위편』을 통해서도 그 때의 신도들이 왕권을 상대화시키고 있었음을 곧 알아낼 수 있다.

1791년에 조상제사를 거부함으로써 죽음을 당했던 윤지충은 조상에 대한 제사를 요구하고 유교적 문화질서에의 복귀를 권하는 관리들에게 "나는 차라리 사대부에게 죄를 얻을지언정 천주께 죄를 얻기를 원하지 않는다"고 말하였다. 말하자면 그는 나라가 제정한 법에 따르기보다는 천주교에서 명하는 법에 따라서 죽음의 길을 선택했던 것이다. 그리고 이와 같은 사례는 많은 순교자들의 입을 통해서 증언되고 있다.[10] 신도들은 천주교를 금지하는 명령을 직접적으로 거부하고 신앙생활을 지속함으로써 왕의 권위에 도전하고 있었다. 왜냐하면 왕권보다 천주의 권위를 더 높은 것으로 인식한 결과였으리라 생각된다. 따라서 유교사회의 통치질서를 흔들고 있었다.

천주에 대한 大君代父로서의 절대적 신앙은 곧 孝에 있어서는 가부장권에 도전이요 忠에 있어서는 군주지상권에 대한 도전이었

---

7) 위의 책, 344쪽.

8) 위의 책, 402쪽. 李道起의 증언은 이러하다. "부모에 대한 효도와 임금에 대한 충성은 십계의 제4계명에 명령되어 있습니다. 그러니 어찌하여 부모도 임금도 모른다고 우리를 부당하게 책망하십니까?"

9) 조광, 앞의 책, 123쪽.

10) 위의 책, 126~127쪽. 비교(cf.) "사람보다 하나님을 순종하는 것이 마땅하니라"(사도행전 5:29b).

다. 유교와 천주교의 이같은 대립은 결국 국가관의 대립으로 확대됨에 따라 천주교는 유교로부터 <아비도 없고>(無父), <임금도 없는>(無君) 邪敎라는 낙인이 찍히게 된다.

1801년 정월 대왕대비가 내린 전교는 "사람이 사람된 것은 인륜이 있기 때문이요 나라가 나라된 것은 교화가 있기 때문인데, 이러한 邪敎는 無父無君하여 인륜을 파괴하고 교화에 배반하여 이적 금수에로 돌아간다."[11]라 규정짓고 기독교도를 색출·고발하도록 지시하고 있다.

이 전교를 통하여 유교전통의 조선정부는 기독교 신앙을 국가의 정통성에 대한 거부로 받아들이고 정치적 총력을 기울여 제거·정화시키겠다는 결단을 보여 주고 있다.

Ⅱ. 가정 윤리의 문제

조선사회에 있어서 가장 존중하였던 것은 부자의 관계에 있어서 제시되어야 할 孝의 가치였다. 그러나 지배층에 있어서는 천주교가 유교적 孝의 가치에 도전하는 것으로 인식하였으며, 부부를 이루는 남녀의 상호관계도 파괴한다고 인식했다. 이러한 비판의 원인은 천주교 신앙이 가르치던 내용과 이에 입각한 신도들의 행동이 유교적 윤리에는 어긋났기 때문이었다. 그러므로 여기에서는 초기 교회 당시의 특성을 좀 더 잘 이해하기 위해서 유교적 윤리에 대한 신도들의 인식과 태도를 살펴볼 필요가 있다.[12]

---

11) 금장태, 1982, 앞의 책, 271쪽.

무엇보다도 부자관계를 기초로 한 가부장제적 윤리관이 매우 중
요시되고 있었고, 충효일맥의 교화가 강조되던 과정에서 忠의 가
치에 못지 않게 부모에 대한 자식의 의무를 강조하는 孝의 가치가
거의 절대적으로 강조되고 있었다. 물론 초기의 천주교에서는 십
계명중 제4계를 통해서 부모에 대한 효도를 말하고 있었으나 효도
의 개념자체가 성리학의 효도관과는 상당한 차이를 갖고 있었다.
그 때 교회에서는 天主의 命을 父母의 命보다 우위에 두었고, 이
로써 孝의 개념을 상대화시키고 있었던 것이다.13)

>   각자가 자기 부모를 본성에 따라 공경하고 섬겨야 하는 것은 사실
> 입니다. 그러나 그 분들보다 먼저 또 그분들의 위에 천지 만물의 대
> 왕이시며 공통된 아버지이신 분이 계시니, 그들이 제 부모에게 생명
> 을 주었고 그 분이 제게도 생명을 주었습니다. 그러니 어떻게 배반
> 할 수 있겠습니까?14)

이것은 1801년 여주에서 체포된 조용삼이 관장에게 한 말로서
그는 천주가 자신과 부모에게 생명을 준 천지만물의 대왕이므로
부모보다 천주의 명령이 더 우위에 있음을 말하는 것이었다. 그런
데 천주에 대한 신앙을 앞세워 부모에 대한 효도를 상대화한 신도
들의 이러한 태도가 지배층들에게는 인륜의 근본인 孝를 부인하는
것으로 인식되었고, "上天만을 大父母로 알지 부모의 낳고 키워준
은혜(生之育恩)을 알지 못한다"는 판단을 내리게 했다.15) 더 나아
가서 "비록 부모형제라 하더라도 천주교에 들어오지 아니하면 곧
원수로 여기고 동서남북의 사람들이 일단 천주교에 입교하면 곧

---

12) 조광, 앞의 책, 143쪽.
13) 위의 책, 144쪽.
14) Dallet, 앞의 책, 441쪽.
15) 조광, 앞의 책, 145쪽.

골육과 같이 본다."[16]는 사실에 주목하지 않을 수 없었다. 이를 전통적 가족윤리와 제도에 대한 도전으로 파악했던 것이다.

서교 초창기에는 제사 문제에 대해서 신도들은 이를 천주교에서 금지하는 것으로 생각하지는 아니하여 제사를 여전히 계속하고 있었다. 그러나 천주교 교리에 대한 이해가 심화해감에 따라 조상제사 문제에 대한 의문이 생겼고, 이를 북경 선교사들에게 문의하였다. 이에 대한 북경 주교에 대답은 부정적이었고,[17] 이로 말미암아 조선교회에서도 제사문제가 본격적으로 제기되었다. 제사를 거부해야 한다는 천주교의 입장이 확인되면서 신도들은 천주의 권위를 내세워 조상숭배를 미신행위로 단죄하게 되었다.[18]

그런데 한국의 조상제사는 追遠報本을 목적으로 해서 옛날부터 일관하여 내려온 풍속이다. 특히 조선조 유교체제하에서는 효도사상과 결부되어 4대조까지의 신주를 모시고 제사하게 되었다. 이것을 갑자기 우상숭배(혹은 미신)라고 죄악시하여 폐지하려는 것은 곧 유교체제에 대한 부정을 의미하는 것이었다. 그리하여 큰 충돌이 일어나지 않을 수 없었다.[19] 아무래도 제사를 하나의 미풍양속이라고 본다면, 천주교에서 이를 무조건 하나의 미신적인 종교의식으로 보아 단죄한 것은 그 만큼 천주교와는 불가분의 관계에 있는 유럽문화가 이 나라의 문화보다 우월하다는 선입견이 없었다고 하기가 어려울 것이다.

천주교 교회에서는 남녀신도가 함께 모여 설법함으로써 내외를

---

16) 이만채, 앞의 책, 228쪽.
17) Dallet. 앞의 책, 330쪽. 그들은 1790년에 교우 한사람 尹有一(바오르)을 뽑아 북경에 보내어 알렉산더 데 구베아 주교와 의논하게 하였다. 그 특사는 조상숭배가 천주교교리에 용납될 수 없다는 사실을 전해 주었다.
18) 최석우, 앞의 책, 19쪽.
19) 금장태, 유동식 공저, 1986, 『한국종교사상사』 II, 연세대 출판부, 202~203쪽.

하지 않았다. 중혼과 축첩의 금지는 수평적 부부윤리를 정립시키는데 있어서 대전제가 되는 것으로서 부권 우위에 대한 일종의 제동이었으며 그 사회의 관행과도 어긋나는 것이었다. 다른 한편 여신도의 경우 童貞을 신중히 여겨 결혼을 기피하고 스스로 과부라 하거나 許可妻라 지칭하는 일들이 일어나고 있었다.[20] 이러한 상황에 직면하여 양반지배층에서는 신도의 그릇된 행위를 공격하게 되었다. 남녀간의 결혼은 인간의 대사임에도 불구하고 천주교도 중 일부가 결혼을 거부하는 행위를 하고 있으므로 전통적 가족질서의 보전을 책임진 정부당국에서는 천주교에 대한 탄압을 계속해야 한다는 그들의 입장을 강화시켜 나갈 수 있었다. 유교사회에서는 천주교 신앙이 남녀의 구별(男女之別), 내외의 분별(內外之分)을 무시하는 패륜적 요소를 가지고 있는 위험한 사상의 일종으로 파악하고 있었던 반면에 천주교 신도는 교회에서 말하는 남녀간의 새로운 상호관계를 실천해 나가고 있었다.[21]

Ⅲ. 인권과 사회질서

조선사회에 있어서 남녀의 구별은 상당히 엄격하게 시행되고 있었다. 이러한 상황에서 천주교는 유교에서 논의하는 전통적 내외지분에 의문을 제기하고 모든 인간은 영혼을 가진 존재로서 여성도 남성과 다름없는 인격체임을 주장하였다. 그러므로 주문모 신

---

20) 「斥邪綸音」; 이만채, 앞의 책, 361쪽.
21) 조광, 앞의 책, 153쪽.

부는 "교회의 일들을 남자가 아니면 할 수 없지만 여자도 사람이므로 세례 등 教事에 참여함을 강조했다."22) 그리고 실제로 초기 교회의 여성들은 남성들과 함께 교회 일에 적극 참여하고 있었다.

교회에서는 남성과 여성의 관계에 있어서 가장 기본이 되는 부부관계에 대해서도 성리학적 윤리관에서 강조하던 남존여비를 수평적 관계로 달리 말하고 있었다. 즉 부부의 관계에서 부권이 부녀를 일방적으로 지배하였던 데에 제동을 걸고 지아비(夫)에게 지어미(婦)에 대한 의무를 강조했으며 남편은 아내에게 폭행을 가하지 못하도록 촉구하였다. 또한 아내가 자식이 없음을 恨하거나 아내를 버리는 행위까지도 금지하고 있었다. 남편에 대한 이러한 의무부여는 유교적 관념과는 어느 정도 거리가 있는 것이었고, 부부관계를 상호적 수평으로 규정해 보려던 교회가 가지고 있던 기본 입장의 표현이었다.23) 이처럼 인권과 사회질서에 대한 새로운 갈등이 유교사회에 찾아 들었다.

유교적 전통사회 구조는 예절교육(禮敎)를 통하여 양반(사대부), 중인, 양민, 천민 등의 신분적 제약이 강화된 신분계층 사회였다. 그런데 천주교들은 "핏줄이 다른 첩의 자식과 뜻을 잃은 무리와 어리석은 하류들과 … 서로 교우라고 일컬으며 … 한패가 되어 있다."24) 양반과 상민인 민중이 차별 없이 하나로 뭉치는 것은 유교적인 신분사회에 대한 정면 도전이요 파괴였다. 즉 천주 앞에 모든 사람이 평등하다는 인권사상은 유교적 신분사회에 대해서는 혁명적인 것이었다. 이러한 평등사상은 천주에 대한 신앙에서 비롯된 것이다.25)

---

22) 위의 책, 149~150쪽.
23) 위의 책, 150~151쪽.
24) 「斥邪綸音」 ; 이만채, 앞의 책, 362쪽.
25) 금장태, 유동식 공저, 앞의 책, 209쪽. 中人이나 常人들이 양반과 한자

한편 이것을 뒷받침하는 것이 인간의 영혼불멸과 심판에 대한 사상이었다. 즉 신분에 관계없이 모든 사람에게는 영혼이 있으며, 각 사람은 그의 소행을 따라 공평하게 천주의 심판을 받게 되고 착한 자의 영혼은 천당으로 악한 자의 영혼은 지옥으로 가게된다. 이와 같이 영적인 인간 이해와 평등사상으로 인권에 대한 자각을 초래했다.

천주교도들의 국가와 군주에 대한 태도나 인권의 평등사상 그리고 새로운 가족윤리 등은 사회변혁을 초래할 수 있는 근대적 사상들이었다. 그런데 이것은 사회개혁이나 운동으로까지 발전되지를 못하였다. 그 중요한 이유의 하나는 거듭되는 박해 속에서 지식층이 대부분 탈락되고 신도들은 대체로 실권을 당한 양반층이 아니면 가난한 서민층으로 이루어지게 된데 있다. 그들에게는 자유·평등·박애사상이 가혹한 현실 세계에서가 아니라 내세에서의 영적인 것으로 믿어지게 되었다. 곧 내세지향적이며 영적 구원에 치중하게 된 것이다. 이것을 더욱 부채질 한 것은 기독교 선교본부의 政·敎 분리정책이었다. 이것이 결국에는 일본의 식민지하에서도 카톨릭교도들로 하여금 침묵을 지키게 했다.[26]

한국기독교 교회사가 근세사에 가장 큰 공적을 남긴 것이 있다면 대중 속에 전파되어 신분 계급 사회의 모순에 대한 저항적 힘을 배양했다는 것이라고 생각된다. 그리고 정치 권력에 예속되지 않는 순교의 연속은 신앙의 초월적 진리성을 역사 속에 확인시켜 주었던 것이다. 교회가 대중 속에 있으면서 대중의 절실한 요구에 응답하고 또 사회의 이상을 제시하였던 한국 교회사의 전통은 현재

리에서 천주에게 예배 올릴 수 있다는 것은 감격적인 일이었을 것이다. 또 안방 살이에 갇혀 있던 부녀자들이 공공연한 회합에서 남자들과 한 자리에 앉을 수 있다는 감격도 마찬가지였을 것이다.

26) 위의 책, 210쪽.

와 미래에서 끊임없이 계승되어야 할 것으로 생각된다. 기독교 진
리에 대한 정열은 동서고금을 통해 죽음을 초월하고 있다.

Ⅳ. 맺는말

　한국기독교는 짧은 기간 안에 그 만큼 성공적으로 훌륭하게 이
식되었다고 하는 역사적인 사실 배후에 분명히 기독교의 신관·윤
리교훈 등과 전통 사상사이에 어떤 유사성(contact point)이 있었기
때문이었다는 하나의 가능성을 전혀 배제할 수 없다.

　18세기 후반에 천주교가 한국에 들어올 때에도 그랬고 19세기
말엽에 신교가 들어올 때에도 많은 한국인들은 선교사에게 직접
선교를 받지 않고 다만 기독교의 문서들을 읽음으로써 기독교에
대한 그들의 이해를 깊이 할 수 있었을 뿐 아니라 그들 가운데 얼
마는 그들 자신을 스스로 기독교도로 만들 수도 있었다.[27]

　이처럼 <자발적>으로 조직된, 한국의 교회들은 4세기를 지나면
서 오늘날까지 우리 사회 안에서 성장 일로의 길을 걸어왔다. 그러
므로 한국기독교는 이미 한국인의 민족종교가 되었다.[28] 이제 우
리는 기독교 교단을 말할 때 <대한예수교>나 <한국기독교>를
지칭하고 있기 때문에 <외래종교>라는 글자를 떼어 버려야 한다.

---

27) 정대위, 앞의 책, 30~31쪽.
28) 심일섭, 1978,「한국 초기 카톨릭 교회의 선교사적 평가」『기독교사
　　상』제245호, 기독교서회, 125쪽 ; 심일섭, 1982,『韓國民族運動과 基督
　　敎受容史考』, 아세아문화사, 44쪽.

물론 기독교는 명실공히 우리들의 한국종교가 되어야 한다.

종교는 첫 발생으로서의 固有與否에 있지 않다.29) 비록 그것이 외래종교일지라도 일정한 국가나 민족의 역사와 문화 속에서 그것이 수용되어 얼마나 독특한 종교의 기능을 발휘했는가 하는 점이 중요하다. 그러므로 우리 나라의 경우도 비록 외래적인 종교라 하더라도 우리의 문화 능력으로서 그것을 얼마만큼 우리의 상황에 맞도록 비판적으로 변용 발전시킨 것이라면 그것이 곧 한국종교가 아닐 수 없다.

유교·불교·기독교 중에서 우리 나름대로 문화적으로 수용하고 비판적으로 발전시킨 이른바 한국화 요소로서의 <한국적 정황>이 있으면 곧 한국종교인 것이다. 한국적 특수성이 중요한 그만큼 한국 종교에 대한 이해에 있어서는 한국 종교에 나타나는 특징에 대한 연구가 절실히 요구된다. 이러한 점들을 우리는 앞으로도 계속해서 다룰 것이다.

이제까지 한국종교를 이해하는 경향은 너무도 시대 환경과의 연관 관계를 도외시하는 것이었음을 깊이 반성하고 시정해야 마땅하다고 생각한다. 종교에 있어서 진리나 사상으로 간주되는 것들은 대체로 역사적 상황과의 관계 속에서 추구되고 판단되고 평가되는 것이 대부분이다. 종교사상의 이러한 특성을 감안할 때 한국기독교의 새로운 정리 작업에서도 우리는 각 시대 사상이 맺고 있는 그 시대 환경과의 관계를 면밀히 살피지 않으면 안되겠음을 깨닫게 된다. 종교사상이 외래적인 것이라면 그것이 그 시대의 생활의 어떠한 필요성에서 어떤 각도로 수용되었고, 소화·발전 되었는가하

---

29) 예를 들면 불교는 발생지 인도에서, 기독교는 발생지 유태에서 그리 환영받지 못했고, 못하고 있다. 따라서 固有性은 상대적 의미로 쓰이는 것이다.

는 점들을 소상히 밝혀나가야 되겠다.[30]

초대 한국 천주교인들은 서구 중세 철학사상이 그 조직의 체계와 교리의 해설이나 형식적 제도 면에 있어서 일단 Ricci의 토착화한 『천주실의』를 거쳐서 도입되었음을 이미 언급하였다. 이것을 도식적으로 표시한다면 본래 원시기독교의 복음이→스콜라 철학이라는 헬레니즘 체계적인 설명을 거쳐→Ricci의 『천주실의』에서 본원유학이라는 동양적인 설명과 체계를 거쳐→조선 실학자들의 논변을 통해 정약종의 『주교요지』에서 한국적인 토착성을 지닌 한국기독교사상이 굳혀졌다고 말할 수 있다.[31]

한국기독교사상은 그 나름대로 민족전통에 의한 대중성을 염두에 두고 그들의 인식이 성립되어 갔다고 볼 수 있겠다. 儒敎와 西敎(기독교)가 우리 땅에서 교섭하고 수용과 갈등의 반응을 보이는 가운데 한국의 근대사상사가 정립되었다.

조선 후기 사회에서 일어났던 儒敎와 西敎의 갈등은 종교가 이념화(ideology)가 되어서 그 종교를 수용하는 두 집단 체제의 배경이 더욱 대립적이었음을 이해할 때, 앞으로 유교와 기독교가 자기의 근본 교리를 상대편의 교리와 어떻게 조화할 수 있는가 하는 과제에서 좀 더 대화와 이해에로의 접근이 필요하다고 하겠다.

오늘날에도 유교는 전통적 유산으로만 자부하고 또한 기독교는 다만 서양적 근대정신으로 자만하여 서로 몰이해하는 사실을 볼 수 있다. 그러나 이러한 상호간의 이질감에만 사로잡혀 있다면 새로운 한국의 전통과 사상을 형성하는데 적절한 기능을 발휘하지 못하고 말 것으로 생각된다.[32]

---

30) 윤사순, 1984, 「東洋思想과 韓國思想」, 을유문화사, 144쪽.
31) 김옥희, 앞의 책, 89쪽.
32) 금장태, 1982, 앞의 책, 274쪽.

본서에서 그 시대의 논변이 전개되는 과정을 돌이켜 볼 때 Ricci를 비롯한 초기의 예수회 선교사들이 서학을 傳敎하는 가운데 유교 사상의 전통성과 놀라우리 만큼 훌륭히 조화를 이루었던 것을 유의하지 않을 수 없다. 오늘날에도 기독교가 외래종교라는 의식이 가시지 못하여 토착화의 문제가 빈번히 거론되고 있는데 西學의 補儒論과 같은 태도는 중요한 시사를 주고 있는 것으로 보인다.33) 현재의 한국기독교가 전통사상의 기반에 대해 어떤 태도가 바람직한 것인가를 인식한다면, 지난 4세기 동안 이루어진 기독교와 유교의 교섭을 긍정적으로 재음미해 볼 필요가 있다. 그럼으로써 우리들이 가지고 있는 동양적인 것의 가치를 좀더 명확히 자각할 수 있다면 기독교는 한국 사회에 정말 더 튼튼히 뿌리 내릴 수 있을 것이다.

한국인의 공동 경험에 존재하는 종교적 차원의 언어는 성서언어의 종교적 의미의 개별 특성과 의미의 유사성을 가질 수 있고, 종교적 이해의 일치된 통찰력을 갖게 한다.34) 한국 기독교 사상의 주요 자료로 성서 본문과 인간의 공동경험 및 언어를 상정하고, 양자의 해석을 상호 관련시키는 것을 한국적 신학의 과제로 보아야 할 것이다.

---

33) 위의 책, 327쪽. 현대 신학자 Hans Küng은 "포괄적인 기독교 보편주의"를 옹호했는데, 기독교에 배타성이 아닌 독자성을 요구한다. '한 종교의 교만한 지배'는 잘못된 것이고, 그리고 또한 '확실한 척도'마저도 포기하게 만드는 종교의 '혼합주의의 혼동'도 역시 잘못된 것이다(H. Küng, *Christ —sein*, R. Piper & Verlag, München. 1974. S.116. 125 ff.)

34) David Tracy, *Blessed Rage for Order*, Seabury Press, 1975, p.43.

제2부

다산의 천명사상

제1장 천명사상의 淵源

제2장 주자학 비판

제3장 천명의 해석

제1장

천명사상의 淵源

I. 들어가는 말

유가의 경전 중에서 『중용』은 천인관계를 바탕으로 한 유교윤리의 집약이라고 할 수 있다. 이 경전에서는 天과 人의 관계를 중심으로 논하여 궁극적으로 인륜이 天에서 부여된 것임을 밝힘으로써 유가 윤리의 근본을 확립하려는 사고가 지배적이다. 이런 점에서 공자가 소극적으로 설명한 천명관을 『중용』은 적극적으로 전개하였다. 처음에 그 머리말(首章)에서부터 다음과 같이 밝히고 있다.

> 하늘(天)이 명(命)해 준 것을 <성>이라 하고, <성>에 따르는 것을 <도>라 하고, <도>를 닦는 것을 <교>라 한다.[1]

유가 윤리의 근거로서의 이 같은 천명관은 그 이후 유가의 기본적 사고로 굳어졌다. 중국의 주자나 한국의 다산의 경우 역시 예외

---

[1] 김학주 역주, 1996, 『中庸』, 서울대 출판부, 19쪽. "天命之謂性, 率性之謂道, 修道之謂敎."

가 아니다. 이들도 다 윤리의 근거로 천명을 생각한 점에서는 서로 일치한다. 그러나 茶山의 「中庸講義」나, 「中庸自箴」에 나타난 천명관과 주자의 「中庸章句」 등에 나타나는 그것과는 매우 상이한 것이다.

 그것은 인격신으로서의 <하느님(上帝)의 명령>으로 보는 다산과 하나의 <天理>로 간주하는 주자의 천명관의 차이인 것이다. 두 사람의 천명관이 이와 같이 다른 것은 다산의 사상이 주자를 중심으로 하는 성리학자들의 그것을 비판하는 데서 이루어졌기 때문이다. 그러므로 우리는 다산의 천명관을 특히 그의 「중용강의」이나, 「중용자잠」을 통해서 살피고자 한다.

 이 글에서 다산의 천명 사상을 논함에 있어서 그것은 어디로부터 연유하였는지, 다산은 왜 천명관을 다시 새롭게 말하지 않으면 안되었는지를 말하기 위해, 그 사상의 본원적 배경부터 파악하려고 한다. 그 다음에 그의 대부분의 사상이 주자학의 비판으로 이루어졌다는 점에서, 일단 주자의 理氣論과 心性論에 대한 그의 비판을 살피고, 끝으로 그 자신의 독자적인 <천명> 이해를 그의 윤리관과 관련된 시각에서 밝히고자 한다.

 우리는 무엇보다도 맨 먼저 <천명>에 대한 인식이 어떤 발전과정을 거쳐 茶山에 이르게 되었는지를 알아보기 위해서 원시 천신앙, 공맹의 천관, 그리고 주자의 천명관을 살피고자 한다.

Ⅱ. 원시 천신앙

　원시 농경 사회에 있어서 인간의 생존에 불가피한 경작의 성공 여부는 경작자 자신의 노력에는 부분적으로만 의존하며 그 대부분은 햇빛이나 비, 바람 등 자연의 신비로운 현상에 의존한다. 이 자연의 현상을 개개의 <힘>들로서 이해할 때, 이 <힘들>은 경우에 따라 인간에게 이로울 수도 있고 해로울 수도 있으며, 그에 따라서 인간의 운명도 결정지어진다. 이렇게 <여러 힘들>이 자연과 인간을 지배한다고 확고하게 믿도록 만든다. 그리하여 이 <여러 힘들>은 모든 만물을 지배하는 <여러 神들>로 간주되고 더 나아가 의인화되기까지 한다. 그리고 이들 의인화된 모든 神은 초인적 능력을 가진 존재라는 점에서 숭배의 대상이 된다. 즉 자연숭배형태의 다신교적 종교의 성립을 보게 되는 것이다.

　이러한 상고시대의 자연숭배형태의 多神思想이 끝내는 가장 우위에 있는 최고의 神을 상정하는 一神思想의 경향으로 발전하였으며, 특히 중국 夏商 이후 그것은 만물을 주재하는 의미의 天帝 관념을 낳기에 이르렀다.[2]

　그 당시 사람들은 인간의 화복과 자연변화의 주재자인 天帝의 居所를 하늘(天)로 보았기에 天을 경외하게 된 것이다. 이와 같은 天信仰에서 天帝는 인간과 같은 의지를 가지고 도덕적인 가치판단을 내려, 선한 이를 현양하고 악한 이를 징벌하며, 백성의 행동을 통해, 또는 천명을 받은 사람을 통해서 희로의 감정을 나타내는 인격적 절대자로 신봉되는 것이다.[3]

---

2) 馮友蘭, 1935, 『中國哲學史』 上卷, 商務印書舘, 47쪽.

> 천명을 받음이 넓고 크고, 하늘이 큰 福을 내려 주시니 모든 곡식
> 이 풍성하여 넉넉하나이다.[4]

天은 최고의 능력자로서 모든 만물의 발생, 변화를 주관한다고 믿고 있음을 이로써 알 수 있다. 그러므로 누구나 天에 순응해야만 화를 면하고 복을 받아 편히 살 수 있다는 사유가 여기서 나온다. 사람들은 항상 天을 경외하였으며, 특히 천명을 맡은 임금(人君)은 천의 명을 받들어 백성을 양육하고 天이 부여한 질서와 법칙을 준수할 책임을 가지게 되는 것이다. 이 책임을 다하지 못하면 천으로부터 벌을 받기 때문에, 그는 항상 天에 대하여 경외의 마음을 가지고 자기의 책임을 태만함이 없도록 하여야 한다.[5]

시경의 내용 중에서 <天>이나 <天命>을 발췌해 보면 대개 두 가지 견해를 볼 수 있는데, 그 첫째는 만유의 始源者로서의 천관이며, 그 다음 둘째는 정치적 관계에서 보는 천명사상이라고 지적할 수 있다.[6] 이러한 천관념은 天이 인간의 운명을 결정·주재하는 주체라고 인식되었고, 그 결과로서 천명의 존중 및 신앙화로 나아간 것을 의미한다. 그러나 천명의 수용자는 일반 백성이 아닌 통치자에 국한될 뿐이었다.[7] 따라서 통치자는 천명의 소재를 파악할 수 있는 유일한 인물 <天子>로서 천명을 통하여 자신의 권력의 절대성과 정당성을 주지시키고, 자신의 명령을 천명과 동일한 것으로 인식시켜 통치력을 강화시켰던 것이다.

---

3) 屈萬里 註釋, 1968,『尙書今註今釋』, 商務印書舘, 22쪽.
4) 玄岩社, 1968,『詩經』, 438쪽. 商頌篇 : "我受命溥將 自天降康 豊年穰穰."
5) 李相殷, 1966,「中國哲學史」『韓國思想史』, 日新社, 14쪽.
6) 金玉姬, 1979,『曠菴 李蘗의 西學思想』, 카톨릭출판사, 99쪽.
7) 위의 책, 108쪽.

Ⅲ. 공맹의 천관

만물을 주재하는 절대적 존재로 믿어졌던 중국 고대의 天은 점진적인 인지의 발달로 인하여 周代에 이르러서는 인간 본위의 天으로 변화되었다. 天의 관점에서 인간을 보려고 하지 않고, 인간의 관점에서 天을 보려고 하는 데서부터 새로운 천 관념을 발전시킨 것이다. 이러한 경향은 춘추 전국시대에 오면서 더욱 농후하게 되었다.

공자는 그 자신 스스로가 말했듯이 그 사상의 뿌리를 周代에 두고 있었으니 그의 天에 대한 사상 또한 周代의 영향을 받지 않을 수 없었다. 그러므로 그의 천관은 한편에는 의지를 가지고 만물을 지배하는 主宰天의 성격을 가지며, 또 한편에는 인간의 자기 자각적 사고로 인한 인간 본위의 도덕의 義理天의 내용을 함께 지니고 있음을 볼 수 있다. 우선 공자의 주재천의 천관을 『논어』를 통하여 살펴보면 다음과 같다.

하늘에서 죄를 얻으면 빌 데가 없다.[8]

죽고 사는 것에는 명이 있고 부귀는 하늘에 있음이라.[9]

이는 공자가 고대의 전통적인 천관을 그대로 받아들인 것으로, 이때에 天은 절대적인 능력을 가지고 인간에게 그 의지를 행사하는 주재천에 해당된다. 따라서 인간은 마땅히 天이 명한 바를 알아

---

8) 『論語』, 八佾篇, "獲罪於天, 無所禱也."
9) 『論語』, 顏淵篇, "死生有命, 富貴在天."

서 이를 실행해야만 하는 것이니 "천명을 모르면 군자가 될 수 없
다"10)고 한 것이다.

그러나 공자의 천관은 여기서 그치는 것이 아니다. 그는 "오직
자기를 반성하여 인사를 다하는 것"(下學而上達)이라 하였으니, 이
것은 인간의 입장에서 천명을 알고(知命), 천을 경외하는(畏天) 등
을 말하여, 그는 위로부터 아래로(自上而下) 天에서 내리는 명(降
命) 등의 내용을 약화시키고 있는 것이다. 이런 관점의 변혁은 귀
신에 대한 태도에서 드러난다.

능히 사람을 섬기지 못하면서 어찌 능히 귀신을 섬기겠느냐11)

그는 이렇게 말하였으니, 귀신에 대한 것도 그 종교적 색채를 벗
어나 합리적인 태도를 취하고 있음을 볼 수 있다. 이러한 태도로부
터 공자의 도덕화된 새로운 사유가 마침내 귀신 신앙을 대체하게 된
다. 또한 공자는 "나이 50이면 천명을 안다"(五十而知天命)라고 하였
는데 知天命의 방법은 하늘을 원망할 것도 없고 남을 허물 할 것도
없이 오직 자기를 반성하여 인사를 다하는 것에 있다고 하였다.12)

이러한 모든 것은 仁의 실천을 통해 실현된다고 보아, 특히 仁을
강조하였으며, 결국 仁의 완전한 실천이 그의 경우 천인합일에 해
당하는 것이다.

맹자의 <性善說>은 공자의 의리의 측면을 강조한 천관에서 시
작한다고 할 수 있다.

誠은 하늘의 道요, 誠을 생각하는 것은 사람의 도다.13)

---

10) 『論語』, 堯曰篇, "不知命, 無以爲君子也."
11) 『論語』, 先進篇, "未能事人, 焉能事鬼?"
12) 『論語』, 憲問篇, "不怨天, 不尤人. 下學而上達."

그의 주장은 "誠은 하늘의 도요, 성을 다하려고 하는 것은 사람의 도다"14)하는『중용』의 사상을 잇고 있음을 말해준다. 성으로 설명되는 天은 이미 객관적 도리이며, 思誠 방면에서 인간의 수양이 필요함을 엿볼 수 있게 된다. 그러나 성의 天과 사성의 人이 별개의 것인가? 이런 점에 대해서 맹자는 다음과 같이 말하고 있다.

> 그 마음을 다하는 자는 그 性을 알 것이요, 그 性을 알면 곧 하늘을 알 것이다. 그 마음을 보존하여 그 性을 기르는 것은 하늘을 섬기는 것이다. 요절하거나 장수하는 것이 죽는데 둘이 아니다. 몸을 닦아서 그것을 기다리는 것이 立命하는 것이다.15)

개인 심성의 완전한 證知가 곧 天을 아는 일(知天)이고, 개인 심성의 存養이 天을 섬기는 일(事天)이며, 개인은 수신함으로써 立命함을 그는 주장한다. 이것은 맹자가 전래의 종교적 기도의 대상 내지 의지적 주재자로서의 天의 성격을 씻어 버렸으며, 一身一心의 덕성의 확충으로 끝내는 천인합일의 경지에 오를 수 있다는 입장에서 인간과 天의 관계를 설명하고자 한 것이다.

그러기에 天은 인간과 멀리 떨어져 있는 것이 아니라, 인간의 심성 내부에 더불어 있는 도덕의 義理天에 해당된다. 따라서 맹자의 性善이라는 것은 실제에 있어서는 天이 나에게 부여한 心善이며, 이를 확충하여 우주에 가득하게 하는 것이 浩然之氣이다. 이상에서 우리는 맹자의 천관이 천 자체의 내용보다는 사람에게서 비롯하여 추론하고, 거기서부터 밝혀질 수 있는 도덕의 의미를 지닌 義理天임을 알 수 있다.

---

13)『孟子』, 離婁 上, "誠者, 天之道也. 思誠者, 人之道也."
14)『中庸』, "誠者, 天之道也. 誠之者, 人之道也."
15)『孟子』, 盡心章句 上, "盡其心者, 知其性也. 知其性, 則知天矣. 存其心, 養其性, 所以事天也, 夭壽不貳, 修身以俟之, 所以立命也."

결국 공자의 천관은 周代의 종교적 색채가 있는 의지의 主宰天과 천인합일로 맺어지는 도덕의 義理天의 두 내용을 담고 있으며,[16] 천사상의 형성 발달이라는 면으로 보아 전자에서 후자에로 변화 발달되었다고 본다. 그래서 맹자는 공자의 천관념 가운데서 도덕적인 의리의 측면을 강조하게 되었고, 그로 인하여 인성 속에서 天의 선의지를 발견하게 되었다. 이것은 인성 속에 천리가 내재해 있음을 확신한 결과로서 출현한 것이다.[17] 따라서 맹자의 천관념은 도덕의 義理天을 핵심으로 한 것이었다.

Ⅳ. 주자의 천명관

원래 <天命>이란 말은 人格天에서 유래되어 "天이 인간에게 명한다"는 의미였으나, 본원유학 이후 이것은 인간이 지닌 本性의 발로로 생각되었다. 즉 본성이 자연의 발로로 간주된 것이 천명임은 이미 언급한 그대로이다. 공맹 이후 유가에서는 天을 유일신적 주재자로 숭배하는 종교의 관념을 탈피하고, 인간 내면에 작용하는 도덕의식을 근거로 하여 천인합일의 노력을 지속해 왔던 것이다. 이러한 사고의 추세는 주자에 의해서 <天卽理>라는 합리주의의 특성을 지니게 되었다. 그리하여 천명은 인간 내면(마음)에 性으로 부여되어 실재한다는 것으로 생각되어졌다. 즉 天의 인격적

---

16) 金敬琢, 1977, 『中國哲學槪論』, 汎學圖書, 94쪽 참조.
17) 金炳采, 1982, 「荀子의 天에 대한 硏究」 『東洋學』, 제12집, 동양학연구소, 5쪽 참조.

존재에 대한 믿음보다는 천명의 합리성에 의거한 사고의 방향으로 변화한 것이다.[18]

다만 주자는 <天卽理>라 하여 일종의 존재론적 이해를 하고 있다. 이 경우 天은 비인격화되어 하나의 천리를 의미하게 되고, 그 理가 인간에게 있어서는 인성으로 간주되는 것이다. 따라서 天을 숭배의 대상인 神으로 보는 경향은 사라지고, 易理로서 자연의 이치 즉 우주론적인 원리로 이해되는 것이다.

여기서 <理>는 모든 현상의 <존재근거>(所以然者)로서의 주재 능력을 가진 것으로, 궁극적으로는 천명·태극과 같은 것이라고 생각하였다. <理>는 단순히 깨닫는 능력의 이치만 아니라, 존재도 가능하게 해주어 사람이 인간이 되는 까닭이요, 나아가 만물을 만물로 되게 하는 統體理를 의미하는 것이다. 결국 주자에 있어서 天 혹은 天命은 생성의 원리(生生之理)로서 인간과 만물에 부여되는 것이다.

그런데 이 부여된 理는 그 진면목에서는 동일하다 하더라도 본체로서의 理 곧 본연의 理(本然之理)와는 구별될 수밖에 없다. 그래서 거기에 부여된 理, 곧 분수의 理(分殊之理)를 주자는 性이라 하였다. 따라서 <性卽理>라고 말할 수 있는 것이다.

주자에 있어서 천·천명의 문제를 집약한 용어는 <理>자라 하겠다. 이것을 궁극적인 大本至中의 뜻으로 표현할 때 태극이라 한다. 따라서 그에 있어서의 태극관을 밝힘으로써 우리는 그의 천·천명의 문제를 바로 이해할 수 있게 된다.

태극의 본질은 바로 우주 만물의 근본 원리이다. 이 근본원리를 주자는 <본연의 理>(本然之理)라고도 하였는데, 우주만물의 본체

---

18) 牟宗三, 『中國哲學의 特質』, (宋恒龍譯, 汎學社), 第四講 「<天命>과 <性>의 形成」 참조.

란 뜻이다.[19] 주자가 태극을 우주만물의 본체라 본 것에 의하면, 우주만물은 모두 이 태극에 의하여 생성되는 까닭에 그것은 <생성의 理>(生生之理)가 되고, 이 생기는 理는 또 개체 가운데서 내재(各具一太極)하여 그것들의 本性이 된다.

그러므로 태극은 또한 두 가지 의미를 겸한다. 하나는 천지만물을 생기게 하는 理의 총화라는 뜻의 태극이고, 또 하나는 개체마다 소유한 理로서 각기 一太極을 담지한다는 뜻의 태극이다. 전자는 태극의 統體義가 되고, 후자는 태극의 分持義가 된다. 통체의로서의 태극은 하나의 보편성의 理가 되는 것으로, 이 理는 無所不在하여 하나의 <존재적>인 것이 된다.[20] 분지의로서의 태극은 하나의 특수성의 理가 되는 것으로 이 理는 다만 하나 하나의 물건 가운데서 내재한다. 이것은 하나의 <實有的>인 것이 되며, 또한 바로 그 개체의 까닭이다.[21]

주자는 정이천(1033-1107)의 <性卽理>의 사고를 계승하여 性을 순수한 理로서의 태극으로 해석하였다.[22] 여기서 理란 객관적 보편성에서 말한 것이요, 性이란 주관적 특수성에서 말한 것이다. 여기서 말하는 理나 性이란 본체론적인 것이다. <性卽理>의 理는 있게 한 것(所以然)으로서의 理이므로 있는 것(所然)과 분리될 수 없다. 그러므로 理가 物에 부여된 후에 비로소 性이라 한 것이다. 즉 性은 있게 된 후(生以後)에 말하는 것이다.[23] 주자의 설명에서

---

19) 蔡茂松, 1985,「朱子哲學의 根本問題」『退溪・栗谷哲學의 比較研究』, 成大出版部, 21쪽.

20) 태극은 단지 理요, 다만 하나의 지극한 理다. 이 理는 方所가 없고, 形狀이 없고, 소리가 없고, 냄새가 없음으로 또한 이것을<無極>이라고 하였을 뿐이다.

21) 蔡茂松, 앞의 책, 21~22쪽.

22) 朱熹,『朱子大全』권61, 答嚴時享 ; "性卽太極之全體."

23) 蔡茂松, 앞의 책, 35쪽.

性은 다만 하나뿐이나 理에 있어서 말하면 <본연의 성>이요, 기질을 겸하여 말하면 일종의 <기질의 성>이라는 것이 된다. 그래서 주자는 다음과 같이 말하고 있다.

> 명의 바른 것은 理에서 나왔고 명의 품수(稟受)한 것은 기질에서 나왔으니, 모두 天이 나에게 부여해준 바이다.[24]

원래 주희 등은 理를 모든 현상의 <존재근거>(所以然者)로서의 주재능력을 가진 것으로, 궁극적으로는 천명·태극과 같은 것이라고 생각하였다. 理에 대한 이러한 견해를 전제로 그들은 理一分殊를 말하였다.[25] 여기서 <理>는 단순히 깨닫는 능력의 이치일 뿐만 아니라 인간을 인간 되게 해주는 까닭이요, 더 나아가 만물을 만물로 되게 하는 統體理를 의미하는 것이다. 결국 <性卽理>의 사고를 바탕으로 하여 인간과 만물에 부여된 <생성의 理>(生生之理)로서의 태극이 주자에 있어서의 天이요 天命이다.

---

24)「朱子大全」권95, 程子書 참조.
25) 尹絲淳, 1986,『韓國儒學思想論』, 열음사, 138쪽.

제2장

주자학 비판

茶山의 사상은 일단 주자학의 비판을 고려치 않고서는 완전히 이해될 수 없을 것이다.[1] 그가 주자학을 비판하게 된 까닭은, 주자가 성리학을 완성한 자라는 점과 주자의 성리학이 조선조 유학사상에 끼친 절대적 영향 때문이었다. 茶山의 實學은 좋든 나쁘든 주자학과의 일정한 관련 속에서 이루어지고 있다.

1. 실학의 발흥

실학의 발흥은 역사적으로 볼 때 성리학의 통치이념을 바탕으로 한 조선조의 체제가 16세기를 고비로 하여 여러모로 모순을 드러냄에 따라 17~19세기 사이에 그 모순의 개선·개혁을 꾀하는 의지에서 이루어졌다고 할 수 있다. 임진왜란과 두 차례에 걸친 호란

---

1) 위의 책, 134쪽.

을 계기로 조선조의 전근대의 모든 모순이 정치·경제·사회 등 각 방면으로 급격히 노출되므로, 그 대응책의 각성 속에서 이루어진 <改新儒學>이 실학임에 틀림없다.[2]

그 당시 성리학계에 대해서는, 다산은 모든 점에서 주자만을 앞 세워 의지한다고 꼬집으면서 理·氣·性·情 등의 형이상학적인 문제로 논쟁과 파쟁을 일삼기에 바빠, 실생활에 관한 名物度數는 고사하고 孝弟忠信조차 알려고 하지 않을 정도로 空疎하여졌다고 비판한다.[3] 이러한 것으로 보면 공맹의 사상을 다시 내세워 학문에서의 실제성을 고취하는 茶山의 의지는 분명히 당시 공소한 것으로 판단된 주자학의 분위기, 관학풍을 극복하고 그 시대의 요구에 부합하는 그 자신의 실제적인 학문을 이루려는 것이 아닐 수 없다.[4]

왜란·호란 이후 천주교 및 서구과학으로서의 서학의 충격과 아울러 淸의 훈고학이 전래되면서, 그렇지 않아도 양명학으로 인해서 그 이전부터 일어나고 있던 주자학 비판의 사고경향이 더욱 높아졌다. 성리학의 약점과 성리학 풍토의 비리에 대한 비판적 성찰이 심화되면서 그 대비책으로서의 개변·개혁의 노력까지 일어남으로써 마침내 17세기 이후의 유학에서는 종전의 성리학과 다른 방법·내용·성격의 학문이 형성되고 있었다. 이것이 바로 조선후기 실학이다.[5] 따라서 茶山은 학문의 입장을 실학에 두고 이로 말미암아 누구보다 큰 업적을 남기게 된다.

조선 후기에 興起한 실학사상은 당시에 정치권력에서 제외된 지식인들이 주축이 되었다. 이들은 무엇보다도 그 시대의 현실을 직시함으로써 주자학과 성리학의 풍토가 지니는 모순점을 실제적 시

---

2) 尹絲淳, 1984,『東洋思想과 韓國思想』, 乙酉文化社, 202쪽.
3) 尹絲淳,「茶山의 生涯와 思想」『哲學』제25집, 1986 봄, 11쪽.
4) 위의 책, 12쪽.
5) 위의 책, 5쪽.

각에서 극복하고자 하였다. 그 결과로 이루어진 것이 곧 후기실학
이다. 이러한 실학은 일반적 특성을 가지고 있는데, 다음 세 가지
로 말할 수 있다.6)

첫째는 백과사전적인 박학에 의한 방법으로 성리학의 경학관을
극복하려 하였다.

둘째는 사변적이고 관념적인 성리학의 경학 태도를 止揚하고 본
원유학 정신을 표방하여 실제성을 중요시하였다.

셋째는 淸初에 漢儒의 훈고학의 정신을 원용하였던 점이 그 기
저를 이루고 있다.

우리 나라 대부분의 실학자들이 이 가운데에 한 두 가지를 가지
고 있으나, 茶山은 세 가지 모두 공유하고 있으므로, 우리는 그를
實學의 集大成者로 볼 수 있다.7)

다산의 경학은 위와 같은 사정으로 인하여 주자학을 비판하지
않고는 도저히 성립될 수 없었다. 그는 주자학에 대한 기본적 학습
의 단계를 넘어, 전문적 단계에 들어선 때부터 그 장점보다 약점에
대한 눈을 뜬다. 그는 당시 성리학계의 최대 문제였던 <四端七情
論>과 <人物性同異論>에 대한 자신의 견해를 피력할 정도로 성
리학의 조예를 깊이 하였지만, 그 긍정적 계승의 의욕보다는 부정
적 비판·극복의 태도를 보인다.8) 말하자면 그보다 1세기 정도 이
전부터 발흥하여 전파되어 오던 주자학 비판은 이른바 실학 경향
을 그 역시 띠었던 것이다.

---

6) 尹絲淳, 1982,「實學的 經學觀의 特色」『韓國儒學論究』, 玄岩社, 참조.
7) 위의 책, 185쪽.
8) 尹絲淳, 1986,「茶山의 人間觀」『韓國儒學思想論』, 열음사, 134쪽.

Ⅱ. 이기론

유가의 인간관에서는 천지의 소생인 인간은 천지와 더불어 병존하면서 인간 자신의 바른 위치를 찾아 조화롭게 살아가지 않으면 안 된다는 天·天命 사상이 깃들여 있다. 주자학에서는 이러한 유가의 인간관을 일단 계승한다. 그들은 계승하면서 이것을 理氣論의 형식으로 재해석·재구성한다.

주자학에 의하면 인간을 포함한 모든 만물은 "理와 氣로 이루어졌다"(理氣之合)는 것이다. 모든 사물들이 다 음양오행이라는 氣로서 형질을 이루고 그 氣가 있는 곳에는 理 또한 있게 된다는 것이다. 理와 氣로 이루어지는 점에서는 인간도 다른 사물과 다르지 않다.9) 요컨대 인간과 자연은 한 몸 즉 <萬有一體>의 관계에 있다는 것이다. 그러므로 주자학에서는 <性卽理>라 하여 <天人合一>을 理氣論으로 환원시켜 이론화하고 있다.

주자의 이기론은 그의 本體論의 핵심으로서, 어떤 하나의 세계관이 필수적으로 포괄하고 있는 일 국면, 즉 이 세계를 바라보는 <하나>의 근본적인 질서감각을 형성시킴으로써 존재와 인식의 기본 범주들을 정립시키는 동시에, 그것들을 어떤 하나의 일관된 방식에 따라 배치할 수 있도록 하는 국면에 대한 집중적인 해명에 주로 관련된다.10)

첫째로 朱子學에서는 우주의 생성에 있어서, <理>뿐만 아니라 음양오행 등의 개념들도 실재로 봄으로써 이론체계를 구성한다.

---

9) 위의 책, 137쪽.
10) 鄭一均, 2000, 『茶山 四書經學 研究』, 一志社. 320~321쪽.

그러나 茶山은 주자의 그러한 개념들을 하나 하나 비판하고 있다.

주자에게서 理(太極)는 모든 것에 우선하는 일차적·근원적인 존재인 것이다. 또한, 태극 즉 理 자체는 情意도, 計度도, 造作도 없기 때문에 스스로 움직이지 않지만 자체 안에 動의 理와 靜의 理를 포함하고 있음으로 하여, 이에 氣가 그러한 理에 따라 한번 動하고 한번 靜함으로써 음양은 오행을 발생시키는 연쇄작용을 통해 만물을 생성시키는 까닭으로 하여 결국 理(太極)는 우주의 최초 원인이 되는 셈이다.[11]

여기에 대해 茶山은 그와 같이 생각하지 않는다. 그는 理를 脈理·治理·法理의 의미 이상으로 보지 않는다.[12] 理는 원리·법칙적인 것에 지나지 않는다는 것이 그의 생각이다. 따라서 그는 理 또는 氣에 의한 萬有一體觀을 계승하지 않는다. 그에게서 理는 <天命>, <太極> 및 <性>과 동일시 될 수 없는 말이다.

茶山은 음양을 실체로 볼 수 없다는 이유로 음양은 태양의 움직임에 따라 생겨나는 가변적 현상에 불과할 뿐이라고 말하고 있다. 오행은 金·木·水·火·土로서 이들의 이름이 생긴 것은 만물 가운데 다섯 가지 물건에서 유래된 것이며 그러므로 그것들에게 물질을 벗어난 형이상학적 의미를 붙이는 데에 그는 반대하고 있다.[13]

> 이제 살피건대 음양의 이름은 햇빛이 비추고 가리는 것에서 생긴 것이니 해가 가리어 숨은 곳을 <陰>이라 하고 해가 나타나 비치는 곳을 <陽>이라 한다. (그러므로) 본래 형체와 형질이 없고 단지 명암만 있을 뿐이니 원래 만물의 부모가 될 수 없는 것이다.[14]

---

11) 위의 책, 275쪽.

12) 『全書』 Ⅱ, 6/26a. "字義 皆脈理治理法理之假借爲文者."

13) 『全書』 Ⅱ, 4/3a. 여기서 朱子의 다음과 같은 말을 인용하고 있다. "天以陰陽五行 化生萬物 氣以成形 理亦賦焉." 茶山은 이러한 주장에 대해 철저하게 반대하고 있다.

그의 이러한 사고는 감각의 경험대상으로서의 자연을 음양오행의 우주생성으로부터 독립시켜서 자연을 자연현상 그 자체로만 이해함과 동시에 경험 사실과 부합하지 않는 관념론의 우주관을 부정하려는 의도가 있는 것이다. 茶山은 이렇듯이 경험적 사실을 존중하여 주자학의 용어 및 그 개념들을 철저히 분쇄시킴으로서 그의 새로운 철학세계를 갖출 수 있었던 것이다.

주자학에서는 <性卽理>라 하여 인성 문제까지도 또한 이기론으로 환원시켜 이론화하고 있다. 주자는 장횡거 및 정이천을 祖述하여 인성을 本然과 氣質로 나누어 설명하고 있다. 대체로 만물은 理氣二元으로 되어 있으며 氣가 모여 형체를 이루고 또한 理를 부여받게 된다. 그리하여 理에서 말한다면 萬物一元, 人과 物과의 구별은 없다. 이를 本然의 性이라 한다. 곧 本然의 性은 성인과 범인이 동일할 뿐만 아니라 人과 物과도 동일하다.

그런데 氣에서 말한다면 그것이 正한 자는 人이 되고, 偏한 자는 物이 된다. 동일한 人이라 할지라도 성인의 氣는 淸하되, 범인의 氣는 비교적 濁하다. 이를 기질의 성이라 한다. 곧 기질의 성에서 말한다면 人과 物은 구별될 뿐만이 아니라 성인과 범인도 또한 차별이 있다.

둘째로 茶山은 주자학의 본연의 성(理)과 기질의 성(氣)에 의한 인간 및 물체의 존재 해명을 비판한다. 그는 理·氣라는 실체가 人·物에 동등하게 적용되고, 다만 人·物의 구별은 기질의 品級에 의한다는 주자의 사고를 부정한다. 사실 그는 "인간의 성은 다만 한 가지 인간의 성일 뿐이며, 개와 소의 성은 다만 한 가지 금수의 성일 뿐"[15)라 한다. 그는 人·物은 원래 生得하는 성이 다르

---

14) 『全書』 Ⅱ, 4/1b~2a. "今案陰陽之名, 起於日光之照掩. 日所隱曰陰, 日所映曰陽. 本無體質, 只有明暗, 原不可以爲萬物之父母."

다고 보고 있다. 즉 그는 인간만이 靈明한 성을 부여받아서 동물에 없는 도덕적 능력을 소유한다고 한다.

그 나름대로의 <性論>을 펼쳐 茶山은 인간의 성과 다른 동물과의 성의 차이를 구체적으로 다음과 같이 설명하고 있다.

> 性에는 세 가지 품질(三品)이 있다. 초목의 성은 생명(生)은 있으나 지각(覺)이 없고, 금수의 성은 생명이 있을 뿐 아니라 지각이 있으며, 우리 인간의 성은 생명과 지각에다 또 靈과 善이 있다. 上中下의 三級이 결코 같지 않다.16)

이러한 그의 설명은 인간은 자연계에서 가장 우수한 존재이고, 사물은 인간보다 본질적으로 구분되는 존재이며, 사물은 인간의 작위의 대상이자 감각경험의 대상에 불과하다고 봄이 그의 입장이다. 자연과의 조화 합일보다는 오히려 자연과 대립하여 그것을 응용하려는 의식의 가능성이 그에게 엿보인다. 결국 그로 하여금 自然과 人間을 분리하여 보는 物我二分의 의식을 갖게 했던 것이다.

주자학에서는 이론상 본연과 기질은 나누어서 설명하지만 따로 독립해서 존재하지 않으며 반드시 서로 의지하고 기대는(相依·相待) 것이다. 비유컨대 本然의 性은 물과 같고 기질의 성은 그것을 담은 그릇과 같아서 그릇이 없으면 물을 담을 수가 없으니 기질의 성이 없으면 본연의 성은 의지하고 기댈 수가 없는 것이다. 성인의 기질은 淸하기 때문에 본연의 빛이 흐려지는 일이 없지만, 범인의 기질은 濁하기 때문에 그러한 그릇에 담은 물이 보이지 않는 것과 같다. 인간이 不善한 것은 곧 기질이 혼탁하기 때문이다. 그러므로 인간은 수양을 통하여 기질을 변화시켜야 한다. 이 점에 있어서는

---

15) 『全書』 Ⅱ, 6/19a. "人之性, 只是一部人性, 犬牛之性, 只是一部禽獸性."

16) 『全書』 Ⅱ, 4/47a. "性有三品. 草木之性, 有生而無覺. 禽獸之性, 旣生而又覺. 吾人之性, 旣生旣覺又靈又善."

장횡거 및 정이천의 논리와 같다.[17]

주자는 "인간과 만물의 성에 대해서는 <같다>(同)라고 할 것도 있고, 또한 <다르다>(異)라고 할 것도 있다"고 한다. 여기서 그는 전자를 본연의 성이라 말하였고 후자를 기질의 성이라 불렀다. 본연의 성은 "오로지 理만을 가리켜 말한 것으로서, 인간과 여타 만물이 동등하게 공유하고 있는 성이며, 성격상 <至善·純善>한 것이다. 氣質의 性은 "理와 氣를 뒤섞어 말한 것"으로서, 인간과 만물이 생겨날 때 받은 氣의 精粗·正編·通塞의 차이에 의해 각각 귀천의 구별이 있는 性이며, 따라서 성격상 <有善·有惡>한 것이다.[18]

셋째로 茶山은 <본연의 성>이라는 개념이 현실과는 전혀 부합되지 않는 것으로 평가하였다. 인간과 만물의 본연의 성이 참으로 같다면 모든 사람들은 물론이고, 한 걸음 더 나아가 모든 만물까지도 모조리 요·순이 될 수 있다는 이야기가 되는데, 실제로 그러한가? 이와 같은 의문들이 그로 하여금 본연의 성이라는 개념을 거부하게 했던 것이다.[19] 그 뿐만 아니라 이러한 본연의 성으로써 공맹의 경전을 해석함은 더욱 가당치 않은 것으로 보았다.[20] 왜냐하면 본연·기질의 說은 四書와 六經에 아예 존재하지 않았던 것이기 때문이다.[21]

주자학에서는 理와 氣로 이루어지는 사실에서는 인간은 다른 사물과 다르지 않다. 다만 그 중에서 가장 빼어난 氣를 품수한 존재에 불과한 것으로써 자연과 결국에는 합일되는 것으로 생각되어진

---

17) 李乙浩, 1982,『丁茶山의 生涯와 思想』, 박영사, 52~53쪽.
18) 鄭一均, 앞의 책, 309~310쪽.
19) 위의 책, 315쪽.
20)『全書』Ⅱ, 15/14a. "本然之性, 明是佛語, 豈可以此解孔孟之言乎!"
21)『全書』Ⅱ, 6/19b. "伏惟本然氣質之說, 不見六經, 不見四書."

다. 이렇게 자연과 인간을 합일시키는 사고의 근저에는 존재근거
(所以然者)로서 주재의 기능을 지니는 理를 설정하고 그것을 실재
로 봄으로써 理一分殊의 이론체계가 성립된다. 다시 말해서 "보편
적으로 실재하는 理는 하나이지만(理一), 그것은 천태만상의 구체
적인 氣로 말미암아 수만 가지(分殊)의 현상으로 드러난다"는 설명
이다.22) 理에 대한 이러한 견해를 전제로 주자는 理一分殊說을 말
한 것이다.

넷째로 종래의 理一分殊說은 茶山의 경우에는 수긍될 수 없고,
또한 理一分殊說에 입각한 萬有一體觀 역시 용납되지 않는다. 그는
理一分殊說을 불교의 萬法歸一說에 불과한 것으로 보면서 시인하
지 않는다.23) 그 이유는 앞에서 말한 바와 같이 근본적으로 <理>
에 대한 견해를 그가 주자 등과 같이 하지 않기 때문이다.

茶山은 구체적으로 발을 딛고 서 있었던 현실에 대한 예민하고
도 생생한 문제의식을 발견했을 뿐만 아니라,24) 그 문제의식을 구
현시키기 위하여 그 시대에 맞는 세계관을 구성하고자 하였던 것
이다. 그것은 그 자신의 문제의식을 의미가 있게 구현시키기 위한
토대로서의 종교적·철학적 세계관을 비록 경전에 대한 해석이라
는 형태로 표현하고 있지만, 새롭게 구축하는 것이었다.25)

---

22) 尹絲淳, 1991, 『韓國儒學論究』, 현암사, 328쪽.

23) 尹絲淳, 1986, 『韓國儒學思想論』, 열음사, 138쪽. 특히 『全書』 II, 6/28a
    참조. 茶山은 일찍이 『능엄경』과 같은 불교 서적들을 접하였기 때문
    에, 그는 이것을 근거로 "<本然>이라는 설은 본래 佛書에서 나온 말"
    로 단언한다.

24) 그는 젊은 시절에 벼슬살이를 하면서 몸소 겪었던 일로 해서 아주 예
    민하고도 생생한 문제의식을 가지고 학문을 하였다. "대개 털끝만큼
    작은 일 하나에까지도 병폐가 아닌 것이 없어 지금에 이르러서도 고치
    지 않는다면 반드시 나라가 망한 이후에야 그칠 것이다"(『全書』 I,
    12/41b).

25) 茶山이 경전 해석을 통한 새로운 세계관을 형성하기 위해 <상제사상>

Ⅲ. 심성론

주자의 心性論의 특색은 心・性・情 세 가지를 세 경계로 나누
어 본 데 있다. 그는 주장하기를 性은 다만 理뿐이고, 性이 발현
(發)하여 밖에 표현된 것은 情이라 하며, 心은 성과 정을 포괄하는
것으로 본다. 心은 理氣를 겸하고 있는 것이다. 性은 心의 본체(體)
가 되고, 情은 心의 작용(用)이 되며, 心은 체용을 겸하고 성정을
포괄하는 것으로 보았으니 소위 心統性情이다.[26] 이기를 겸하고
체용을 담지한 心에 대해서 주자는 겉으로 발현된(已發) 것은 情이
고 아직 발현되지 않은(未發) 것은 性이라고 하였다. 즉 그는 태극
의 靜으로서 아직 발현되지 않은(未發) <性>으로 삼고, 태극의 動
으로서 겉으로 발현되어진(已發)<情>으로 삼았다.

주자에 있어서는 천지의 마음의 덕인 生 곧 元亨利貞과 사람의
마음의 덕인 愛 곧 인의예지는 같은 것인데[27] 다만 보는 쪽만이 다
를 뿐이다. 천지(자연)와 만물은 생성하는 쪽으로 보면 <생>이고,
사람이나 다른 만물이 타고난 쪽으로 보면 <사랑>이다.

> 이 마음은 어떠한 마음일까? 천지에 있어서는 끝없이 만물을 생
> 성하는 마음이다. 사람에게 있어서는 차분히 사람을 사랑하고 만물

중심으로 펼치고 있기 때문에, 이것은 본서 제3부에서 자세히 다루고
자 한다.

26) 蔡茂松, 앞의 책, 39쪽.
27) 朱子가 말하는 <愛之理>는 사랑의 理 곧 사랑이 소유하고 있는 理를
   뜻하지 않는다. 그것은 어디까지나 사랑이라는 理 곧 사랑과 동격으로
   서의 理를 뜻한다. 이렇게 朱子는 人性까지도 理로 보는데 결국 태극
   으로서의 理를 뜻한다.

으며 만물을 주재하는 하느님(상제)이라 하고, 자연적 존재는 푸르고 크게 둥근 모습이 있는 하늘(天)이라고 언급하였다.[7]

茶山은 自然天과 主宰天이 동일하지 않은 점을 철저히 구분하였다. 물론 그에게서 주재천은 하느님(상제)이다. 自然天과 上帝天의 구분은 그의 物我二分的 思考에서 비롯된다.[8] 그는 자연현상으로서의 하늘(物)은 인간의 감각 대상에 불과한 사물로 한정을 짓고 있다. 그러나 그는 종래의 天人合一의 思考에서의 도덕의 가치 근거로서의 천명을 하느님(상제)의 命인 <도의의 性>(我)으로 받아들이고 있다. 그럼으로써 그는 유가의 전통적인 天人合一의 천명사상을 지향하면서도, 한편으로는 하늘과 하느님(상제)을 구분하여 物我一體 의식을 탈피하는 그의 독특한 天觀을 형성하고 있다.

> 하느님(상제)이란 누구인가? 이는 天·地·神·人의 바깥에서 天·地·神·人 만물의 등속을 造化하고 宰制하고 安養하는 분이다.[9]

하느님(상제)은 자연현상, 우주운행의 주재자임과 동시에 인간까

---

7) 앞의 책, 182쪽. 주자학에서는 물질(하늘)과 이념(천리)을 하나로 묶어 보았다. 따라서 그들은 理(本然의 性)로서 <天理>를, 氣(氣質의 性)로서 <天>을 모두 같은 것으로 함께 생각하지 않으넌 안 되었다. 그러나 茶山은 물질(하늘)과 이념(상제)을 철저히 구분하였다. 금교수는 이를 物我二分의 思考라고 보았다.

8) 茶山은 실학자tbs로서 경험 중시의 사고를 갖고 있기 때문에, 朱子學의 물아일체의 의식을 탈피하여, 결국 그로 하여금 자연과 인간을 분리하여 보는 物我二分의 意識을 갖게 하였던 것이다. 사실 주자가 중용 해석을 인간과 사물을 겸(兼人物)한 관점에서 하는 것을 그는 비판한 것이다. 이는 인간의 입장에서 자연을 바라보는 자세를 일단 확립한 것이다.

9) 『全書』八, 「春秋考徵」, 709쪽. "上帝者何? 是於天地神人之外, 造化天地神人萬物之類, 而宰制安養之者也." 비교(cf.), Matteo Ricci, 앞의 책, 44쪽. "謂其(天主)始制乾坤人物 而主宰安養之者."

지도 자기의 뜻(天命)에 따라 주재하는 절대적 권능의 소유자임을 의미하고 있다. 또한 '天·地·神·人의 바깥'에서 활동하는 하느님(상제)의 위치는 즉 초월을 의미하고 있다.[10] 이는 인간이 보려고 해도 볼 수 없고 들으려고 해도 듣지 못하는 이유가 되겠다. 天·地·神·人은 우주내의 모든 존재를 다 가리키는 말이고, 이들을 조화하고 안양을 한다는 것은 하느님(상제)의 주재 범위가 전 우주적임을 가리키는 말이다. 즉 茶山은 神(god) 중의 최고의 존재인 하느님(상제)을 천지만물의 주재자로 唯一神化하고 있다.[11] 그의 하느님(상제)은 唯一한 最高神이며 우주의 주재자이다.

이제부터는 茶山의 『中庸』해석을 중심으로 하고, 그의 경전주석을 통하여 그의 상제사상을 밝히는데 초점을 맞추어서, 유학 경전과 주자학과 천주교 교리가 어떻게 서로 작용하고 제약되면서 지양되고 있는지를 고찰하려고 한다.

따라서 다음과 같은 순서로 이러한 논의를 진행하려고 한다. 먼저 상제의 개념을 바로 알기 위해서 "천의 의미"와 "상제의 속성"을 다루고자 한다. 그의 세계관은 상제사상을 토대로 하고 있기 때문이다. 이러한 상제사상이 天에 대한 인식으로부터 어떤 발전과정을 거쳐 茶山에게 이르게 되었지를 알아보기 위해 우리는 그의 학문의 세 줄기를 찾아가야 한다.

그는 당시 주자학의 분위기에 살면서 문제의식을 지닌 선비였기 때문에 탈주자학적[12] 경향이 있다고 생각되며, 그러하기 위해서는

---

10) 劉權種, 1990, 「茶山의 天觀」『丁若鏞』, 高麗大出版部, 104쪽. "天地神人의 바깥"은 上帝의 존재영역을 가리키는 것이다. 그것은 상제의 존재는 이 천지와 천지간의 모든 존재로부터 초월된 것임을 가리킨다. 이것은 주자학의 理가 천지 뿐 아니라 만물 각자에 내재하는 것으로 이해되는 점과 다른 사고방식이다.

11) 『全書』四, 「中庸講義」, 281쪽.

12) 茶山의 사상이 '탈주자학적' 성격을 가진다는 데 대해서는 대체로 일

본원유학의 복귀에 있고, 그리고 서학사상의 영향 아래에 있다고 생각된다. 따라서 그러한 茶山 사상의 빛에서 비판적으로 <天理>로서의 天, <天主>로서의 天, 그리고 <上帝>로서의 天에 대해서 살피려고 한다.

유학의 경전 중에서『中庸』은 천인관계에 대하여 말하는 가장 중요한 경전이다. 이 경전에서는 天과 人의 관계를 중심으로 논하여 궁극적으로 인류이 天에서 부여된 것을 밝힘으로써 유학 윤리의 근본을 확립하려는 사고가 지배적이다. 유학에서 역사적으로 중요한 지위를 차지한 거의 모든 사상가들이 하늘(天)과 인간(人)의 관계를 밝히는 데에 힘써 왔다.[13] 유학사상사는 천과 인간에 대한 이해의 역사이기도 하다. 따라서 "상제와 인간"의 관계에서 '상제의 명'과 '인간의 성' 이 밝혀져야 할 줄로 안다.

그러면 사람에게 인간으로서 최고 성취는 무엇일까? 그것은 바로 聖人이 되는 길이다. 그 궁극적 목표는 곧 內聖外王에 있다. 여기서 <內聖>이란 修己의 성취를 말하는 것이고, <外王>이란 治人의 성취를 말하는 것이다.[14] 그래서 茶山의 경학은 <修己>와 <治人>의 학문이므로 "道心과 聖人"를 말하려는 까닭이 여기에 있다.

치된 견해를 보이고 있다. 이을호, 이남영, 윤사순, 금장태 등과 사회과학적 진영에 있는 여러 연구자들이 이 견해를 지니고 있다. 그렇지만 반론이 없는 것은 아니다. 실제로 茶山은 주자학적 경향을 강도 높게 비판할 뿐, 朱子가 본래 표명한 인간학적 이상을 높이 평가하고 있다 (『全書』二,「五學論」참조). 주자학은 '天'의 인격적 존재에 대한 믿음 보다는 '理'의 합리성에 의거한 사고의 방향으로 발전한 것이다. 그러나 茶山은 그러한 사고의 흐름을 벗어나서 '天'의 인격적 존재에 대한 믿음을 중시하는 대로 나아간다. 이러한 이유로 볼 때 그의 철학은 탈주자학적 성향을 나타낸다.

13) 馮寓, 1993,『天人關係論』, 김갑수 역, 신지서원, 15쪽.

14) Fung Yu-Lan, 1967, The Spirit of Chinese Philosophy, Beacon Press, 4쪽.

그 다음에 유학의 수양·윤리관은 천도와 인도의 관계로서 그 면모를 드러내고 있다. "『중용』의 天德"에서 필자는 茶山의 수양 및 윤리관으로 "하느님(상제) 섬기는 사람"의 도의를 탐구하려고 한다. 그리고 그는 <中庸의 德>을 <지극한 정성>으로 보고 있기 때문에, 誠의 철학적·윤리적 근거를 통하여 실천윤리학 경향을 강하게 구축하고 있음을 밝혀 나가려고 한다.

결론을 맺으면서 그의 학문관·세계관·인간관·윤리관을 요약하여 정리를 하고, 이러한 논의들에서 그의 상제사상이 갖는 한국사상사적 의의를 평가하며 제언하고자 한다.

이제까지의 연구는 茶山의 天思想이 본원유학의 전통에서 영향을 받은 것인가, 아니면 서학의 천주교에서 영향을 받은 것이냐에 대한 논란에 집중되어 왔다. 그러나 필자는 茶山 사상의 토대라고 할 수 있는 상제의 개념을 얻기 위하여 먼저 주자학의 <天理>에서 문제상황을 파악하고, 다음에 서학(천주학)의 <天主>에서 그 도움을 얻고, 끝으로 본원유학의 <上帝>에서 그 해답을 찾아 말하고자 한다.

Ⅱ. 天理로서의 天

주자학은 세계에 대한 해석이면서 동시에 인간의 본질에 대한 이해이고, 또한 그 이해를 바탕으로 하여 사람의 道를 일러주고 있는 이기론이라는 긴밀한 연관의 통합적 사유체계이다. 즉 인간을 포함한 모든 사물은 "理와 氣로 되었다"(理氣之合)는 것이다. 모든 사물들이 음양·오행이라는 氣로서 형질을 이루고, 그 氣가 있는 곳에는 반드시 理 또한 있게 된다는 것이다.

> 형체가 있음은 氣이고, 형체가 없음은 도이다. 음양을 떠나서는 도가 없다. 음양은 氣이며 형이하이다. 도는 태극이며 형이상이다.[15]

송대 유학이 체계적 이론으로 정립된 것은 주자의 학문적 공헌이 있은 뒤의 일이며, 근세조선에서 크게 발전된 것은 주자학이다. 여기에 있어서 天은 理法의 성격을 갖는다. 이러한 천리사상은 주자학의 근거라 말할 수 있다. <理>로서의 天은 보편성을 지닌 존재론적 성격을 갖기는 하지만 理法的이어서, 이에 따른 태극이나 천리는 종교적일 수 없고 외경의 대상일 수도 없다. 주자는 이미 天 혹은 天帝에 대한 종교적인 주재의 뜻을 중시하지 않았다. 또한 그는 <帝> 관념이 지닌 인격신의 독립존재의 의의를 중요시하지 않았다.

天을 理라고 부르는 것은 주자 이래의 주자학자들에게 공통된다. 天에 대한 개념은 시대와 인물에 따라 차이가 있지만 존재의 궁극적 원리를 가리키는 점에서는 공통된다. 주자학자들은 理를 존재의 궁극적 원리로 생각하기 때문에 天이 곧 理라고 이해한다. 이러한 절대 진리인 天·理는 사물의 세계에 있어 존재의 법칙(所以然之理)이자 당위의 법칙(所當然之則)이면서 모든 존재의 내면에 자리 잡는다.

주자학은 형이상학적 견지에서 天을 理 또는 태극이라고 이해하여 본원유학의 종교적 사유를 보다 더 철학화 시킴으로써, 궁극적 실재에 대한 종교적 측면을 약화시키는데 일정한 역할을 하였다.

---

15) 朱熹, 1981, 『性理大全』, 景文社, 444쪽. 理氣 上, "程子曰: 有形總是氣, 無形只是道. 離陰陽, 則無道. 陰陽, 氣也, 形而下也. 道, 太極也, 形而上也."

주자학에서는 理를 철학적으로 해석하여 존재론적 天으로 한정시
키고, 그러한 천리가 인성에 내재하는 것으로 보아 수양론을 발전
시켰다. 그러나 이 과정에서 天을 공경하며 天을 두려워할 줄 아는
생각이 없어짐으로써, 인간의 현실에서 "착한 사람에게 복을 주고
나쁜 사람에게 벌을 내리는"16) 주재자로서의 하느님(天)을 그들이
상실하였다고 茶山은 주장한다.

그들은 天觀을 형이상학으로 밝혀 나가고 있는데, 程伊川(103
3~1107)은 天에 관해서 다음과 같이 말하고 있다.

> 형체 쪽으로는 天이라 하고 主宰 쪽으로는 상제라 하고 功用 쪽
> 으로는 귀신이라 하고 妙用 쪽으로는 神이라 하고 性情 쪽으로는 乾
> 이라 한다. 저 天은 곧 도이다.17)

정이천은 天이란 결국 도라고 강조한다. 그는 우주의 본체를 태
극이라 하고, 태극은 도이며 理라고 한다. 여기서 도라고 하는 것
은 만물을 꿰뚫고 있는 理法 같은 것을 뜻한다. 그는 心·性·天
이 모두 하나의 理이며, 그 보는 관점과 방법에 따라 다름이 있을
따름이라고 하였다. 그의 제자인 伯溫 周恭先의 물음에 대하여 다
음과 같이 대답하였다.

> 理라는 점에서 말하면 天이라 하고, 타고났다는 점에서 말하면 性
> 이라 하고, 사람에게 있다는 점에서 말하면 心이라고 한다.18)

---

16) 『全書』六, 「論語古今註」, 79쪽. "日監在兹, 以之福善禍淫, 亦天命也."
17) 程伊川, 『二程全書』(臺灣; 中華書局) 一, 二十二 上, 八面 前. 「遺書」,
 "以形體言之謂之天, 以主宰言之謂之帝, 以功用言之謂之鬼神, 以妙用言
 之謂之神, 以性情言之謂之乾." 또는 『周易』 一, 1990, 學民文化社,
 247~248쪽, 「程氏傳」 乾卦注. "夫天專言之則道也."
18) 위의 책, 二十二 上, 十四面 後, "自理言之謂之天, 自禀受言之謂之性,
 自存諸人言之謂之心."

여기서는 理와 天은 같은 것이라고 한다. 이것은 天을 理라고 보는 입장을 밝힌 것이다. 이에 대하여 주자는 분명히 "天은 곧 理이다"19)라고 말했다. 그가 생각하는 天은 사람의 마음속에 들어오면 성이 되어 본연의 性으로 남는다. 그래서 天은 천리라는 理法으로만 남게 되어 주재할 능력이 없게 된다. 그에게서 天은 비인격화되어 천리만을 의미하게 되었다. 따라서 주자학에 와서는 天을 숭배의 대상인 상제로 보는 경향은 사라지고, 天은 다만 易理로서의 자연의 이치 즉 宇宙論의 原理(logos)로 이해된다.

> 太極이란 오직 천지만물의 理일 뿐이다. 천지에서 말하면 천지 가운데 태극이 있고, 만물에서 말하면 만물 가운데 각각 태극이 있다. 천지가 있기 전에 필경 이 理가 먼저 있었다. 動하여 陽을 낳은 것도 이 理요, 靜하여 陰을 낳은 것도 이 理이다.20)

> 천지가 있기 전에는 필경 이 理뿐이었다. 이 理가 있음으로써 이 천지가 있게 되었다. 만일 이 理가 없었다면 이 천지 또한 없었을 것이다. 사람도 사물도 아무 것도 실을 수 없었을 것이다. 理가 있어 비로소 氣가 유행함이 있게 되었고 만물을 발육하게 되었다.21)

이것으로써 주자학이 인격적인 神으로서의 天을 부정함을 알 수 있다. 그러므로 인격적인 天 곧 상제를 긍정하는 茶山은 주자학의 이러한 입장을 애써 비판하게 된다. 그는 <性은 곧 理이다>(性卽理)라고 보는 주자의 견해에 반대한다. 오히려 그는 Ricci의 견해를

---

19) 『朱子語類』 권79, 2039쪽, "天固是理." 비교(cf.) "天卽理也, 命卽性也, 性卽理也."
20) 朱熹, 『性理大全』, 445쪽. "太極只是天地萬物之理. 在天地言, 則天地中有太極. 在萬物言, 則萬物中各有太極. 未有天地之先, 畢竟是先有此理. 動而生陽, 亦只是理, 靜而生陰, 亦只是理."
21) 위의 책, 같은 쪽. "未有天地之先, 畢竟也只是理. 有此理, 便有此天地. 若無此理, 便亦無天地, 無人無物, 都無該載了. 有理, 便有氣流行, 發育萬物."

받아들이고 있다.[22] 茶山은 理 자체를 궁극적 실재로 간주하지 않으므로, 실체로서의 性도 부정한다. 여기서 性은 개체에 담지된 理가 아니고, 다만 <嗜好>에 지나지 않을 뿐이다.[23] 따라서 법칙으로서의 理와 기호로서의 性을 서로 같다고 할 수 없는 것이다.

그의 철학의 출발점이며, 또 그의 사상의 근간이 되는 것은 바로 우주 만물의 근거로서 비인격적인 理와 氣 대신에 인격적인 天, 즉 하느님(상제)을 세우는 일이다. 茶山은 그의 사상을 세움에 있어서 주자학의 이기론을 부정하는 것으로부터 시작한다.

첫째로 근본적인 개념의 하나인 <理>를 어원적으로 주자학에서 쓰이는 바와 같은 의미를 지닐 수 없다는 점을 지적한다.

누구보다도 茶山은 주자학을 잘 알고 있기 때문에 性이나 理나 氣 등을 말하지만, 그것들에 대한 그의 견해가 주자학자들과 다른 것이 그의 사상의 특이한 점이다. 그의 理는 <天命>이나 <太極> 및 <性>과 동일시될 수 없는 것이다. 따라서 그의 경우 종래의 理一分殊說은 수긍될 수 없고, 그러한 설명에 입각한 萬有一體觀 역시 용납되지 않는다. 정자와 주자가 理를 궁극적 실재로 보는 것에 대해, 그는 그들이 쓰고 있는 理의 의미에 대해서 다음과 같이 비판한다.

---

22) 『天主實義』 제7편에서 Ricci는 이렇게 말하고 있다. "理也乃依賴之品, 不得爲人性也." 이런 점에서 Ricci는 朱子의 <性卽理>를 명백히 부정하고 있음에 우리는 주목해야 한다.

23) 茶山이 朱子學에서의 <性>은 철학적이고 추상적인 개념에 부치려는 경향이 있는 데 비하여 고경(古經)에서 언급하는 내용인 본원유학에서는 철학적이고 형이상학적인 개념보다는 오히려 성은 기호에 대한 것으로 말하고 있다(『全書』 四, 「心經密驗」, 143쪽). 여기서 그는 朱子學에서 말하는 <性>과 本源儒學에서 의미하는 <性>에 대한 개념이 서로 판이하게 다르다는 점을 말하고 있다.

理는 본래 玉石의 결이다. 옥을 다듬는 사람은 그 결을 살핀다. 그러므로 드디어 이 뜻을 빌어서 다듬는 것(다스리는 것)을 理라고 한다. …(옛 경전에서 理의 용법은) 모두 이 '다스린다'는 의미의 理를 벗어나지 않는다. 무형한 것을 理라 하고 형질이 있는 것을 氣라 한 것이 있는가?[24]

理라는 글자는 본래 옥석의 결을 뜻한다. 玉을 다듬는 사람이 결을 살피기 때문에 理자를 빌어 다스린다(다듬는다)는 뜻을 나타나게 되었다는 것이다. 그에 있어서 理는 하나의 법칙(脈理, 治理, 法理) 이상의 의미를 갖지 않는다. 氣는 독립적 실재인데 비해 理는 의존적 속성을 갖고 있다고 그는 생각한다. 한 마디로 理는 실체일 수 없다. 實體(subtance)는 그 정의에 의해 자신의 존립 근거를 외부에 의존하지 않는 자족적 존재를 가리키기 때문이다.

둘째로 茶山은 감정이나 의지가 없는 비인격적 존재인 <理>를 지고의 원리로 삼아서는 우주간의 일이나 인간의 일을 제대로 설명하기가 어렵다는 점을 들어 비판한다.

그는 『천주실의』와 이 점에서 그 맥을 같이하고 있다. 理가 주재성을 갖지 못하는 이유를 그들은 이렇게 말하고 있다.

대저 理란 깃은 이떤 물긴인가? 에증과 희로의 감정이 없으며 텅 비고 아득하여 지각도 형체도 없는 것이다.[25]

하물며 텅 비고 아득한 太虛一理로써 천지만물의 주재와 근본을 삼으니 천지간의 모든 일이 어찌 다스려지겠는가?[26]

어찌 텅 비어(虛) 존재하지 않는(無) 천한 것이 그런 근원에 해당된다고 하겠습니까?[27]

---

24) 『全書』四, 「孟子要義」, 543쪽. "理者, 本是玉石之脈理. 治玉者, 察其脈理. 故逐復假借以治爲理. … 此皆治理之理也. 曷嘗以無形者爲理, 有質者爲氣."

25) 위의 책, 568쪽. "夫理者何物? 理無愛憎, 理無喜怒, 空空漠漠, 無知無體."

26) 위의 책, 같은 쪽. "太虛一理, 爲天地萬物主宰根本. 天地間事其有濟乎?"

理는 애증과 희로가 없으며 의지나 감정 등 인격이 있는 존재가 아니다. 단지 그것은 무형한 것일 뿐이며, 이름도 형체도 없는 텅 비어 있는 것이다. 茶山은 그러한 <理>에서는 주자학의 이기설에서 말하는 무형한 이치(태극)를 알맞게 나타낼 수 없다는 것이다.[28] 그는 주자학의 <理>를 비판하여 "理란 본래 지각이 없고 위엄이 없는 것인데 무엇을 경계하고 조심하겠느냐"[29]고 반문한다. 더구나 우리 인간이 이러한 천리로부터 천명의 성을 받아들이는 일은 이치에 전혀 맞지 않는다.

셋째로 그는 <理>에는 인격적 주체 의미가 없기 때문에 가치판단의 궁극적 근거로서 행위를 강제할 수 없다고 하였다. 즉 인간의 선악을 살펴 죄를 주기도 하고 상을 주기도 하는 그러한 존재를 상정하지 않고서는 인간으로 하여금 선을 행하고 악을 멀리하게 하기는 어렵다는 말이다.[30]

理는 세상을 다스리는 존재가 될 수 없으므로, 인격적인 주재천을 그는 말하고 있다. 종래의 주자학자들은 天의 의미를 理라는 실체의 개념으로 표현하여, 도덕적 가치의 근거로서의 天과 자연법칙으로서의 天을 구별치 않고 사용해 왔다. 그것은 그들이 사실상 天보다는 理라는 궁극적 실재에 더 깊은 관심을 기울인 결과이다. 그러나 茶山은 이 理에서 理念性과 實體性을 동시에 脫殼시킨다. 그는 理보다는 天에 궁극적 관심을 기울였으며, 하느님(上帝)으로부터 윤리적 실천의 근거를 도출하고자 한다. 그러므로 그는 주자

---

27) Matteo Ricci, 앞의 책, 70쪽. "奚可以虛無之賤, 當之乎?"
28) 崔東熙, 1988, 앞의 책, 169쪽.
29) 『全書』四, 「中庸自箴」, 183쪽. "理本無知, 亦無威能, 何所誡而愼之?"
30) 『全書』六, 「論語古今註」, 79쪽. "日監在玆, 以之福善禍淫, 亦天命也." 비교(cf.), "심중에 스스로 이르기를 천주께서는 복도 내리지 아니하시며 화도 내리시지 아니하시리라 하는 자는 벌하리니"(스바냐書 1:12 下).

학의 無神論的 世界觀에서 본원유학이나 서학의 有神論的 世界觀
에로 방향 전환을 모색하고 있다.

천주학자 Ricci는 인격적 초월신을 강조하는 기독교 입장에서 무
신론적인 주자학의 세계관을 열심히 배격하지 않을 수 없었다. 茶
山의 이기론은 다음과 같이 그러한 Ricci의 견해와 비슷하다.

먼저 Ricci의 견해를 듣고 그 다음에 茶山의 말을 들어보자

> 태극을 理라고만 해석한다면 천지 만물의 근원이 되지 못합니다.
> 대개 理는 의지해서 존재하는 종류의 것이니 스스로 설 수 없습니
> 다. 어찌 다른 물건을 세울 수 있겠습니까?[31]

> 氣는 스스로 존재하는 것이며, 理는 의지하여 붙어 있는 것이다.
> 의지하여 붙어 있는 것은 스스로 존재하는 것에 의지해야만 한다.
> 그러므로 氣가 발하면 곧 理가 있게 된다.[32]

茶山이 理는 물질에 의지하여 존재하는 물질의 속성이며, 오직
물질만이 스스로 존재하는 것이라고 생각한다. 그는 氣와 理를 스
스로 존재하는 것과 의지하여 존재하는 것으로 나누어 이해하고
있다. 氣는 스스로 존재하는 사물이요, 理는 그 속성이라는 입장에
서 李珥 (栗谷 1536~84)의 氣發理乘一途說을 지지하지만[33] 그러

---

31) Matteo Ricci, 앞의 책, 76~77쪽. "若太極者止解之以所謂理, 則不能爲天
地萬物之原矣. 蓋理亦依賴之類, 自不能立, 曷立他物哉?"
32) 『全書』四, 「中庸講義」, 365쪽. "盖氣是自有之物, 理是依附之品. 而依附
者, 必依於自有者, 故纔有氣發, 便有是理."
33) 위의 책, 같은 쪽. "然則謂之氣發而理乘之." 율곡의 이기론의 요점만을
정리하여 말한다면 "氣가 일어남에 理에 타지만, 한 길을 간다"라는
'氣發理乘一途說'이다. 그는 이발(理發)을 부정하기 때문에 기발이승으
로서 존재 구조의 형식을 삼는다. 기발이승이란 氣 위에 理가 올라탄
상하의 존재 구조이다. "氣가 일어남에 理에 탄다"고 할 때, 기발과 이
승은 동시적이다. 또 공간적으로도 이합(離合)이 없다. 본래부터 하나
로 있는 묘합 구조를 기발이승이란 말로 표현한다. 율곡은 자연이나

나 그는 위에 있는 예에서처럼『천주실의』에 나오는 Ricci의 관점과도 거의 일치한다.

그는 하느님(상제)을 天과 동일한 존재의 다른 존칭으로 보고 있다. 그는 天과 上帝를 일치시키는 이유를 이렇게 말하고 있다.

> 하늘의 주재자가 하느님(上帝)이다. 하느님(上帝)을 하늘(天)이라고 하는 점은 마치 나랏님(왕)을 나라(國)라고 호칭하는 경우와 같다.[34]

나라의 나랏님이 계시듯이 하늘의 하느님이 계신다는 말이기도 하다. 중세에 "짐(군주)은 곧 국가이다"라는 말에서 보듯이 하늘(天)이라는 말이 하느님(상제)과 같이 쓸 수 있는 이름이라고 말한 것이다.

여기서 우리는 "하늘(天)의 주재자가 하느님(上帝)이다"라는 그의 말에 더 깊은 관심을 가져야 한다. 그에게서 이는 본원유학과 서학에서 온 말이기 때문이다. 천주학자 Ricci는『천주실의』서문에서 "나라에도 主가 있는데 천지에 홀로 계신 主가 없겠습니까?"[35] 라고 반문하고 있다. 하느님(상제)은 세계를 지배하고 명령하는 지위에 있고 그 역할을 하고 있는 존재이다.

인간 세계를 막론하고 일체 존재 구조를 기발이승으로 일관하여 설명한다(황의동, 1995,『한국의 유학사상』, 서광사, 214쪽).

34)『全書』四,「孟子要義」, 568쪽. "天之主宰爲上帝. 其謂之天者, 猶謂王爲國." 또는『全書』八,「春秋考徵」709쪽. "謂帝爲天, 猶謂王爲國." 비교 (cf.), Matteo Ricci, 앞의 책, 90~91쪽. "比此天地之主, 或稱爲天地焉."

35) Matteo Ricci, 앞의 책, 23쪽. "邦國有主, 天地獨無主乎?"

Ⅲ. 天主로서의 天

　　서학은 선조 이후 조선으로 도입된 한역 서양서적과 서양과학 기술문명을 뜻하는 한편, 그것을 자료로 하는 서양 및 그것에 대한 연구를 뜻한다.[36] 이 용어가 처음 사용된 것은 明末・淸初에 중국에서 포교활동에 종사하던 예수회(Society of Jesus) 소속의 천주교 선교사들이 서양서적을 한문으로 번역 간행하면서 나온 말이다. 특히 조선 서학자들에게 가장 주목되고 있는 천주학 서적은 Ricci 의 『천주실의』라고 할 수 있다.

　　예수회 선교 정책은 補儒論(Accommodation of Christianity to Confucianism)이라고 일컬어지고 있다. 보유론의 핵심은 유학의 이론이 기독교의 교리와 흡사함으로 양자는 서로 이해할 수 있다는 것이다. 그러므로 유학이 기독교를 배척할 근거가 없고 수용(그리고 그들의 입장에서는 전교)할 수 있다는 것이 그 요지이다. 천주학자들이 기독교와 서로 공존할 수 있다고 본 점은 본원유학에서이다. 따라서 그들은 주자학을 비판한다.

　　　　하늘을 바라볼 때 누구라도 가만히 있을 수 없어 자탄하여 말하기를 "그 가운데는 반드시 主宰者가 있다. 바로 天主이다"라고 할 것입니다.[37]

---

36) 제1부 제2장 참조.

37) Matteo Ricci, 앞의 책, 47~48쪽. "觀天之際, 惟不默自嘆, 曰: '斯其中必有主之者哉, 夫則天主'." 그는 주자학자들에게 神의 존재에 대한 믿음을 갖게 하기 위한 목적으로 『天主實義』를 저술하면서, 그 책의 많은 부분을 중세 유럽의 Thomism의 전통으로부터 神이 존재한다는 일련의

옛적의 군자는 상제를 공경하였다고 들었습니다. 그러나 태극을 섬긴다는 말은 못 들었습니다. 만약에 태극이 만물을 주관하는 시조라고 하면 고대의 성현은 왜 이와 같은 논법을 말하지 않겠습니까?[38]

『천주실의』를 편찬하면서, Ricci는 천주교의 중요한 개념, 특히 기독교의 하느님<天主>를 바로 유교의 경전 속에 등장하는 <天>이나 <上帝>와 동일한 존재로 본다는 기본 전제를 하고 있다.[39] 인격의 의미를 띠고 있는 <天>이나 <上帝>에 대한 제사와 숭배의 사상이 드러나고 있는 고대 중국 본래의 유교사상은 기독교의 하느님 경배와 본질적으로 다르지 않다고 말함으로써, 유학적 문화 전통을 일단 긍정적으로 평가하는 대담한 접근을 시도하고 있다.

천주학자 Ricci는 한편 유교와 기독교 사상 사이의 근원적인 동일성을 강조하면서도, 또 다른 한편 주자학의 이기론에 의한 태극·음양·오행으로 설명되는 무신론적 세계관을 근본적으로 부정해 버리고 있다. 그는 후대의 유학사상인 주자학에 합류한 이교사상(불교와 도교)에 물들어 무신론적 특성이 있게 되었다고 주장한다.

그래서 Ricci는 태극을 理라고 해석함으로써 천지만물을 理氣로

무미건조한 논리적 주장을 인용하여 전개하였다. 그에게 그토록 자명하게 생각되는 유신론증이 중국인이나 조선인에게는 반드시 그렇지 않았던 것이다(Donald Baker, 앞의 책, 67쪽). 따라서 茶山은 神의 존재에 대해서는 적극적인 관심을 표명하지 않았다. 다만 그는 도덕적 사유에 근거로서 그 존재를 영명한 주재자로 상정하고 있다.

38) 위의 책, 73~74. "但聞古先君子, 敬恭于天地之主宰, 未聞有尊奉太極者. 如太極爲主宰萬物之祖, 古聖何隱其說乎."

39) 위의 책, 87쪽. "歷觀古書, 而知上帝與天主, 特異以名也." 특히 Ricci는 16세기 말과 17세기 초에 동양과 서양이 만나는 전선(front)에 서서 서양의 문물을 동양에 소개하고 중국의 문화를 서양에 소개하였으며, 유교와 기독교를 조화시켜 중국에 기독교를 정착시키기 위해 노력하였다.

설명하려는 이기설에 대해서도 결정적인 비판을 시도하였다. 그는 理 혹은 태극이 만물의 근원이 될 수 없다고 말한다. 理는 본래 실체가 아니고 속성이기 때문에 결코 다른 사물의 근본이 될 수 없고 오히려 그것이 다른 사물에 의존한다는 것이다.[40] 또한 그는 氣가 四行 중의 하나이고 이 氣가 음기와 양기로 갈라져 있을 뿐이라고 한다. 그는 이러한 태극의 개념을 홀수(양)와 짝수(음)의 형상(form)을 취한 것이라 하여 태극과 함께 음양의 개념을 실재가 아니고 형식이라 규정하는 입장을 보인다.[41]

茶山도 이처럼 『中庸講義』의 첫머리에서부터 "하늘(天)이 음양오행으로 만물을 형성(化生)할 때, 氣로 형태를 이루면 理 또한 여기에 부여한다"[42]는 주자의 음양오행설과 이기론을 비판적으로 검토하고 있다. 음양의 氣에 대해서도 주자학자들은 사물의 재료라 하여 우주자연의 현상적 존재를 구성하는 것으로 생각하지만, 그는 음양을 햇볕의 양지와 음지 정도로, 氣 역시 인간의 혈기라는 의미가 강한 것으로 생각한다. 그에게서 <陰陽>은 빛과 그늘의 경우처럼 서로 상대되는 형식이지 형체나 성질이 있는 것은 아니라고 밝힌다.

그는 <五行>에 대해서도 유학에서의 水·火·木·金·土가 아니라, 서학에서의 경우처럼 天(氣)·地(土)·水·火의 四行이 만물의 요소라고 한다.[43] Ricci는 불(火), 공기(氣), 흙(土), 물(水)의 네 요

---

40) 위의 책, 76~77쪽. "蓋理亦依賴之類, 自不能立, 曷立他物哉?";『全書』四, 「中庸講義」, 365쪽 참조

41) 위의 책, 74쪽. "不過取奇偶之象言" 홀수의 형상을 양(─)이고, 짝수의 형상은 음(─)을 말한다. 그는 짝수나 홀수는 독립적·추상적으로 존재하는 것이 아니고, 구체적인 사물들 속에 깃들어 있다고 보고 있다.

42) 『全書』四, 「中庸講義」, 238쪽. "朱子曰: 天以陰陽五行, 化生萬物. 氣以成形, 理亦賦焉."

43) Ricci는 유학의 오행설에 대하여 서양의 四元行說로 마주 세웠다. 그는

소를 말하고 있기 때문이다. 그는 Ricci의 四行說을 수용하고 있다.

> 세상의 모든 만물은 불(火), 공기(氣), 물(水), 흙(土)이라는 네 원소
> (四行)가 서로 결합하여 생성되지 아니하는 것이 없습니다.[44]

그러나 四行에 대한 준거에는 차이가 있다. Ricci는 고대 희랍의 Empedokles(495~425)가 공기(氣), 물(水), 불(火), 흙(土)을 만물의 뿌리라고 주장한데 근거를 두고 있다. 茶山은 "오직 복희의 팔괘에는 원래 四正 四偏이 있는데 天·地·水·火는 정방의 괘이며, 바람(風)·우뢰(雷)·산(山)·못(澤)이란 편기의 괘이다. 하늘(天)·불(火)이 서로 합하게 되면 바람(風)·번개(雷)가 생기고 물(水)·흙(土)이 서로 교착되면 산과 못(山澤)이 이루어지는데 이것이 변화하고 생육하여 만물이 생기게 된다"[45]는 것이다.

그는 오히려 역학의 <4정괘>(건곤감리)에 기본구조로서의 의미를 부여한다. 이것은 하늘(건) 땅(곤) 물(감) 불(리)의 물질을 가리키고 있기 때문에, 서학의 <4원소>와 비교하면 그 준거와 의미는 다소 차이가 있다. 그러나 이 4원소(四行)의 문제는 그에게 있어서 주자학의 오행설을 극복하는 사유 형식으로서 중요시되었다. 결국

『四元行論』이라는 책을 저술하여 오행설의 오류를 지적하고, 원소에는 물(水), 공기(氣), 불(火), 흙(土)의 네 가지가 있다는 당시 서양의 元素說을 소개한다. 서양의 4원소설은 Empedokles가 제안한 것으로, 이것을 Aristoteles가 받아들임으로써 정설이 된다. 그런데 茶山은 天(氣)·地(土)·水·火라는 말로 옮겨 놓는다. Ricci에게서 氣는 서양적 관념에서의 공기(air)이다. 茶山은 사원소설에 의거하여 말하고 있지만, 주기론자의 입장에서 氣를 생각하고 있다.

44) Matteo Ricci, 앞의 책, 105쪽. "凡天下之物, 莫不火氣水土四行, 相結以成."
45) 『全書』四, 「中庸講義」, 239쪽. "伏羲八卦, 原有四正四偏. 天地水火者, 正方之卦也. 天火相合, 以生風雷. 水土相錯, 以成山澤. 變化蒸育, 以生萬物."

는 도심은 天理의 발현이 아니고 하느님(상제)의 명령이 인간의 마음으로 轉化되어 나타난 <人性의 命>이다.

주자학에서는 心 자체를 <理氣의 合>으로 보는 만큼 理와 관련된 <道心>[22]과 함께 氣와 관련된 <人心>[23]을 말하는 한편, 性의 경우에서 <本然의 性>과 함께 <氣質의 性>을 말한다. 말하자면 본원유학(맹자)에서의 <食色의 性>을 성리학에서는 <氣質의 性>이라고 부르게 된다.[24] 따라서 주자에게 있어서는 맹자의 성선설을 충실히 따름으로 본연의 성은 중요시 할 뿐이지, 기질의 성은 중요하게 보지 않는다. 四端 내지 五常의 본성만이 五倫의 도의를 이루는 것이라는 의미에서 본연의 성만을 매우 중요하게 본다. 반대로 形氣와 관련된 기질의 性을 오히려 五倫의 도의를 행하는데 방해되는 것이라는 의미에서 매우 경시·천시하기까지 한다.[25]

따라서 성리학에서는 인간의 사고로 말미암아 마음과 행위의 규제보다는 천리인 본연의 성에 자신의 행위와 마음을 일치시키려는 방향으로 나아가는 특성이 있다. 그것은 인간 내면의 사고작용을 중시하기보다는 本具된 理의 발현을 목적으로 하고 있기 때문이다.

이러한 때 理는 곧 앎의 대상이다. 즉 궁구의 대상인 理를 알게 되면 그것을 따라가는 과정만이 남는다. 그 때 성리학의 천명이나 도심은 일종의 理를 모방하는 상태라 할 수 있다. 즉 그들의 도심이란 본연의 성으로서의 천리를 발현함이다.

茶山에게 있어서는 그러한 천리의 발현과 도심은 어떠한 관계도 없는 것이다. 성리학에서와 같이 실재하는 理가 인간에게 담지된

---

22) 朱熹, 『中庸章句』, 序, "原於性命之正."
23) 위의 책, 序, "生於形氣之私."
24) 孟子는 이성적(根於心)인 仁義禮智는 인간고유의 性이고, <食色의 性>은 개와 소 등 동물의 性이라는 것이다.
25) 尹絲淳, 1986, 앞의 책, 147~148쪽.

것으로 보는 점 자체가 부정되고 있다. 다만 도심은 심성을 주도하지만 이러한 능력은 하느님(상제)으로부터 받은 것이다. 그리고 그에게 있어서 도심은 누구의 마음속에서도 자연스럽게 우러나는 것으로 보고 있다. 성리학의 도심이 천리를 아는 것을 전제하고 작용하는 것과는 다르다. 또한 기질의 차이에 의하여 본심 발현의 유무가 결정되는 성리학과는 달리 그는 누구에게나 도심이 항상 작용한다고 봄으로써 인간 이성의 보편성은 모든 인간에게 실제화 시켰다고 할 수 있다.

> 이것을 性이 善하다고 말하는 것이다. 性은 이미 이와 같으니 그러므로 그것을 털어 버릴 수도 없고 고칠 수도 없는 것이다. 단지 모름지기 그것을 따라 쫓아가야 하는 것이다.26)

이러한 영지의 능력은 인간만이 지니고 있는 性이다. 인간과 다른 동물과의 차이는 곧 <靈과 善>(그 능력)이 있는가 없는가에 달렸다.27) 인간에는 이른바 <靈과 善>이 있는 반면, 금수에는 이 능력이 없다. 그런데 주자는 本然의 性을 사람과 만물에 다 같은 공통적인 본성이라고 한다. 茶山은 이러한 本然의 性이란 분명히 佛敎에서 따온 萬有一本觀이라고 거부한다. 사람의 본성과 동물의 본성은 다르다. 이 본성의 차이를 다음과 같은 다른 표현으로 나타낸 바도 있다.

> 인간의 성은 도의와 기질, 두 가지를 합쳐 한 성으로 한 것이지만 금수의 성은 순전히 기질만의 성일 뿐이다.28)

---

26) 『全書』 II, 3/2b. "斯之謂性善也. 性旣好是, 故毋用拂逆, 毋用矯揉. 只須率以循之." 茶山은 人性이 善하다는 점에 대하여 무한한 신뢰를 갖은 것으로 볼 수 있다.
27) 『全書』 II, 4/47a. "吾人之性, 旣生旣覺, 又靈又善."

이것으로 보면 <靈知>(靈과 善)가 곧 <도의>로도 표현되는 말임을 알 수 있다. 따라서 영지의 기호를 도의의 성으로 본다면 영지를 도심이라고 볼 수 있다. 여기서 <知>라는 말은 마음의 기능이라고 할 수 있기 때문이다. 이 영지의 능력이 바로 작용하여 나타나는 것이 도심이라고 할 수 있다. 영지의 기호가 도심이라고 하는 점은 천명의 구체적 작용을 의미하고 있다.

> 선한 일이 아닐 때 도심은 이를 부끄럽게 여긴다. 부끄럽게 여기는 마음이 솟아나는 것은 천명을 성실히 따르는 것이며, 행위에 선하지 못한 점이 있을 때 도심이 그것을 뉘우치는 것은 천명을 성실히 따르는 것이다.[29]

다시 말하면 천명(상제의 명)의 발현이 곧 도심이라는 것이다. 이러한 도심의 작용은 천명의 파악을 거침으로써 가능해지는 것이다. 그것은 도심에 性命이 깃 들어 있기 때문이다.[30] 그러므로 茶山이 해석하는 『中庸』의 <率性之謂道>의 性은 반드시 영지의 성(道心)에서 출발된 것이다.

도심은 천명의 발현이다. 구체적으로 하느님(상제)의 존재와 연관지어 설명하면 영명한 주재자이신 하느님(상제)이 인간의 행위를 감시하면서 인간에게 전달하는 메시지가 도심이 된다. 하느님(상제)은 선악의 기준이 분명하므로 도심에서 파악한 하느님(상제)의 의사도 선악이 아주 분명하다고 할 수 있다. 도심은 하느님(상제)으로부터 부여받은 것이고, 부여받은 이후부터 죽을 때까지 하

---

28) 『全書』 II, 6/19a. "蓋人性者, 合道義氣質二者而爲一性者也. 禽獸性者, 純是氣質之性而已."

29) 『全書』 II, 3/3b, "事之不善, 道心愧之. 愧怍之發, 諄諄乎天命也. 行有不善, 道心愧之. 悔恨之發, 諄諄乎天命也."

30) 위의 책, 같은 쪽, "性之所發, 謂之道心. 率性者, 循天命也."

느님(상제)의 명을 감지하고, 그것으로써 행위의 순간 순간에 잘 잘
못을 가려서, 악에 빠져들지 않도록 경계하는 작용을 계속한다.[31]

> 그러므로 天이 사람에게 자주권을 마련해 줌으로써, 선을 행하도
> 록 하고자 한다면 선을 행하게 하고, 악을 행하고자 한다면 악을 행
> 하게 한다.[32]

사람에게 하느님(상제)의 명이 전화된 형태로 설명되는 도심의
작용은 인간 자율의 이성적 형태로 바꾸어 말할 수 있다. 茶山은
일종의 이성적 사유의 자율적 판단 능력을 영지로 표현하였기 때
문에 도심은 더욱 윤리적 지성과 판단이 되고 있다. 인성 자체는
천명이지만 그것의 실현은 인간에게 부여된 것이다.

인간의 성은 도의와 기질의 두 가지 性이 있다. 그것이 발현하여
마음의 작용으로 나타날 때, 앞에 것으로부터 발현하는 것을 일러
<道心>이라 하고, 뒤에 것으로부터 발현하는 것을 일러 <人心>
이라고 한다. 그러나 茶山은 인간이 선을 실천하는 것은 이 두 마
음의 갈등에서 도심이 인심을 이긴 결과에 의한 것이라고 설명하
고 있다.

> 자기(己)는 나다. 나에게는 二体가 있고 또한 二心이 있다. 道心이
> 人心을 이기면 大體가 小體를 이기는 것이다.[33]

> 欲이란 것은 人心이 하고자 하는 것이다. 勿이란 것은 道心이 금
> 지시키는 것이다. 人心은 원하지만 道心은 못하게 한다. 양자가 서
> 로 교전하여 道心이 이기면 그것을 克己라고 한다."[34]

---

31) 위의 책, 같은 쪽, "道心常欲爲善."
32) 『全書』 II, 5/34b. "故天之於人, 予之以自主之權, 使其欲善則爲善, 欲惡
　　則爲惡."
33) 『全書』 II, 12/1b. "補曰 己者我也. 有二體, 亦有二心. 道心克人心, 則大
　　體克小體也."

　도심은 적극적인 활동성을 갖고 있는 것으로써 인심과 적극적인 대결을 통하여 인간으로 하여금 선으로 나아가게 하는 작용을 하고 있다. 다산은 이러한 도심의 부단한 작용을 통해서만 이 덕의 완성에 도달할 수 있다고 믿고 있다. 그가 도심의 부단한 작용을 강조한 사실은 欲求體로서의 인간은 항상 악에 기울어지기 쉬운 것으로 전제하고 그것의 경계를 도심이 하는 것으로 보고 있기 때문이다. 한편 도심의 강조는 인간에게 자율적 판단의 중요함을 깨우쳐 주려는 것으로도 볼 수 있다.

　인간 본성으로부터 저절로 우러나는 도심은 인간 고유의 자발적 사유에 의한 가치판단, 선으로의 지향, 행위의 계도로 나타나는 것을 의미한다. 그러한 작용이 일어날 때 부여되는 영지의 性에 의해서 이미 가능해졌다는 것이다. 人性의 命은 덕의 잠재적 가능근거로서 인간에게 있는 것이 된다. 도심은 곧 도의의 性이요 이는 오직 천명으로써 善만을 하도록 주어졌던 것이다.[35]

　사람에게 천명이 준 인성의 명으로서 좋아하고 싫어함이란 막연히 자연적 대상을 좋아하고 싫어함을 말하는 심리적 사실만을 의미하는 것이 아니라, 오히려 선을 좋아하고 악을 싫어한다는데 그 이론의 주안점이 있다. 인간의 본심에는 좋아함과 싫어함이 성으로 주어져 있지만, 윤리적인 면에 있어서 그것은 오직 선만을 좋아하는 도의의 성 또는 영지의 성이다. 다 좋아함이 아니라 선만을 좋아해야 한다고 말함으로서 성 자체의 의미는 기호이지만 인간에게 넘어오면서 절대적 규범으로 당위의 성격을 띠고 있다.[36] 이러한 천명은 인간의 내면 속에 인성의 명으로 주어진 것이다.

---

34)『全書』Ⅱ, 12/2b. "欲也者, 人心欲之也. 勿也者, 道心勿之也. 彼欲此勿, 兩相交戰, 勿者克之, 則謂之克己."
35) 宋錫球, 1986, 「茶山의 倫理觀」『韓國의 儒佛思想』, 思社硏, 281쪽.
36) 위의 책, 282쪽.

茶山에 있어서 천명은 성을 주었고 성은 좋아하고 싫어함이지만 인간에게 주는 좋아하고 싫어함이란 선을 좋아하고 악을 싫어한다는 것으로서의 좋아하고 싫어함에 국한되는 것이다.[37] 인간이 선만을 좋아함은 천명이지만 이것은 실천하고 하지 않는 것은 오직 인간의 마음에 달려 있다는 것이다. 그러기 때문에 선을 좋아함이 천명으로 주어져 있지 않다면, 인간의 마음이 선을 실천하려고 해도 할 수 없는 것이다. 따라서 인간의 내면성은 이미 선을 좋아하게 되어 있지만, 그것의 실천은 인간의 마음(道心)의 작용에 의한 것이다. 마음이 선을 실천하지 않을 경우는 선은 내부적으로 잠재하여 있을 뿐이다.[38] 결국 천명이 준 도심은 마음을 움직이는 욕심을 억제하고 저지시키는 능력이 있게 되고, 또한 선을 스스로 자각하게 되는 것임을 밝히고 있다.

그에게 있어서 선이란 것은 그 누가 그것을 실현하든 하지 않든 관계없이 언제나 선한 사태로 실재하고 있다는 입장이다. 그것은 천명이기 때문이다. 이 때 어느 사태란 인간과 인간과의 관계에서 한정된 것임은 두 말할 것도 없다. 이와 같이 선은 내재적 잠재능력으로 존재해 있다. 그러나 이것을 발휘함은 인간과 인간과의 행위 속에서 나타난다고 볼 수 있다. 인간과 인간과의 관계가 없다면 선은 영원히 내재로만 끝날 수 있다.[39] 오로지 인간과 인간과의 구체적인 행위의 실천을 통하여 비로소 선은 나타나게 된다.

그러면 인간에 있어서 구체적인 선이란 무엇인가? 그것이 인간의 도리이다. 이 도리는 인간과 인간과의 관계에서 자기 본분을 극진히 하는 데 있다. 이 자기의 본분이란 무엇인가? 그것이 곧 仁이다.

---

37) 위의 책, 같은 쪽.
38) 위의 책, 283쪽.
39) 위의 책, 286쪽.

이 仁은 대표적으로 孝·悌·慈인데 이것은 인간관계에서 얻어진 德이다.

> 五典 또는 五敎란 父義·母慈·兄友·弟恭·子孝이다. 춘추오전에 나오는 태사극의 말이 분명히 이와 같이 되어 있다. 그러나 兄友弟恭을 합쳐서 말하면 <悌>이고 父義와 母慈를 합쳐서 말하면 <慈>이다. 그러므로 孝·悌·慈의 석자가 곧 五敎의 총괄이다.[40]

효·제·자는 仁의 구체적인 한 모습이요 한 작용인 것이다.[41] 따라서 인간 관계에서 자기 본분을 극진히 하는 일은 모두 仁이라 할 수 있다.

茶山은 이러한 구체적인 행위에서 仁을 파악하고 있다. 오직 인간의 노력 여하에 따라 仁이 될 수도 있고 안될 수도 있다. 그러므로 인륜의 성덕도 내가 스스로 구하여 실천하는 데서 이루어짐이요, 또 구체적으로 내가 남에게 사랑을 주는데서 얻어지는 것이지, 하늘이 나에게 가져다 주는 것이 아니다. 결국 내가 어떻게 행하느냐에 따라 결정된다. 한번 인륜의 관계에서 仁을 베푼 그를 영원히 어진 사람이라고 할 수는 없다. 仁은 인륜의 덕이 실천하여 이루어짐이다. 단번에 仁이 형성되는 것이 아니라 부단히 내가 남에게 주는 사랑이 쌓이고 쌓여서 인륜의 덕이 이룩되는 것이다. 茶山의 "남에게 향한 사랑"(嚮人之愛)으로서의 仁은 활동적이요 구체적인 행위에서 나타나고 있다.[42]

끝으로 茶山의 입장에서 보면 군자는 기질에 의해서 이미 결정

---

40) 『全書』 II, 1/7a. "五典五敎者, 父義母慈兄友弟恭子孝也. 春秋傳史克之言明白如此. 然兄友弟恭合言之則悌也. 父義母慈合言之則慈也. 然則孝悌慈三者, 乃五敎之總括."
41) 李乙浩, 1981, 『茶山經學思想硏究』, 乙酉文化社, 188쪽.
42) 宋錫球, 1986, 앞의 책, 300쪽.

된 자가 아니고 중용의 노력을 지극히 정성스럽게 행하는 자를 의미한다. 따라서 그는 군자를 계신공구의 노력이 지극한 자와 동일시하려는 것이다. 그것이 곧 愼獨君子의 의미이다. 수양과 실천은 하느님을 섬기는(事天) 마음의 유지, 즉 "삼가 조심하는 경건한 태도"를 지속하고 인륜에 충실한 행동에서 그 당위성을 찾는다.

> 天이 사람의 善惡을 살피는 바는 항상 人倫에 있어서이다. 그러므로 사람이 修身하고 事天하는 것은 역시 인륜으로써 힘을 다하는 것이다.[43]

영명주재인 하느님(상제)과 천명을 통한 도심의 윤리기준(仁)은 믿음의 대상이라 믿고 따라야 하는 절대적인 계명으로 여겨, 하느님 섬김(事天)의 태도를 통한 수도의 길을 그는 강조하고 있다. 그런데 하느님 섬기는 태도(事天意識)는 사람 섬김(事人)의 연장된 태도이며, 환언하면 하느님 섬김(事天)의 태도를 통한 사람 섬김(事人)의 충실성을 강조하고 있다. 茶山에 있어서 <事天事人>은 달리 표현하면 <敬天愛人>이라고도 할 수 있다. 결국 그의 천명관은 敬天愛人이란 말로 풀이할 수 있게 된다.

---

43) 『全書』 II, 3/2b－3a. "天之所以察人善惡, 恒在人倫, 故人之所以修身事天, 亦以人倫致力."

Ⅲ. 맺는 말

茶山이 비록 주자학의 용어를 그대로 구사할지라도, 그는 주자학의 용어의 의미부터 달리 사용하면서 성리학자들보다 더 실제적인 학문을 추구한 이상, 그것은 오히려 새로운 그의 독자적인 철학이라 해야 마땅한 것이다. 그는 성리학 등 전통사상에서 출발하여 그것을 어느 정도 계승한 것도 없지 않았지만, 그대로 묵수·맹종하지 않았고 다른 한편 새롭게 들어 오고있는 사상들에도 퍽 개방적 태도를 취하였으면서도, 主見에 따라 비판적으로 취사 선택하여, 결국 독자적인 자신의 사상을 구축하였음을 알 수 있다. 이것은 우리에게 한층 더 한국인으로서의 뿌듯한 민족사상의 긍지를 갖게 해 준다.

하늘을 섬기고 동시에 인간을 섬기는 일 즉 事天事人이 茶山의 천명관의 집약적 교훈이다. 이는 한국인의 사상사적 원류인 단군신화의 "하늘을 숭배하고 인간을 이롭게 한다"(崇天益人)는 사상과도 일맥 상통하는 것이라 볼 수 있다. 단군이 태백산 마루턱에 있는 신단수 밑에서 祭天하였다면, 이는 곧 天을 숭상하는 崇天信仰이며 후대의 영고·동맹·무천 등의 제천의식으로 이어진다. 그래서 박은식 선생은 일찍이 단군신화는 고대 한민족의 경천신앙과 함께 한국의 정신사적 근간을 이루고 있음을 밝히고 있다.

또한 단군신화의 삼백육십사라는 헌법을 일언이 폐지한 것이 홍익인간이니 곧 '인간을 널리 돕는다'는 뜻이다. 그러므로 <崇天益人>이 참으로 한 민족의 이상이라고 아니할 수 없다. 그러나 이러한 종교의식은 민족사상에서 끊어져 가고 있었는데, 茶山이 그의 중용해석에서 '天이 명한 것을 성이라 한다'고 한 사유에 연유해서 <事天事人>으로 재해석함으로써 단군의 <崇天益人>을 다시 일깨워 주었다고 할 수 있다.

물론 그는 천명 개념을 사람이 하느님(상제)을 알고 받드는 종교적인 삶으로 해명하였다. 그가 제시한 하느님(상제) 개념과 인간의 하느님(상제)에 대한 신앙적 태도의 이해는 근본적으로도 광범위하게 기독교 신앙의 영향을 받아들이고 있다고 하겠다. 그러나 茶山은 분명히 몸을 닦는 것이 하느님(상제)을 섬기는 길이라고 잘라 말했다.44) 이러한 점에서는 기독교 교리를 견지한다기보다는 그는 역시 동양 윤리를 견지한다고 할 수 있다. 그는 철저히 유교 경전 주석에 기반을 두고 있는 만큼, 기독교 교리체계를 논의하는 것과는 구별된다.

어디까지나 그의 하느님(상제)개념의 이해를 통한 天命觀은 주자학의 空理空論의 빛깔을 씻어내고, 새로운 사상인 기독교 신앙의 빛으로 다소 비춰주는 것이다. 그리고 마침내 유교경전 속에 담긴 天 개념의 신앙적 성격을 발현시키고 있는 사실에서, 한국종교사의 더없이 소중한 창조적 업적임을 인정하지 않을 수 없다.

그 당시 현실문제의 관점에서 볼 때, 茶山의 天命觀은 사실 윤리관의 재정립과 결부된다. 왜란·호란 이후 정치적·경제적 혼란에 빠지게 된 조선사회는 집권층의 당쟁의 격화로 인하여 그 가치관 혼란을 해결할 기미가 보이지 않았다. 그런데 조선후기의 성리학은 <禮>를 중시함으로써 타락한 사회의 윤리를 정립시키려고 하였을 뿐, 현실의 정치·경제 등의 문제해결에 적극적인 대안이 없었고, 예학의 형식위주와 명분위주의 경향은 현실적인 힘을 발휘하지 못했다.

---

44) 위의 책, 같은 쪽, "故人之所以修身事天, 亦以人倫致力."

　이러한 상황에서 등장한 실학은 성리학의 사회적 공백에 관심을 기울인 결과 경세치용·이후용생·실사구시의 학문을 표방하게 되었고, 나아가 성리학에 전반에 걸친 비판과 새로운 사상의 수립에 이르게 된 것이다. 이러한 관점에서 볼 때, 그의 천명사상 중시 경향은 성리학적 윤리관의 약점을 극복하고 새로운 실제적 윤리관을 정립하려는 의도에서 비롯된 것으로 볼 수 있다.

　결국 茶山의 天命觀은 우리 민족의 전통적 사고와 더불어 인간 현실에 바탕을 두고 天命을 해석한 <事天事人>을 도덕적 가치 판단의 최고 준거로서 윤리관을 확립시키는 데에 커다란 의의가 있다고 생각된다.

제3부

다산의 상제사상

제1장 天의 意味

제2장 상제의 속성

제3장 상제와 인간

제1장

天의 意味

Ⅰ. 들어가는 말

유학에서 天은 우주와 세계를 설명하는 중요한 기초적 개념이다. 유학에서 天을 어떻게 해석하는가에 따라서 천인관계의 양상이 달라지고 修己의 방법에도 차이가 나며, 또한 治人의 방법에도 깊은 영향을 미치게 된다. 그러므로 天에 대한 관념은 동양인에게 아주 다의적인 개념으로 이해되었다. 그 대표적인 이해가 다음과 같은 다섯 가지 분류이다.[1] 첫째는 물리적 천으로 땅과 상대되는 天이다. 둘째는 주재의 천으로 황천, 상제와 같은 인격적 天이다. 셋째는 운명의 天으로 하늘의 섭리를 가리킨다. 넷째는 자연의 天으로 자연의 운행을 말한다. 다섯째는 의리의 天으로 이른바 우주의 최고 원리이다.

이에 따라 주자는 유가 경전 가운데의 <天>자에 대한 종합적인 評術을 하고 있다.

---

1) 馮友蘭, 1935, 『中國哲學史』 上(北京: 商務印書館), 55쪽.

그의 문인 沈僴이 경전 중의 <天>자를 물었다. 대답하기를 "스스로 분명하게 이해할 수 있어야 한다. 푸른 하늘을 말할 때도 있고 주재자를 말할 때도 있으며, 理로서만 설명할 때도 있다."[2]

주자는 天 관념을 세 측면으로 분석한다. 첫째는 푸른 하늘로서의 自然天, 둘째는 功用·妙用으로서의 主宰天, 셋째는 자연 및 도덕적 행위의 근거로서의 義理天을 말하고 있다. 그런데 茶山은 본원유학을 수용하여 하늘과 땅 그리고 그 속에 있는 만물을 살피고 밝히 알아서 두루 다스리는 가장 높은 神(god)이 있다고 믿는다. 그는 이러한 神(god)을 흔히 하늘(天) 혹은 하느님(상제)이라고 한다.

茶山이 특히 天이라고 할 때, 사실은 두 가지 뜻이 있으므로 주의해야 한다. 즉 天은 저 푸른 하늘을 뜻하기도 하고, 또는 만물을 다스리는 하느님(상제)도 뜻한다.[3] 저 푸른 하늘은 바로 만물 중에 있는 일종의 물건에 지나지 않는다는 것이다.[4] 그런데 하느님(상제)은 하늘을 포함한 만물을 다스리는 가장 높은 존재라는 것이다.[5] 그는 天을 主宰天과 自然天으로 나누어 초월적 존재와 자연적 존재로 구분하여 파악하고 있다.[6] 초월적 존재는 신령하고 밝

---

2)『朱子語類』권1, 5쪽, "又僴問經典中'天'者. 曰: 要人自看得分曉, 也有說蒼蒼者, 也有說主宰者, 也有單訓理時."

3)『全書』一,「中庸策」, 661쪽. "蒼蒼有形之天, 靈明主宰之天." 比較(cf.), "천지의 주재시오 지극히 높으신 하나님 여호와께…"(창세기, 14:22). 또는 "우주와 그 가운데 있는 만유를 지으신 神게서는 천지의 주재시니…"(사도행전 17:24). 이제부터는 丁若鏞, 1994,『與猶堂全書』, 景仁文化社, 全二十册을 사용한다. 새로 나온『여유당전서』를 인용할 때는『全書』, 몇 번째 책, 책이름, 몇 쪽 순서로 표기하고자 한다.

4)『全書』四,「中庸講義」, 239쪽. "由是觀之, 上天下天, 水火土石, 日月星辰, 猶在萬物之列."

5) 崔東熙, 1988,『西學에 대한 韓國實學의 反應』, 高大民族文化研究所. 162쪽.

6) 琴章泰, 1989, 앞의 책, 182쪽.

으며 만물을 주재하는 하느님(상제)이라 하고, 자연적 존재는 푸르고 크게 둥근 모습이 있는 하늘(天)이라고 언급하였다.[7]

茶山은 自然天과 主宰天이 동일하지 않은 점을 철저히 구분하였다. 물론 그에게서 주재천은 하느님(상제)이다. 自然天과 上帝天의 구분은 그의 物我二分的 思考에서 비롯된다.[8] 그는 자연현상으로서의 하늘(物)은 인간의 감각 대상에 불과한 사물로 한정을 짓고 있다. 그러나 그는 종래의 天人合一의 思考에서의 도덕의 가치 근거로서의 천명을 하느님(상제)의 命인 <도의의 性>(我)으로 받아들이고 있다. 그럼으로써 그는 유가의 전통적인 天人合一의 천명사상을 지향하면서도, 한편으로는 하늘과 하느님(상제)을 구분하여 物我一體 의식을 탈피하는 그의 독특한 天觀을 형성하고 있다.

> 하느님(상제)이란 누구인가? 이는 天·地·神·人의 바깥에서 天·地·神·人 만물의 등속을 造化하고 宰制하고 安養하는 분이다.[9]

하느님(상제)은 자연현상, 우주운행의 주재자임과 동시에 인간까

---

7) 앞의 책, 182쪽. 주자학에서는 물질(하늘)과 이념(천리)을 하나로 묶어 보았다. 따라서 그들은 理(本然의 性)로서 <天理>를, 氣(氣質의 性)로서 <天>을 모두 같은 것으로 함께 생각하지 않으면 안 되있다. 그러나 茶山은 물질(하늘)과 이념(상제)을 철저히 구분하였다. 금교수는 이를 物我二分의 思考라고 보았다.

8) 茶山은 실학자ltbs로서 경험 중시의 사고를 갖고 있기 때문에, 朱子學의 물아일체의 의식을 탈피하여, 결국 그로 하여금 자연과 인간을 분리하여 보는 物我二分의 意識을 갖게 하였던 것이다. 사실 주자가 중용 해석을 인간과 사물을 겸(兼人物)한 관점에서 하는 것을 그는 비판한 것이다. 이는 인간의 입장에서 자연을 바라보는 자세를 일단 확립한 것이다.

9) 『全書』八, 「春秋考徵」, 709쪽. "上帝者何? 是於天地神人之外, 造化天地神人萬物之類, 而宰制安養之者也." 비교(cf.), Matteo Ricci, 앞의 책, 44쪽. "謂其(天主)始制乾坤人物 而主宰安養之者."

지도 자기의 뜻(天命)에 따라 주재하는 절대적 권능의 소유자임을
의미하고 있다. 또한 '天·地·神·人의 바깥'에서 활동하는 하느
님(상제)의 위치는 즉 초월을 의미하고 있다.[10] 이는 인간이 보려
고 해도 볼 수 없고 들으려고 해도 듣지 못하는 이유가 되겠다.
天·地·神·人은 우주내의 모든 존재를 다 가리키는 말이고, 이
들을 조화하고 안양을 한다는 것은 하느님(상제)의 주재 범위가 전
우주적임을 가리키는 말이다. 즉 茶山은 神(god) 중의 최고의 존재
인 하느님(상제)을 천지만물의 주재자로 唯一神化하고 있다.[11] 그
의 하느님(상제)은 唯一한 最高神이며 우주의 주재자이다.

이제부터는 茶山의 『中庸』해석을 중심으로 하고, 그의 경전주석
을 통하여 그의 상제사상을 밝히는데 초점을 맞추어서, 유학 경전
과 주자학과 천주교 교리가 어떻게 서로 작용하고 제약되면서 지
양되고 있는지를 고찰하려고 한다.

따라서 다음과 같은 순서로 이러한 논의를 진행하려고 한다. 먼
저 상제의 개념을 바로 알기 위해서 "천의 의미"와 "상제의 속성"
을 다루고자 한다. 그의 세계관은 상제사상을 토대로 하고 있기 때
문이다. 이러한 상제사상이 天에 대한 인식으로부터 어떤 발전과
정을 거쳐 茶山에게 이르게 되었지를 알아보기 위해 우리는 그의
학문의 세 줄기를 찾아가야 한다.

그는 당시 주자학의 분위기에 살면서 문제의식을 지닌 선비였기
때문에 탈주자학적[12] 경향이 있다고 생각되며, 그러하기 위해서는

---

10) 劉權種, 1990, 「茶山의 天觀」『丁若鏞』, 高麗大出版部, 104쪽. "天地神
　　人의 바깥"은 上帝의 존재영역을 가리키는 것이다. 그것은 상제의 존
　　재는 이 천지와 천지간의 모든 존재로부터 초월된 것임을 가리킨다.
　　이것은 주자학의 理가 천지 뿐 아니라 만물 각자에 내재하는 것으로
　　이해되는 점과 다른 사고방식이다.
11) 『全書』四, 「中庸講義」, 281쪽.
12) 茶山의 사상이 '탈주자학적' 성격을 가진다는 데 대해서는 대체로 일

본원유학의 복귀에 있고, 그리고 서학사상의 영향 아래에 있다고 생각된다. 따라서 그러한 茶山 사상의 빛에서 비판적으로 <天理>로서의 天, <天主>로서의 天, 그리고 <上帝>로서의 天에 대해서 살피려고 한다.

유학의 경전 중에서 『中庸』은 천인관계에 대하여 말하는 가장 중요한 경전이다. 이 경전에서는 天과 人의 관계를 중심으로 논하여 궁극적으로 인류이 天에서 부여된 것을 밝힘으로써 유학 윤리의 근본을 확립하려는 사고가 지배적이다. 유학에서 역사적으로 중요한 지위를 차지한 거의 모든 사상가들이 하늘(天)과 인간(人)의 관계를 밝히는 데에 힘써 왔다.13) 유학사상사는 천과 인간에 대한 이해의 역사이기도 하다. 따라서 "상제와 인간"의 관계에서 '상제의 명'과 '인간의 성' 이 밝혀져야 할 줄로 안다.

그러면 사람에게 인간으로서 최고 성취는 무엇일까? 그것은 바로 聖人이 되는 길이다. 그 궁극적 목표는 곧 內聖外王에 있다. 여기서 <內聖>이란 修己의 성취를 말하는 것이고, <外王>이란 治人의 성취를 말하는 것이다.14) 그래서 茶山의 경학은 <修己>와 <治人>의 학문이므로 "道心과 聖人"를 말하려는 까닭이 여기에 있다.

치된 견해를 보이고 있다. 이을호, 이남영, 윤사순, 금장태 등과 사회과학적 진영에 있는 여러 연구자들이 이 견해를 지니고 있다. 그렇지만 반론이 없는 것은 아니다. 실제로 茶山은 주자학적 경향을 강도 높게 비판할 뿐, 朱子가 본래 표명한 인간학적 이상을 높이 평가하고 있다 (『全書』二,「五學論」참조). 주자학은 '天'의 인격적 존재에 대한 믿음보다는 '理'의 합리성에 의거한 사고의 방향으로 발전한 것이다. 그러나 茶山은 그러한 사고의 흐름을 벗어나서 '天'의 인격적 존재에 대한 믿음을 중시하는 대로 나아간다. 이러한 이유로 볼 때 그의 철학은 탈주자학적 성향을 나타낸다.

13) 馮寓, 1993, 『天人關係論』, 김갑수 역, 신지서원, 15쪽.

14) Fung Yu‒Lan, 1967, The Spirit of Chinese Philosophy, Beacon Press, 4쪽.

그 다음에 유학의 수양·윤리관은 천도와 인도의 관계로서 그 면모를 드러내고 있다. "『중용』의 天德"에서 필자는 茶山의 수양 및 윤리관으로 "하느님(상제) 섬기는 사람"의 도의를 탐구하려고 한다. 그리고 그는 <中庸의 德>을 <지극한 정성>으로 보고 있기 때문에, 誠의 철학적·윤리적 근거를 통하여 실천윤리학 경향을 강하게 구축하고 있음을 밝혀 나가려고 한다.

결론을 맺으면서 그의 학문관·세계관·인간관·윤리관을 요약하여 정리를 하고, 이러한 논의들에서 그의 상제사상이 갖는 한국사상사적 의의를 평가하며 제언하고자 한다.

이제까지의 연구는 茶山의 天思想이 본원유학의 전통에서 영향을 받은 것인가, 아니면 서학의 천주교에서 영향을 받은 것이냐에 대한 논란에 집중되어 왔다. 그러나 필자는 茶山 사상의 토대라고 할 수 있는 상제의 개념을 얻기 위하여 먼저 주자학의 <天理>에서 문제상황을 파악하고, 다음에 서학(천주학)의 <天主>에서 그 도움을 얻고, 끝으로 본원유학의 <上帝>에서 그 해답을 찾아 말하고자 한다.

Ⅱ. 天理로서의 天

주자학은 세계에 대한 해석이면서 동시에 인간의 본질에 대한 이해이고, 또한 그 이해를 바탕으로 하여 사람의 道를 일러주고 있는 이기론이라는 긴밀한 연관의 통합적 사유체계이다. 즉 인간을 포함한 모든 사물은 "理와 氣로 되었다"(理氣之合)는 것이다. 모든 사물들이 음양·오행이라는 氣로서 형질을 이루고, 그 氣가 있는 곳에는 반드시 理 또한 있게 된다는 것이다.

> 형체가 있음은 氣이고, 형체가 없음은 도이다. 음양을 떠나서는 도가 없다. 음양은 氣이며 형이하이다. 도는 태극이며 형이상이다.[15)]

송대 유학이 체계적 이론으로 정립된 것은 주자의 학문적 공헌이 있은 뒤의 일이며, 근세조선에서 크게 발전된 것은 주자학이다. 여기에 있어서 天은 理法의 성격을 갖는다. 이러한 천리사상은 주자학의 근거라 말할 수 있다. <理>로서의 天은 보편성을 지닌 존재론적 성격을 갖기는 하지만 理法的이어서, 이에 따른 태극이나 천리는 종교적일 수 없고 외경의 대상일 수도 없다. 주자는 이미 天 혹은 天帝에 대한 종교적인 주재의 뜻을 중시하지 않았다. 또한 그는 <帝> 관념이 지닌 인격신의 독립존재의 의의를 중요시하지 않았다.

天을 理라고 부르는 것은 주자 이래의 주자학자들에게 공통된다. 天에 대한 개념은 시대와 인물에 따라 차이가 있지만 존재의 궁극적 원리를 가리키는 점에서는 공통된다. 주자학자들은 理를 존재의 궁극적 원리로 생각하기 때문에 天이 곧 理라고 이해한다. 이러한 절대 진리인 天·理는 사물의 세계에 있어 존재의 법칙(所以然之理)이자 당위의 법칙(所當然之則)이면서 모든 존재의 내면에 자리 잡는다.

주자학은 형이상학적 견지에서 天을 理 또는 태극이라고 이해하여 본원유학의 종교적 사유를 보다 더 철학화 시킴으로써, 궁극적 실재에 대한 종교적 측면을 약화시키는데 일정한 역할을 하였다.

---

15) 朱熹, 1981,『性理大全』, 景文社, 444쪽. 理氣 上, "程子曰: 有形總是氣, 無形只是道. 離陰陽, 則無道. 陰陽, 氣也, 形而下也. 道, 太極也, 形而上也."

주자학에서는 理를 철학적으로 해석하여 존재론적 天으로 한정시키고, 그러한 천리가 인성에 내재하는 것으로 보아 수양론을 발전시켰다. 그러나 이 과정에서 天을 공경하며 天을 두려워할 줄 아는 생각이 없어짐으로써, 인간의 현실에서 "착한 사람에게 복을 주고 나쁜 사람에게 벌을 내리는"16) 주재자로서의 하느님(天)을 그들이 상실하였다고 茶山은 주장한다.

　그들은 天觀을 형이상학으로 밝혀 나가고 있는데, 程伊川(1033~1107)은 天에 관해서 다음과 같이 말하고 있다.

　　　형체 쪽으로는 天이라 하고 主宰 쪽으로는 상제라 하고 功用 쪽으로는 귀신이라 하고 妙用 쪽으로는 神이라 하고 性情 쪽으로는 乾이라 한다. 저 天은 곧 도이다.17)

　정이천은 天이란 결국 도라고 강조한다. 그는 우주의 본체를 태극이라 하고, 태극은 도이며 理라고 한다. 여기서 도라고 하는 것은 만물을 꿰뚫고 있는 理法 같은 것을 뜻한다. 그는 心·性·天이 모두 하나의 理이며, 그 보는 관점과 방법에 따라 다름이 있을 따름이라고 하였다. 그의 제자인 伯溫 周恭先의 물음에 대하여 다음과 같이 대답하였다.

　　　理라는 점에서 말하면 天이라 하고, 타고났다는 점에서 말하면 性이라 하고, 사람에게 있다는 점에서 말하면 心이라고 한다.18)

---

16)『全書』六,「論語古今註」, 79쪽. "日監在玆, 以之福善禍淫, 亦天命也."
17) 程伊川,『二程全書』(臺灣; 中華書局) 一, 二十二 上, 八面 前.「遺書」, "以形體言之謂之天, 以主宰言之謂之帝, 以功用言之謂之鬼神, 以妙用言之謂之神, 以性情言之謂之乾." 또는『周易』一, 1990, 學民文化社, 247~248쪽,「程氏傳」乾卦注. "夫天專言之則道也."
18) 위의 책, 二十二 上, 十四面 後, "自理言之謂之天, 自稟受言之謂之性, 自存諸人言之謂之心."

여기서는 理와 天은 같은 것이라고 한다. 이것은 天을 理라고 보는 입장을 밝힌 것이다. 이에 대하여 주자는 분명히 "天은 곧 理이다"[19]라고 말했다. 그가 생각하는 天은 사람의 마음속에 들어오면 성이 되어 본연의 性으로 남는다. 그래서 天은 천리라는 理法으로만 남게 되어 주재할 능력이 없게 된다. 그에게서 天은 비인격화되어 천리만을 의미하게 되었다. 따라서 주자학에 와서는 天을 숭배의 대상인 상제로 보는 경향은 사라지고, 天은 다만 易理로서의 자연의 이치 즉 宇宙論의 原理(logos)로 이해된다.

> 太極이란 오직 천지만물의 理일 뿐이다. 천지에서 말하면 천지 가운데 태극이 있고, 만물에서 말하면 만물 가운데 각각 태극이 있다. 천지가 있기 전에 필경 이 理가 먼저 있었다. 動하여 陽을 낳은 것도 이 理요, 靜하여 陰을 낳은 것도 이 理이다.[20]

> 천지가 있기 전에는 필경 이 理뿐이었다. 이 理가 있음으로써 이 천지가 있게 되었다. 만일 이 理가 없었다면 이 천지 또한 없었을 것이다. 사람도 사물도 아무 것도 실을 수 없었을 것이다. 理가 있어 비로소 氣가 유행함이 있게 되었고 만물을 발육하게 되었다.[21]

이것으로써 주자학이 인격적인 神으로서의 天을 부정함을 알 수 있다. 그러므로 인격적인 天 곧 상제를 긍정하는 茶山은 주자학의 이러한 입장을 애써 비판하게 된다. 그는 <性은 곧 理이다>(性卽理)라고 보는 주자의 견해에 반대한다. 오히려 그는 Ricci의 견해를

---

19) 『朱子語類』 권79, 2039쪽, "天固是理." 비교(cf.) "天卽理也, 命卽性也, 性卽理也."

20) 朱熹, 『性理大全』, 445쪽. "太極只是天地萬物之理. 在天地言, 則天地中有太極. 在萬物言, 則萬物中各有太極. 未有天地之先, 畢竟是先有此理. 動而生陽, 亦只是理, 靜而生陰, 亦只是理."

21) 위의 책, 같은 쪽. "未有天地之先, 畢竟也只是理. 有此理, 便有此天地. 若無此理, 便亦無天地, 無人無物, 都無該載了. 有理, 便有氣流行, 發育萬物."

받아들이고 있다.22) 茶山은 理 자체를 궁극적 실재로 간주하지 않으므로, 실체로서의 性도 부정한다. 여기서 性은 개체에 담지된 理가 아니고, 다만 <嗜好>에 지나지 않을 뿐이다.23) 따라서 법칙으로서의 理와 기호로서의 性을 서로 같다고 할 수 없는 것이다.

그의 철학의 출발점이며, 또 그의 사상의 근간이 되는 것은 바로 우주 만물의 근거로서 비인격적인 理와 氣 대신에 인격적인 天, 즉 하느님(상제)을 세우는 일이다. 茶山은 그의 사상을 세움에 있어서 주자학의 이기론을 부정하는 것으로부터 시작한다.

첫째로 근본적인 개념의 하나인 <理>를 어원적으로 주자학에서 쓰이는 바와 같은 의미를 지닐 수 없다는 점을 지적한다.

누구보다도 茶山은 주자학을 잘 알고 있기 때문에 性이나 理나 氣 등을 말하지만, 그것들에 대한 그의 견해가 주자학자들과 다른 것이 그의 사상의 특이한 점이다. 그의 理는 <天命>이나 <太極> 및 <性>과 동일시될 수 없는 것이다. 따라서 그의 경우 종래의 理一分殊說은 수긍될 수 없고, 그러한 설명에 입각한 萬有一體觀 역시 용납되지 않는다. 정자와 주자가 理를 궁극적 실재로 보는 것에 대해, 그는 그들이 쓰고 있는 理의 의미에 대해서 다음과 같이 비판한다.

---

22) 『天主實義』 제7편에서 Ricci는 이렇게 말하고 있다. "理也乃依賴之品, 不得爲人性也." 이런 점에서 Ricci는 朱子의 <性卽理>를 명백히 부정하고 있음에 우리는 주목해야 한다.

23) 茶山이 朱子學에서의 <性>은 철학적이고 추상적인 개념에 부치려는 경향이 있는 데 비하여 고경(古經)에서 언급하는 내용인 본원유학에서는 철학적이고 형이상학적인 개념보다는 오히려 성은 기호에 대한 것으로 말하고 있다(『全書』四, 「心經密驗」, 143쪽). 여기서 그는 朱子學에서 말하는 <性>과 本源儒學에서 의미하는 <性>에 대한 개념이 서로 판이하게 다르다는 점을 말하고 있다.

理는 본래 玉石의 결이다. 옥을 다듬는 사람은 그 결을 살핀다. 그러므로 드디어 이 뜻을 빌어서 다듬는 것(다스리는 것)을 理라고 한다. …(옛 경전에서 理의 용법은) 모두 이 '다스린다'는 의미의 理를 벗어나지 않는다. 무형한 것을 理라 하고 형질이 있는 것을 氣라 한 것이 있는가?[24]

理라는 글자는 본래 옥석의 결을 뜻한다. 玉을 다듬는 사람이 결을 살피기 때문에 理자를 빌어 다스린다(다듬는다)는 뜻을 나타나게 되었다는 것이다. 그에 있어서 理는 하나의 법칙(脈理, 治理, 法理) 이상의 의미를 갖지 않는다. 氣는 독립적 실재인데 비해 理는 의존적 속성을 갖고 있다고 그는 생각한다. 한 마디로 理는 실체일 수 없다. 實體(subtance)는 그 정의에 의해 자신의 존립 근거를 외부에 의존하지 않는 자족적 존재를 가리키기 때문이다.

둘째로 茶山은 감정이나 의지가 없는 비인격적 존재인 <理>를 지고의 원리로 삼아서는 우주간의 일이나 인간의 일을 제대로 설명하기가 어렵다는 점을 들어 비판한다.

그는『천주실의』와 이 점에서 그 맥을 같이하고 있다. 理가 주재성을 갖지 못하는 이유를 그들은 이렇게 말하고 있다.

대지 理란 것은 어떤 물건인가? 애증과 희로의 감정이 없으며 텅 비고 아득하여 지각도 형체도 없는 것이다.[25]

하물며 텅 비고 아득한 太虛一理로써 천지만물의 주재와 근본을 삼으니 천지간의 모든 일이 어찌 다스려지겠는가?[26]

어찌 텅 비어(虛) 존재하지 않는(無) 천한 것이 그런 근원에 해당된다고 하겠습니까?[27]

---

24)『全書』四,「孟子要義」, 543쪽. "理者, 本是玉石之脈理. 治玉者, 察其脈理. 故逐復假借以治爲理. … 此皆治理之理也. 曷嘗以無形者爲理, 有質者爲氣. "

25) 위의 책, 568쪽. "夫理者何物? 理無愛憎, 理無喜怒, 空空漠漠, 無知無體."

26) 위의 책, 같은 쪽. "太虛一理, 爲天地萬物主宰根本. 天地間事其有濟乎?"

理는 애증과 희로가 없으며 의지나 감정 등 인격이 있는 존재가 아니다. 단지 그것은 무형한 것일 뿐이며, 이름도 형체도 없는 텅 비어 있는 것이다. 茶山은 그러한 <理>에서는 주자학의 이기설에서 말하는 무형한 이치(태극)를 알맞게 나타낼 수 없다는 것이다.[28] 그는 주자학의 <理>를 비판하여 "理란 본래 지각이 없고 위엄이 없는 것인데 무엇을 경계하고 조심하겠느냐"[29]고 반문한다. 더구나 우리 인간이 이러한 천리로부터 천명의 성을 받아들이는 일은 이치에 전혀 맞지 않는다.

셋째로 그는 <理>에는 인격적 주체 의미가 없기 때문에 가치판단의 궁극적 근거로서 행위를 강제할 수 없다고 하였다. 즉 인간의 선악을 살펴 죄를 주기도 하고 상을 주기도 하는 그러한 존재를 상정하지 않고서는 인간으로 하여금 선을 행하고 악을 멀리하게 하기는 어렵다는 말이다.[30]

理는 세상을 다스리는 존재가 될 수 없으므로, 인격적인 주재천을 그는 말하고 있다. 종래의 주자학자들은 天의 의미를 理라는 실체의 개념으로 표현하여, 도덕적 가치의 근거로서의 天과 자연법칙으로서의 天을 구별치 않고 사용해 왔다. 그것은 그들이 사실상 天보다는 理라는 궁극적 실재에 더 깊은 관심을 기울인 결과이다. 그러나 茶山은 이 理에서 理念性과 實體性을 동시에 脫殼시킨다. 그는 理보다는 天에 궁극적 관심을 기울였으며, 하느님(上帝)으로부터 윤리적 실천의 근거를 도출하고자 한다. 그러므로 그는 주자

---

27) Matteo Ricci, 앞의 책, 70쪽. "奚可以虛無之賤, 當之乎?"
28) 崔東熙, 1988, 앞의 책, 169쪽.
29)『全書』四,「中庸自箴」, 183쪽. "理本無知, 亦無威能, 何所誡而愼之?"
30)『全書』六,「論語古今註」, 79쪽. "日監在玆, 以之福善禍淫, 亦天命也." 비교(cf.), "심중에 스스로 이르기를 천주께서는 복도 내리지 아니하시며 화도 내리시지 아니하시리라 하는 자는 벌하리니"(스바냐書 1:12 下).

학의 無神論的 世界觀에서 본원유학이나 서학의 有神論的 世界觀
에로 방향 전환을 모색하고 있다.

천주학자 Ricci는 인격적 초월신을 강조하는 기독교 입장에서 무
신론적인 주자학의 세계관을 열심히 배격하지 않을 수 없었다. 茶
山의 이기론은 다음과 같이 그러한 Ricci의 견해와 비슷하다.

먼저 Ricci의 견해를 듣고 그 다음에 茶山의 말을 들어보자

> 태극을 理라고만 해석한다면 천지 만물의 근원이 되지 못합니다.
> 대개 理는 의지해서 존재하는 종류의 것이니 스스로 설 수 없습니
> 다. 어찌 다른 물건을 세울 수 있겠습니까?[31]
>
> 氣는 스스로 존재하는 것이며, 理는 의지하여 붙어 있는 것이다.
> 의지하여 붙어 있는 것은 스스로 존재하는 것에 의지해야만 한다.
> 그러므로 氣가 발하면 곧 理가 있게 된다.[32]

茶山이 理는 물질에 의지하여 존재하는 물질의 속성이며, 오직
물질만이 스스로 존재하는 것이라고 생각한다. 그는 氣와 理를 스
스로 존재하는 것과 의지하여 존재하는 것으로 나누어 이해하고
있다. 氣는 스스로 존재하는 사물이요, 理는 그 속성이라는 입장에
서 李珥 (栗谷 1536~84)의 氣發理乘一途說을 지지하지만[33] 그러

---

31) Matteo Ricci, 앞의 책, 76~77쪽. "若太極者止解之以所謂理, 則不能爲天
地萬物之原矣. 蓋理亦依賴之類, 自不能立, 曷立他物哉?"
32) 『全書』四,「中庸講義」, 365쪽. "盖氣是自有之物, 理是依附之品. 而依附
者, 必依於自有者, 故纔有氣發, 便有是理."
33) 위의 책, 같은 쪽. "然則謂之氣發而理乘之." 율곡의 이기론의 요점만을
정리하여 말한다면 "氣가 일어남에 理에 타지만, 한 길을 간다"라는
'氣發理乘一途說'이다. 그는 이발(理發)을 부정하기 때문에 기발이승으
로서 존재 구조의 형식을 삼는다. 기발이승이란 氣 위에 理가 올라탄
상하의 존재 구조이다. "氣가 일어남에 理에 탄다"고 할 때, 기발과 이
승은 동시적이다. 또 공간적으로도 이합(離合)이 없다. 본래부터 하나
로 있는 묘합 구조를 기발이승이란 말로 표현한다. 율곡은 자연이나

나 그는 위에 있는 예에서처럼『천주실의』에 나오는 Ricci의 관점과도 거의 일치한다.

그는 하느님(상제)을 天과 동일한 존재의 다른 존칭으로 보고 있다. 그는 天과 上帝를 일치시키는 이유를 이렇게 말하고 있다.

> 하늘의 주재자가 하느님(上帝)이다. 하느님(上帝)을 하늘(天)이라고 하는 점은 마치 나랏님(왕)을 나라(國)라고 호칭하는 경우와 같다.[34]

나라의 나랏님이 계시듯이 하늘의 하느님이 계신다는 말이기도 하다. 중세에 "짐(군주)은 곧 국가이다"라는 말에서 보듯이 하늘(天)이라는 말이 하느님(상제)과 같이 쓸 수 있는 이름이라고 말한 것이다.

여기서 우리는 "하늘(天)의 주재자가 하느님(上帝)이다"라는 그의 말에 더 깊은 관심을 가져야 한다. 그에게서 이는 본원유학과 서학에서 온 말이기 때문이다. 천주학자 Ricci는『천주실의』서문에서 "나라에도 主가 있는데 천지에 홀로 계신 主가 없겠습니까?"[35] 라고 반문하고 있다. 하느님(상제)은 세계를 지배하고 명령하는 지위에 있고 그 역할을 하고 있는 존재이다.

인간 세계를 막론하고 일체 존재 구조를 기발이승으로 일관하여 설명한다(황의동, 1995,『한국의 유학사상』, 서광사, 214쪽).

34)『全書』四,「孟子要義」, 568쪽. "天之主宰爲上帝. 其謂之天者, 猶謂王爲國." 또는『全書』八,「春秋考徵」709쪽. "謂帝爲天, 猶謂王爲國." 비교 (cf.), Matteo Ricci, 앞의 책, 90~91쪽. "比此天地之主, 或稱爲天地焉."

35) Matteo Ricci, 앞의 책, 23쪽. "邦國有主, 天地獨無主乎?"

Ⅲ. 天主로서의 天

서학은 선조 이후 조선으로 도입된 한역 서양서적과 서양과학 기술문명을 뜻하는 한편, 그것을 자료로 하는 서양 및 그것에 대한 연구를 뜻한다.[36] 이 용어가 처음 사용된 것은 明末·淸初에 중국에서 포교활동에 종사하던 예수회(Society of Jesus) 소속의 천주교 선교사들이 서양서적을 한문으로 번역 간행하면서 나온 말이다. 특히 조선 서학자들에게 가장 주목되고 있는 천주학 서적은 Ricci 의 『천주실의』라고 할 수 있다.

예수회 선교 정책은 補儒論(Accommodation of Christianity to Confucianism)이라고 일컬어지고 있다. 보유론의 핵심은 유학의 이론이 기독교의 교리와 흡사함으로 양자는 서로 이해할 수 있다는 것이다. 그러므로 유학이 기독교를 배척할 근거가 없고 수용(그리고 그들의 입장에서는 전교)할 수 있다는 것이 그 요지이다. 천주학자들이 기독교와 서로 공존할 수 있다고 본 점은 본원유학에서이다. 따라서 그들은 주자학을 비판한다.

> 하늘을 바라볼 때 누구라도 가만히 있을 수 없어 자탄하여 말하기를 "그 가운데는 반드시 主宰者가 있다. 바로 天主이다"라고 할 것입니다.[37]

---

36) 제1부 제2장 참조.

37) Matteo Ricci, 앞의 책, 47～48쪽. "觀天之際, 惟不默自嘆, 曰: '斯其中必有主之者哉, 夫則天主'." 그는 주자학자들에게 神의 존재에 대한 믿음을 갖게 하기 위한 목적으로『天主實義』를 저술하면서, 그 책의 많은 부분을 중세 유럽의 Thomism의 전통으로부터 神이 존재한다는 일련의

> 옛적의 군자는 상제를 공경하였다고 들었습니다. 그러나 태극을
> 섬긴다는 말은 못 들었습니다. 만약에 태극이 만물을 주관하는 시조
> 라고 하면 고대의 성현은 왜 이와 같은 논법을 말하지 않겠습니
> 까?[38]

『천주실의』를 편찬하면서, Ricci는 천주교의 중요한 개념, 특히 기독교의 하느님<天主>를 바로 유교의 경전 속에 등장하는 <天>이나 <上帝>와 동일한 존재로 본다는 기본 전제를 하고 있다.[39] 인격의 의미를 띠고 있는 <天>이나 <上帝>에 대한 제사와 숭배의 사상이 드러나고 있는 고대 중국 본래의 유교사상은 기독교의 하느님 경배와 본질적으로 다르지 않다고 말함으로써, 유학적 문화 전통을 일단 긍정적으로 평가하는 대담한 접근을 시도하고 있다.

천주학자 Ricci는 한편 유교와 기독교 사상 사이의 근원적인 동일성을 강조하면서도, 또 다른 한편 주자학의 이기론에 의한 태극·음양·오행으로 설명되는 무신론적 세계관을 근본적으로 부정해 버리고 있다. 그는 후대의 유학사상인 주자학에 합류한 이교사상(불교와 도교)에 물들어 무신론적 특성이 있게 되었다고 주장한다.

그래서 Ricci는 태극을 理라고 해석함으로써 천지만물을 理氣로

무미건조한 논리적 주장을 인용하여 전개하였다. 그에게 그토록 자명하게 생각되는 유신론증이 중국인이나 조선인에게는 반드시 그렇지 않았던 것이다(Donald Baker, 앞의 책, 67쪽). 따라서 茶山은 神의 존재에 대해서는 적극적인 관심을 표명하지 않았다. 다만 그는 도덕적 사유에 근거로서 그 존재를 영명한 주재자로 상정하고 있다.

38) 위의 책, 73~74. "但聞古先君子, 敬恭于天地之主宰, 未聞有尊奉太極者. 如太極爲主宰萬物之祖, 古聖何隱其說乎."

39) 위의 책, 87쪽. "歷觀古書, 而知上帝與天主, 特異以名也." 특히 Ricci는 16세기 말과 17세기 초에 동양과 서양이 만나는 전선(front)에 서서 서양의 문물을 동양에 소개하고 중국의 문화를 서양에 소개하였으며, 유교와 기독교를 조화시켜 중국에 기독교를 정착시키기 위해 노력하였다.

설명하려는 이기설에 대해서도 결정적인 비판을 시도하였다. 그는 理 혹은 태극이 만물의 근원이 될 수 없다고 말한다. 理는 본래 실체가 아니고 속성이기 때문에 결코 다른 사물의 근본이 될 수 없고 오히려 그것이 다른 사물에 의존한다는 것이다.[40) 또한 그는 氣가 四行 중의 하나이고 이 氣가 음기와 양기로 갈라져 있을 뿐이라고 한다. 그는 이러한 태극의 개념을 홀수(양)와 짝수(음)의 형상(form)을 취한 것이라 하여 태극과 함께 음양의 개념을 실재가 아니고 형식이라 규정하는 입장을 보인다.[41)

茶山도 이처럼 『中庸講義』의 첫머리에서부터 "하늘(天)이 음양오행으로 만물을 형성(化生)할 때, 氣로 형태를 이루면 理 또한 여기에 부여한다"[42)는 주자의 음양오행설과 이기론을 비판적으로 검토하고 있다. 음양의 氣에 대해서도 주자학자들은 사물의 재료라 하여 우주자연의 현상적 존재를 구성하는 것으로 생각하지만, 그는 음양을 햇볕의 양지와 음지 정도로, 氣 역시 인간의 혈기라는 의미가 강한 것으로 생각한다. 그에게서 <陰陽>은 빛과 그늘의 경우처럼 서로 상대되는 형식이지 형체나 성질이 있는 것은 아니라고 밝힌다.

그는 <五行>에 대해서도 유학에서의 水·火·木·金·土가 아니라, 서학에서의 경우처럼 天(氣)·地(土)·水·火의 四行이 만물의 요소라고 한다.[43) Ricci는 불(火), 공기(氣), 흙(土), 물(水)의 네 요

---

40) 위의 책, 76~77쪽. "蓋理亦依賴之類, 自不能立, 曷立他物哉?" ; 『全書』四, 「中庸講義」, 365쪽 참조

41) 위의 책, 74쪽. "不過取奇偶之象言" 홀수의 형상을 양(─)이고, 짝수의 형상은 음(─)을 말한다. 그는 짝수나 홀수는 독립적·추상적으로 존재하는 것이 아니고, 구체적인 사물들 속에 깃들어 있다고 보고 있다.

42) 『全書』四, 「中庸講義」, 238쪽. "朱子曰: 天以陰陽五行, 化生萬物. 氣以成形, 理亦賦焉."

43) Ricci는 유학의 오행설에 대하여 서양의 四元行說로 마주 세웠다. 그는

소를 말하고 있기 때문이다. 그는 Ricci의 四行說을 수용하고 있다.

> 세상의 모든 만물은 불(火), 공기(氣), 물(水), 흙(土)이라는 네 원소(四行)가 서로 결합하여 생성되지 아니하는 것이 없습니다.[44]

그러나 四行에 대한 준거에는 차이가 있다. Ricci는 고대 희랍의 Empedokles(495~425)가 공기(氣), 물(水), 불(火), 흙(土)을 만물의 뿌리라고 주장한데 근거를 두고 있다. 茶山은 "오직 복희의 팔괘에는 원래 四正 四偏이 있는데 天·地·水·火는 정방의 괘이며, 바람(風)·우뢰(雷)·산(山)·못(澤)이란 편기의 괘이다. 하늘(天)·불(火)이 서로 합하게 되면 바람(風)·번개(雷)가 생기고 물(水)·흙(土)이 서로 교착되면 산과 못(山澤)이 이루어지는데 이것이 변화하고 생육하여 만물이 생기게 된다"[45]는 것이다.

그는 오히려 역학의 <4정괘>(건곤감리)에 기본구조로서의 의미를 부여한다. 이것은 하늘(건) 땅(곤) 물(감) 불(리)의 물질을 가리키고 있기 때문에, 서학의 <4원소>와 비교하면 그 준거와 의미는 다소 차이가 있다. 그러나 이 4원소(四行)의 문제는 그에게 있어서 주자학의 오행설을 극복하는 사유 형식으로서 중요시되었다. 결국

『四元行論』이라는 책을 저술하여 오행설의 오류를 지적하고, 원소에는 물(水), 공기(氣), 불(火), 흙(土)의 네 가지가 있다는 당시 서양의 元素說을 소개한다. 서양의 4원소설은 Empedokles가 제안한 것으로, 이것을 Aristoteles가 받아들임으로써 정설이 된다. 그런데 茶山은 天(氣)·地(土)·水·火라는 말로 옮겨 놓는다. Ricci에게서 氣는 서양적 관념에서의 공기(air)이다. 茶山은 사원소설에 의거하여 말하고 있지만, 주기론자의 입장에서 氣를 생각하고 있다.

44) Matteo Ricci, 앞의 책, 105쪽. "凡天下之物, 莫不火氣水土四行, 相結以成."
45) 『全書』四, 「中庸講義」, 239쪽. "伏羲八卦, 原有四正四偏. 天地水火者, 正方之卦也. 天火相合, 以生風雷. 水土相錯, 以成山澤. 變化蒸育, 以生萬物."

주자학의 자연관이 가진 기본구조를 벗어나는 것이고, 그 만큼 천주교 교리와의 연결 가능성이 높아지는 것이라 할 수 있다.[46]

주자학의 氣는 理에 의존하고 있는 실재이지만, 그는 氣가 자주적·독립적 실재임을 분명히 하였다. 그러나 茶山은 理를 앎도 애증도 희락도 없고 형체도 없는 것이라 한다. 따라서 理는 아무런 지각도 위엄도 없는 것이라고 한다.[47] 理와 氣는 상호 의존적인 실재가 아니다.

이러한 주장을 바탕으로 茶山은 주자학의 대전제인 <性卽理>를 가능하게 하는 理氣論의 구도를 해체하면서, 그 당시에 正學이었던 "天理로서의 天"을 부정적(negative)으로 비판하고, 邪學이었던 "天主로서의 天"을 긍정적(positive)으로 수용함으로써, 하느님(上帝) 사상을 근본으로 하는 새로운 세계관을 "上帝로서의 天"으로 제시하였다.

Ⅳ. 上帝로서의 天

茶山은 송대의 새로운 유학을 집대성한 주자의 이기론이 공맹 본래의 유교의 참 모습을 그대로 전해 주지 못하고 있다고 생각한다. 이에 따라 그는 본원유학을 다시 한번 들여다 볼 수 있게 해준다. 옛 경전 속에는 이미 상제와 천의 관념이 인격과 감정을 가진 궁극의 최고·절대로 표현되어 있기 때문에, 그는 본원유학의 이

---

46) 琴章泰, 1989, 앞의 책, 182쪽.
47) 崔東熙, 1988, 앞의 책, 176쪽.

러한 본의를 회복시키려 한다.[48] 그는 본원유학에로의 복귀를 내세우며,『詩經』·『書經』등의 유학의 경전에 대한 올바른 해석을 통해 '天'의 본래적인 의미가 인격적인 하느님(上帝)이었다는 것을 논증하고 있다.

상고시대의 多神思想은 가장 우위에 있는 최고의 神(god)을 상정하는 一神思想의 경향으로 발전하였으며, 특히 夏商 이후 그것은 만물을 주재하는 의미의 天帝 관념을 낳기에 이르렀다.[49] 은나라의 神인 상제 개념이 周代의 天 개념으로 변천되고, 주나라는 인문 문화를 숭상하던 선진유학의 기풍 속에서 '상제가 인격신'이라는 개념이 상당히 탈색되고 道義天으로 전환되었다. 그렇다고 해서 인격신의 상제 개념이『시경』또는『서경』이나 공자의 사상에서 완전히 사라졌다고는 할 수 없으며 도덕천의 개념과 혼용되어 사용된다.

고대인들에게 天은 인간의 모든 일뿐만 아니라 우주만물을 운행하고 주재하는 인격적이고 절대적인 상제 관념으로 이해되었다. 고대문헌에서는 상제라는 말 이외에도 皇天, 昊天, 旻天, 上天 등의 호칭으로도 많이 쓰였다.[50] 이러한 개념들은 모두 다 天을 하나의

---

48)『全書』四,「中庸講義」, 277쪽. "古人實心事天, 實心事神."

49) 馮友蘭, 앞의 책, 47쪽. 중국 은왕조의 유적에서 발견된 갑골문자에 이미 '帝'자가 있다. 이 관념은 대개 당시 사람들이 경외하는 바의 神的인 대상을 가리킨다. 서주 초기에 '天'과 '帝'의 두 개념이 결합하여 至高神의 의미를 갖춘 뒤, '帝'자는 거의 主宰의 뜻으로 사용되었다. 金忠烈, 1994,『中國哲學史』, 예문서원, 120~121쪽을 참조. 상대의 王과 일반 사람들은 帝를 유일신처럼 생각했으며, 이를 상제라고 표현하기도 하였다.

50)『詩經』에서 <天>을 풀이하여 높여서 임금으로 쓰면 皇天, 원기가 광대하다는 뜻으로 쓰면 昊天, 사랑으로 덮고 백성을 불쌍히 여긴다는 뜻으로 쓰면 旻天, 위로부터 아래까지 감시한다는 뜻으로 쓰면 上天이라 하였다.

인격적 주재자로 이해하였음을 보여 준다. 상제는 만물 위에 있어 주재하고 또 언제나 공평무사한 마음으로 사람들의 행위를 살펴서 그들에게 화복을 내린다는 뜻으로 이렇게 이름지은 것이다.[51]

『서경』이나 『시경』에서도 天을 인격적이고 주재적인 존재로 표현하고 있다. 특히 『서경』에서는 만물을 다스리고 심판하는 인격적 최고 존재로서의 의미를 가지는 '上帝'라는 말이 30번 이상이 나오고 있다. 공자 이전의 문헌에서는 '帝', '上帝', '天' 등이 혼용되었으나, 공자 이후 사서에서는 '帝', '上帝'보다는 '天'자가 더 많이 사용되고 있음을 볼 수 있다.

그런데 '帝', '上帝'라고 할 때는 주재의 뜻이 있는 반면에, '天'이라고 하면 자연현상에 가까운 하늘로 더 받아들인 것이다. 이러한 天의 사상을 茶山은 받아들여 개진하고 있다.

본원유학의 天觀은 대체로 공자의 생각을 따르고 있다. 공자에게 天은 이 세계의 주재자이며 이 세상의 모든 일, 즉 자연 현상이나 인간의 생사화복 등은 다 天의 뜻에 따라서 일어나는 것이다. 이러한 天은 절대적인 권위를 가진 인격적인 존재로 만물의 지배자이다. 天은 인격적인 존재이므로 자기의 뜻에 따라 순종하는 자에게는 복을, 자기의 뜻에 거슬리는 자에게는 화를 그 대가로 주는 그러한 존재이다.[52]

결국 도덕적으로 행동을 한 사람에게는 복을 내리고, 반대로 부도덕한 행동을 하는 사람에게는 화를 내린다. 이처럼 화나 복을 내리는 것은 天이다. 여기서 인간이 해야 할 일은 어떻게 행동하면 天의 뜻에 합당하게 행동하여 화를 피하고 복을 받을 수 있을까?

---

51) 李成春, 1995, 『茶山 丁若鏞의 天思想 研究』, 圓光大大學院 博士學位論文, 6쪽.
52) 崔道熙, 1995, 「荀子의 人間觀」 『인문과학논총』 제27집, 건국대 인문과학연구소, 125쪽.

하는 점이 언제나 관심사가 된다. 그러므로 유학에 있어서 天은 道義的인 天이다.

공자의 天은 의지가 없는 자연법칙의 <天>이 아니라 인격이 있는 주재자로서의 <天>의 모습을 보여준다.53) 중국철학자 풍우란도 "『論語』 가운데 공자가 말하는 天은 모두 主宰의 天이다"54)라고 하였다.

> 슬프다 하늘(天)이 나를 버렸구나! 하늘(天)이 나를 버렸구나!55)
>
> 나에게 잘못한 바가 있다면 하늘(天)이 나를 버리리라.56)
>
> 하늘이 무슨 말을 하는가? 四時가 운행되고 온갖 만물이 생장하는데, 하늘이 무슨 말을 하겠는가?57)

여기서 원망한다(怨)느니 낳는다(生)느니 버린다(喪)는 말들은 모두 자동사가 아니고 타동사라고 할 때, 역시 공자는 인간 이외에 어떤 대상이 있다는 점을 전제로 하고 있음을 알 수 있다.58) 이를 통해서 미루어 보면, 공자에게 天은 인격적인 天으로 이해되고 있음을 알 수 있다. 그러나 이 天은 단순히 공포의 대상이거나 인간

---

53) 金能根, 1988, 『儒敎의 天思想』, 崇實大出版部, 35쪽.

54) 위의 책, 55쪽.

55) 『論語』 二, 1990, 學民文化社, 332쪽.「先進」, "噫! 天喪予! 天喪予!"

56) 『論語』 一, 1990, 學民文化社, 507쪽.「雍也」, "予所否者, 天厭之, 天厭之." 茶山은「論語古今註」에서 "만일 공자가 남자(위령공의 음탕한 부인)를 보지 않는다면, 이는 반드시 仁義를 손상하여 하늘의 마음을 몹시 어기는 일이 되므로 공자가 이렇게 말한 것이다"라고 주석을 하고 있다.

57) 『論語』 三, 1990, 學民文化社, 371쪽.「陽貨」, "天何言哉? 四時行焉, 百物生焉, 天何言哉?" 茶山은「論語古今註」에서 "天道로 증험하여 보면 日月星辰이 운행하여 사계절이 어긋나지 않고, 風雷雨露가 내려 온갖 만물은 번성하게 되는 법이니, 이 또한 묵묵히 스스로 주재할 뿐이다"라고 주석을 하고 있다.

58) 金能根, 앞의 책, 38쪽.

에게 굴종만을 요구하는 절대자가 아니라, 인간의 성과 덕을 통해 내재하는 존재이다. 공자에게 天은, 한편으로는 주재적이기 때문에 초월성을 지니고 있고, 다른 한편으로는 인간의 성과 덕을 통해 내재성을 드러내고 있다. 그러나 그에게서 귀신의 대한 이해는 종교로부터 떠나 도덕적이고 윤리적인 문제로 전환하고 있다.

공자는 초월적이고 종교적인 天의 관념을 인간의 내면 속의 내재화시켜 도덕적이고 합리적인 원천으로 삼기에 이르렀다. 그의 입장은 옛 경전의 주재적인 天의 관념에 대한 신앙적인 자세를 거부하는 것은 아니었지만, 天을 인간의 초월적 내재자로 보고 내면적 수양을 연결하고 있다. 그를 이은 맹자는 天을 본질적으로 도덕적인 天으로 보았다. 인간의 도덕원리는 또한 天의 형이상학적 원리이기도 하다.

맹자는 인·의·예·지 등 도덕적 관념을 天爵이라고 하는데, 天爵이란 "天이 부여한 작위"라는 의미이다. 그의 주장에 따르면 도덕적 관념은 인간 속에 있는 것이지 후천적인 노력을 통해 경험으로부터 인간 속에 들어온 것이 아니다. 그는 그것을 天에 의한 것이라고 불렀다. 그래서 그는 "만물의 이치가 모두 다 내 안에 갖추어져 있다"[59]고 선언하였다. 이는 내 안에 있는 본성을 잘 계발하고 수양하면 하늘과 합일될 수 있다는 것이다. 그러므로 맹자의 天은 심성의 세계, 내면의 세계로부터 인식되는 天이다.[60] 그는 특히 天의 내재성을 강조하고 있다.

공자나 맹자가 이해하는 天과는 대립되는 天 관념을 주장한 인물이 있는데, 그는 바로 荀子이다. 그는 天을 비인격적이면서 물리적인 자연으로 이해하였다. 그는 하늘과 인간을 철저히 구분(天人

---

59) 『孟子』 二, 1990, 學民文化社, 413쪽. 「盡心」 上, "萬物皆備於我矣."
60) 郭信煥, 1993, 「孟子와 荀子의 天觀」 『思索』 제10집, 41쪽.

之分)하였다. 순자에게 天은 인간의 노력을 강조하기 위해 제기된 자연적 天이었다. 그는 객관적 세계로서의 天과 실천적 주체로서의 인간을 구분함으로써 인간의 적극적인 노력과 실천을 요구한 것이다.[61] 순자는 새로운 天人觀을 제시하여, 天에서 종교적인 성격이나 인격적인 성격을 배제하고, 순수한 자연으로 이해하여 다음과 같이 말하고 있다.

> 天의 운행은 일정 불변하다. (天은) 성인인 요 임금 때문에 존재하는 것도 아니며, 폭군인 걸 때문에 없어지는 것도 아니다. 이에 응하기를 적절하게 하면 길하고, 이에 응하기를 부적절하게 하면 흉하다. 그러므로 근본인 농사를 힘써 짓고 소비와 비용을 절약하면 하늘이 가난하게 할 수 없고, 양육하는 데 필요한 것이 갖추어져 있고 때에 맞춰 움직인다면 하늘이 병들게 할 수 없으며, 도를 수양하여 어그러짐이 없으면 하늘이 화를 내릴 수 없다.[62]

순자의 天은 어떤 권능을 가지고 인간에게 군림하여 화복을 주관하는 존재가 아니라, 우리가 관찰할 수 있는 객관적인 자연으로서의 존재이다. 天은 일정 불변하는 원리에 따라 운행하고 있을 뿐이다. 여기서 天의 主宰性이나 目的性을 인정하는 종교적 성격을 가지는 원시유교의 사상은 찾아 볼 수 없다. 그에게 있어서 天은 인간이 경배하고 순종해야 하는 절대적 존재가 아니라 자연으로서의 天이며, 이와 더불어 적응하며 살아가고 오히려 인위적인 노력을 통하여 이를 활용해야 할 대상으로 간주하고 있음을 우리는 알

---

61) 荀子는 天을 물리적 자연으로 이해함으로써 인간의 적극적 실천력을 추구하였다. 즉 자연을 지배하고 이용하고 개조함으로써 인간이 문화를 발전시켜야 한다는 인본주의적 입장이다.

62) 『荀子讀本』, 1977, 王忠林 註譯, 三民書局, 256쪽. 「天論」, "天行有常, 不爲堯存, 不爲桀亡. 應之以治則吉, 應之以亂則凶. 彊本而節用, 則天不能貧. 養備而動時, 則天不能病. 循道而不貳, 則天不能禍."

수 있다.[63]

　유가는 아니지만 선진시대에 天에 대한 독특한 관점을 제시하는 사상가로 묵자가 있다. 그는 天이란 항상 인간의 활동을 지켜보고 있으며 통치자의 행위를 감시하고 있다고 한다.

> 天은 숲이나 골짜기 속에 한적하고 아무도 없는 곳이라 하더라도 아무 것도 몰래 할 수 없으니 밝게 반드시 보고 있는 것이다.[64]

　그렇다면 天은 무엇을 바라고 무엇을 싫어하는가? 天은 의로움을 바라고 불의를 싫어한다. 그러니 천하의 백성을 거느리고 의로움에 종사한다는 것은 곧 내가 바로 天이 바라는 일을 행하는 것이 된다. 내가 天이 바라는 일을 하면 天 역시 내가 바라는 일을 해준다.[65] 이로써 보면 묵자의 天은 의지와 감각을 가진 완전한 인격신임을 알 수 있다.

　茶山은 일종의 유학적 유신론의 형태로 간주될 수 있는 세계관을 창안하였다. 그는 理의 역할을 격하시키고, 『시경』과 『서경』에 나타나는 다소 인격화된 神(god)인 하느님(상제)에게 그 독립적 지위를 회복시켜 주었다. 그는 젊은 시절에 『천주실의』를 읽었는데, 이 책이 그의 사고에 영향을 주었을 것이다. 그는 주자학이 理를 경전에서의 神(god)과 동일시하는 것은 유학의 본래의 가르침을 왜곡시킨 것이라는 Ricci의 비판에 따랐기 때문이다.[66]

　아무튼 간에 茶山의 이러한 상제사상에는 기독교의 세계관과 상통하여 천주교의 영향을 짐작하게끔 하는 부분이다. 그런가하면

---

63) 崔道熙, 앞의 책, 128쪽.
64) 『墨子』「天志」上, “夫天不可爲林谷幽閒無人, 明必見之.”
65) 위의 책, 같은 쪽, “然則天亦何欲何惡? 天欲義而惡不義. 然則率天下之百姓以從事於義, 則我乃爲天之所欲也. 我爲天之所欲, 天亦爲我所欲.”
66) Donald Baker, 앞의 책, 80~81쪽.

유가의 전통과 경전의 주석에 의거하여 서학의 세계관과 연결 지을 수 없거나 서로 용납할 수 없는 듯이 보이는 요소도 그에게 있어 보인다. 다산은 하느님(상제)을 섬기는 일을 퍽 강조하지만, 그는 유학의 人本主義 입장에 서 있기 때문에 원죄설이나 구원관·내세관이나 기도와 같은 기독교의 神本主義의 중요한 교리들이 들어갈 자리가 없다.67) 다만 인간은 하느님(상제)으로부터 천명을 부여받아 인간답게 살 수 있는 원리를 말하고 있을 따름이다.

그가 理의 절대성·궁극성을 부인하고 그 대신 하느님(上帝)을 신앙한 일은 얼핏보면 한낱 인간을 神(god)에 예속시켜, 주자학에서보다 인간의 주체성을 더 감소시킨 것으로 보일지 모른다. 그러나 사실은 그렇지 않다. 그는 하느님(上帝)이 인간에게 자주의 권능을 부여했다고 하기 때문이다. 그는 인간을 각기 천명으로 해서 다같이 누구나 이 우주(세계)에서 자기의 의지로 자신의 인생을 개척해 갈 수 있게 된 존재로 본다.68)

서학의 세계관은 현상계를 초월하여 이 세계를 주재하고 보살피는 하느님(천주)이 계셔서 그 분의 의도와 목적에 의하여 천지만물이 창조·생성되고 발전하여 그 목적을 완성하는 것이다. 그것은 초월적인 하느님(천주)에 의한 목적론적 추구라고 할 수 있다. 그러나 주자학의 세계관은 이기론에 따른 태극·음양·오행에 의하여 조화·생성되고 발전하여 순환하는 것이다. 그것은 인간이 내재적

---

67) 茶山의 인본주의는 "오직 인간만이 하느님(상제)의 명을 받았다"는 그러한 뜻을 가지고 있을 뿐이다. 말하자면 서양의 인본주의·인문주의에서처럼 인간을 세계의 중심으로 간주하고 인간의 행복이 모든 사물의 목적이라고 하는 인간 중심적(anthropocentric) 사고는 아니다. 물론 기독교의 神 중심적(theopocentric) 사고도 아니다. 그는 유학의 천인합일의 사고에서 결코 벗어나지 않고 있다.

68) 尹絲淳 編, 1990, 『丁若鏞』, 高麗大出版部, 21쪽.

인 天(천리)에 의한 도덕론적 추구라고 할 수 있다.

　이러한 주자학을 비판하면서도 茶山의 세계관은 기독교의 세계관보다는 유학적 관점과 거의 유사한 부분을 지니고 있다. 그의 세계관은 초월적(주재성)이고 내재적(영명성)인 하느님(상제)의 인격성에 의한 인간론적 추구라고 할 수 있다. 그는 동양인으로서 인본주의의 유신론적인 이해를 하고 있다. 왜냐하면『중용』은 神(god)을 第一義的으로 다루고 있는 경전은 아니며, 人道에 중점을 두는 인간 수양의 경전으로 茶山은 이해하려고 한다.

　　　주자는 장구의 끝에서 天道와 人道를 차례로 말하고 있으나,『中庸』이라는 책은 천명에 근본하고 있다고 하더라도 그 도는 바로 인도이다.[69]

　그의 주안점은 神(god)이 아니며 바로 인간이다. 천도를 말한다고 하여도 그것은 어디까지나 인도를 위한 천도이다. 그것은 天(상제)이나 神(god)을 위한 것이 아니다. 여기에 茶山의 인문주의·인도주의의 색채가 그 상제사상의 바탕을 이루고 있음을 알 수 있다.[70]

　그의 상제사상은 또한 그 당시 시대정신의 표출이라 할 수 있다. 이런 점에서 상제사상을 이해하는데 있어 서학의 영향을 간과할 수 없다. 그 당시에 그의 天에 대한 이해는 분명히 주자학의 흐름을 역행하고 있으며, 이러한 역행이 단순히 경전의 고증에서 오로지 본원유학의 天 관념에서만 나왔다고 보기는 어렵다.

　특히 天은 神(god)의 세계에 속하고 인간은 鬼로서 한정지어 귀

---

69)『全書』四,「中庸講義」, 356쪽. 朱子於諸章之末, 歷言天道人道. 然中庸一書, 雖本之天命, 而其道則皆人道也."

70) 鄭炳蓮, 앞의 책, 77쪽 참조. "君子之學, 始於事親, 終於事天"(『全書』四,「中庸講義」, 280쪽).

신과 혼동되거나 일치되지 않는다는 그의 <神> 개념은 유학 전통
으로부터 천주학에로 옮겨간 점이라 할 수 있다.[71] 오히려 서학의
영향이 茶山에게 이러한 관점을 제공하였다고 보는 것이 타당하겠
다. 우리가 주목하는 점은 그의 天 관념을 말할 때 서학의 유신론
적 유일신의 의미가 다분히 함축되어 있다는 사실을 부인할 수 없
다는 것이다.

---

71) 琴章泰, 앞의 책, 184쪽. 『中庸』을 통해 나타나는 茶山의 경학체계는
    사실상 천주교 교리와 유학 이념의 일치를 모색하고 있다. 이러한 입
    장은 이벽, 이승훈, 정약용 등 초기 信西派의 사상적 기본 성격을 보여
    주는 것이다.

제2장

상제의 속성

전통적으로 신학은 神(god)과 피조물과의 관계에 있어서 神(god)이 가진 성격을 그의 屬性(attributa)이라고 불렀다.[1] 그리고 神(god)이 가진 성격을 피조물에게 전할 수 없는 그의 고유한 非共有的 屬性(incommunicable attributes)과 神(god)과 피조물이 서로 전할 수 있는 共有的 屬性(communicable attributes)으로 둘로 나누어 말하였다.[2]

茶山은 하느님(上帝)의 속성을 크게 주재성과 영명성, 이 둘로 나누고 있는 셈이다. 영명성(내재성)은 그가 지각과 인식의 능력(intelligence)을 가지고 있다는 의미이고, 주재성(초월성)은 그가 의지를 지니고 우주만물을 다스리는 권능(sovereignty)을 가지고 있다는 의미이다. 그의 주재성은 비공유적 속성으로서 이것은 인간에게 양도하지 않는다. 그러나 그의 영명성은 上帝, 人間, 그리고 鬼神의 공유적 속성으로서 이것은 인간과 귀신에게 양도하고 있다.

---

1) 金均鎭, 1990,『基督敎組織神學』제1권, 延世大出版部, 300쪽.
2) Louis Berkhof, 1969, *Manual of Christian Doctrine*, (Michigan; Grand Rapids), 62쪽이나 65쪽.

> 天의 영명은 인심과 바로 통하니 아무리 숨겨져 있더라도 살피지 않는 게 없고, 아무리 미세하더라도 밝히지 않는 게 없다.[3]

神(god)의 속성에 대하여 논한다는 것은 하나의 사변이 아닌가? 어떻게 神의 여러 가지 성질을 말할 수 있다는 말인가? 茶山에게서는 Thomas Aquinas(1225~1274)나 Ricci의 神認識論의 틀에서 벗어나 있지만, 하느님(上帝)의 속성에 대한 고찰은 불가피하다. 그것은 그가 인격적인 神을 전제로 하고 있고, 그의 의도가 어디까지나 윤리적인 목적에 있다고 볼 수 있기 때문이다. 그래서 하느님(상제)은 인간 사회의 모든 것을 다 알고 다스리며, 또한 감시하고 있는 존재이다.

茶山은 중용해석에서 하느님(상제)을 형체도 없고, 보이지도 않고, 들리지도 않는 존재로 규정하고 있다. 그럼 보이지 않고 들리지 않는 존재인 하느님(상제)이 인간에게 어떻게 드러나는가? 그것은 하느님(상제)이 가지고 있는 영명성에 의해서 인간과 연결된다고 그는 본다. 그는 하느님(상제)이 부여해 준 영명성을 통하여 인간이 하느님(상제)의 존재를 깨닫는다고 한다.

그러므로 영명성은 인간과 하느님(상제)의 만남을 가능케 하는 속성이고, 주재성은 인간과 하느님(상제)의 위상(status)의 한계를 짓는 속성이다.[4]

---

3) 『全書』 四, 「中庸自箴」, 184쪽. "天之靈明, 直通人心. 無隱不察, 無微不燭?"

4) 李海英, 1991, 「丁若鏞의 中庸解釋에 關한 研究」 『退溪學』 第三輯, 3쪽. 또는 『茶山實學思想論文選集』 四, 211쪽.

I. 主宰性

이 <主宰>라는 말은 주자학에서도 써 왔기 때문에 좀 미묘한 어감을 지니고 있다. 주자학에서는 주재라는 표현을 쓰면서 茶山과는 그 뜻을 달리하고 있다. 주자는 理를 모든 현상의 존재 근거로서의 <주재> 능력을 가진 것으로 궁극적으로 <天命>이나 <太極>과 같은 것이라 생각하였다.[5] 그는 天이 쉬지 않고 운행하는 근거로서 주재를 말하고 있다. 여기에서 天의 주재는 자연스럽기 때문에 인위적인 의지가 없다. 곧 주재란 어떤 의지적인 존재가 두루 다스린다는 뜻이 아니고, 어떤 理法이 만물을 지배한다는 뜻이다. 그러나 茶山에게서 理는 주자학자들이 주장하는 氣의 주재로서의 측면이나 궁극적 원리로서의 측면이 없다. 그러한 측면들은 하느님(상제)에게 다 귀속되어 있다.

주자는 우주의 조화와 주재에 대하여 설명할 때, 天을 <理> 또는 <太極>이라고 하여 이를 궁극적 존재로 설정하고, 만물의 생성을 음양오행으로 설명하였다. 즉 태극은 형체가 없는 점으로 보아 無極이라 하고, 태극에 動靜의 작용이 있어 음양 二氣를 생하고 음양 二氣가 서로 원기 왕성하게 교감하여 水·火·木·金·土의 오행을 생성하고, 오행은 만물을 생성한다는 것이다.

---

5) 朱熹, 1998,『朱子語類』一, 청계, 107쪽.「理氣」上, "帝是理爲主." '主宰하다'의 의미는 理를 위주로 한다는 뜻이다. 주자에 있어서 우주 만유의 근원인 태극은 곧 '理'로 대치된다. 그러므로 그에 있어서 천명은 곧 궁극적인 태극의 理로 파악되고, 天이 화생만물한다는 것은 곧 천리의 운행을 가리킨다(安晋吾, 1984,「茶山學과 朱子學의 相異考」『茶山學報』6, 99쪽 ;『茶山實學思想論文選集』三, 435쪽).

> 性은 곧 理이다. 天이 음양오행으로 만물을 형성(化生)할 때, 氣로
> 형태를 이루어 주고 理가 또한 거기에 부여된다. 이렇게 理가 부여
> 되는 점이 마치 명령과 같다. 사람과 사물이 태어남에 각기 부여받
> 은 바의 理를 얻음으로 인하여 健順·五常의 德을 삼으니 이른바
> 性이라는 것이다.[6]

주자의 세계관은 대립적이면서 상호보완적인 두 힘, 즉 음과 양
을 축으로 우주론을 전개하는 『易傳』에서 이해한 틀을 확장시킨
것이다.[7] 자연은 양극적인 힘이 보편화된 장이라는 각성에서 음양
의 사유는 출발한다. 음양은 별개의 두 실질이 아니라, 오히려 동
일한 理 안에서의 힘, 즉 氣의 두 국면이다. 음양이라는 양극적 표
현은 일차적으로 생성과 변화를 밀고 가는 힘의 순환론적 시각의
반영이다. 자연은 서로 대립 보완되는 두 힘, 즉 음과 양이 상호 작
용하면서 역동적 균형을 이루고 있는 것이다.

우주형성의 초기에 음양의 원초적 활동은 비교적 영구적인 구성
물질을 생성시켰는데, 그것이 이른바 다섯 가지 기본물질인 火·
水·木·金·土 즉 오행이다. 이러한 모든 요소들이 서로 결합하
고 영향을 미치는 과정에서 생명이 태어났다. 그리하여 오행은 개
개의 物의 특성을 보다 직접적으로─비록 상징적이기는 하지만─
지시해 주게 된다.[8] 물은 젖어 내려가는 것이고, 불은 타서 올라가
는 것이다. 나무는 둥글게 혹은 곧게 다듬을 수 있으며, 쇠는 주물
을 통해 형태를 만들 수 있다. 그리고 흙은 씨를 뿌려 경작할 수 있
다.[9] 이러한 다섯 가지 물질과 그 특성이 相生과 相剋으로 우주의

---

6) 朱熹, 1990, 『大學·中庸』, 學民文化社, 26쪽. 「中庸章句大全」, "性卽
理也. 天以陰陽五行, 化生萬物. 氣以成形, 而理亦賦焉. 猶命令也, 於是
人物之生, 因各得其所賦之理, 以爲健順五常之德, 所謂性也."
7) 한형조, 1996, 『주희에서 정약용으로』, 세계사, 40쪽.
8) 위의 책, 45쪽.
9) 『尙書古訓』「洪範」, "水曰潤下, 火曰炎上, 木曰曲直, 金曰從革, 土爰

생성과 변화를 이루고 있는 것이다.

이에 대하여 茶山은 음양오행이 우주만물을 생성할 수 없는 것이라고 날카롭게 비판한다. 그는 이기·음양·오행으로 우주에 존재하는 모든 것들을 설명하는 주자학의 세계관 자체를 비판한다. 음양은 실체가 없는 것이고, 오행은 다섯 가지 자연물에 지나지 않으며, 이기는 존재의 궁극적인 요소가 아니다. 그의 경우, 이미 세상의 만물 위에는 <造化>를 주재하는 존재가 있어야 하며, 그것은 지각 등의 양능을 갖춘 인격적 존재이어야 한다는 자신의 생각을 가지고 있다. 그는 천지 만물을 초월하여 존재하는 하느님(상제)이 천지 만물을 생성하고 주재하는 절대자라고 한다.

그는 주자학의 우주만물 생성에 대한 <음양> 개념을 비판하는 데서 출발한다. 그는 음양에 대해서 그것은 다만 빛과 그늘의 경우처럼 밝거나 어두운 상태이다. 그는 <음양>이 양능·조화·영성은 결코 가질 수 없다고 한다. 귀신이란 二氣(음양)의 양능이 아니며, 또한 조화의 자취도 아니다. 이것은 곧 귀신을 양능·조화라고 보는 주자학자들에 대한 비판이기도 하다.

> 귀신이란 진실로 理가 아니다. 그리고 또한 이를 어찌 氣라 할 수 있겠는가? 우리에게는 기질이 있으나 귀신에게는 기질이 없는 것인데 귀신을 二氣의 양능이라 함은 나로서는 믿을 수 없다.[10]

그는 오행으로써 만물의 생성을 설명하는 입장도 부정한다. 이른바 오행이란 水·火·木·金·土를 말한다. 그는 이 오행은 만물

稼種."

10) 『全書』 四, 「中庸講義」, 280쪽. "鬼神固非理也. 亦豈是氣乎? 吾人有氣質, 鬼神無氣質, 鬼神之爲二氣之良能, 臣未之信." "귀신은 理도 아니고 氣도 아닌데 어찌하여 理氣二字를 좌에서 끌어들이고 우에서 인용해야 되는가?"(鬼神非理非氣, 何必以理氣二字, 左奉右引乎?)라고 茶山은 귀신의 존재를 理氣로 설명하려는 점을 전면적으로 부정하고 있다.

가운데 있는 다섯 가지 물질에 불과하므로, 우주를 생성할 수 없다고 하였다. 이것은 董仲舒나 劉向(B.C. 77-6)의 영향을 받지 않고 古訓에 근거한 그의 해석이다.『洪範』에서 표명된 오행은 본시 철학적 우주론적 의미를 띠고 있지 않았다.11)『洪範』에서 오행은 추상적 질료가 아니라, 인간의 삶에 긴요한 이용 가능한 물질이었다.

茶山은 태극을 무형의 理로 보는 점을 반대하는데, 그것은 理를 生成論的 始原으로 보는 점을 비판한 것이다.12) 이는 理를 천지의 주재로 보는 점을 거부하고 이를 자립자(실체)가 아니라 의뢰자(속성)로 해석한 Ricci의 입장과 상통하고 있다.13) Ricci는 태극과 천지의 주재를 혼동할 수 없는 것으로 구분하고 있고, 태극은 천지만물의 근원이나 造化의 주축이 될 수는 없다고 한다. "태극이 천지를 생성하는 실체가 될 수 없다"14)고 그는 강하게 말한다. 태극이 천지를 창조하는 실체가 될 수 없음을 주장한 것이다. 茶山도 주자학에서처럼 태극이 理이며, 궁극적 존재로서 만물을 생성하고 주재하는 근원으로 보는 점을 부인하고 있다.

주재한다는 것은 만물을 다스린다는 뜻이다.15) 원래 주재라는 표현이 이미 어떤 인격적인 면을 전제하고 있다. 주재를 "만물을 두루 다스린다"고 풀이한다면 세계를 다스리는 어떤 인격적인 존재가 반드시 있어야 하기 때문이다. 茶山은 주재라는 말을 어디까지나 "의지적으로 다스린다"는 뜻으로 쓰고 있다. 주재라는 속성의 측면에서 보면 하느님(상제)은 자연현상, 우주의 운행 및 모든 존재를 총괄해서 주재하는 자라고 그는 생각한다.

---

11) 한형조, 앞의 책, 46쪽.
12)『全書』十,「易學緖言」, 340쪽. "但所謂太極者, 是有形之始, 其謂之無形之理者, 所未敢省悟也."
13)『全書』四,「中庸講義」, 365쪽이나 Matteo Ricci, 앞의 책, 76~77쪽을 참조.
14) Matteo Ricci, 앞의 책, 74쪽. "太極非生天地之實, 可知已."
15) 崔東熙, 1988, 앞의 책, 161쪽.

해·달·별이 운행하여 네 계절이 어김이 없고 바람·우뢰가 일고 비와 이슬이 내려서 온갖 물건들이 번성한다. 이것도 말없이 자연스럽게 주재하고 있다. 만일 이것을 理의 발현으로 말한다면, 理는 본래 지각이 없으므로(그것이) 말하고자 해도 말 할 수가 있겠는가?[16]

이렇게 <主宰>한다는 말은 앎이 있다는 점을 전제하고 있음을 밝히고 있다. 이것은 주재한다는 것이 어디까지나 "의지적으로 다스린다"는 뜻임을 잘 말해 주고 있다. 여기서 말하는 天이란 어떤 인격적인 존재라는 것이 의심할 여지가 없다. 그에게서 <天>의 존재가 신령하고 밝다는 것은 형체를 초월한 존재임을 의미하며, 동시에 지각이 있는 존재임을 의미한다.[17] 또한 이 <天>은 주재자로서의 지위를 갖는 사실이 강조되고 있다.

하느님(상제)의 造化에 의한 만물의 주재는 절대적인 힘을 보이는 것이어서 어떤 것도 잠시라도 그것을 벗어나서 존재할 수 없음을 의미하는 것이다.[18] 이러한 天의 성격을 말함은 신앙적 대상으로서의 <하느님>(상제) 개념을 제시하려는 것으로 이해될 수 있는 것이다. 따라서 그의 <天> 혹은 <하느님>(상제) 개념은 Ricci가 『천주실의』에서 제시하는 <天主> 개념과 일맥상통하고 있다.

천주께서는 인간과 만물을 주재하시니 오직 그 뜻이 정하신 대로 이루어집니다.[19]

---

16) 『全書』六,「論語古今註」, 154쪽. "日月星辰之運, 而四時不錯. 風霜雨露之施, 而百物以蕃. 亦默自主宰而已. 若但以理之發見而言之, 則理本無知. 雖欲言語, 得乎?" 이것은 "天何言哉"에 대한 주해이다. 공자가 "하늘이 무슨 말을 하겠는가?" 하였는데, 이 때의 하늘이 理라고 한다면 공자의 이런 말 자체가 불가능하다는 것이다.
17) 琴章泰, 1989, 앞의 책, 183쪽.
18) 劉權鍾, 앞의 책, 105쪽.
19) Matteo Ricci, 앞의 책, 228쪽. "天主主宰人物, 惟其旨所置之."

茶山은 그의 定命思想에서도 인간이 하느님(상제)의 섭리에 의해 사는 것이야말로 당연한 일이라고 생각한다. 그는 하느님(상제)의 섭리대로 산다는 사실은 곧 天命에 의거한 삶이라고 한다.[20]

> 문득 꿈속에서 한 老父가 꾸짖어 말하기를 "蘇武는 19년도 참았는데 그대는 19일도 못 참는가" 하였는데 그 날로 출옥되었기에 계산한즉 19일째 되는 날이요, 강진 유배도 신유 전년인 경신유락으로부터 치자면 19년이니 人生否泰에 어찌 定命이 없다 하겠는가?[21]

그에게 하느님(상제)은 인간의 吉凶禍福을 관장하는 주재자이고, 따라서 길흉화복은 인간의 힘으로는 조절하지 못하는 것이 된다. 따라서 인간은 이러한 절대적 명을 거역할 수 없다. 인간은 근본적으로 천명을 떠날 수 없는 존재이기 때문이다. 하느님(상제)은 만물을 보존하고 양육하기 위해 섭리하는 것이다.

그렇다면 과연 어떻게 우주의 생성 변화의 과정에 하느님(상제)이 개입하는가? 주자학자들이 태극을 우주의 근본으로 삼고 있는데, 茶山에게서는 그것은 잘못된 생각이며 태극 위에 造化의 근본이 있다고 함으로써 宇宙 生成의 始原이 분명 하느님(상제)임을 밝히고 있지만 거의 구체적인 언급을 하고 있지 않다.

茶山은 천·지·신·인의 밖에서 천·지·신·인·만물 등을 造化하여 宰制하고 安養하는 하느님(상제)의 주재를 말하고 있다. 그러나 Ricci는 이와 비슷한 이야기를 했어도 造化에 대하여 언급

---

20) 劉權鍾, 앞의 책, 105쪽.
21)『全書』二,「自撰墓誌銘」, 652쪽. "愁悶夢有一老父. 責之曰, 蘇武十九年忍耐, 子不忍苦十九日乎? 及出獄計之, 在獄十九日. 及還鄉計之, 自庚申流落, 又十九年也. 人生否泰可曰, 無定命乎? 비교(cf.) "定命대로 왕후가 벌거벗은 몸으로 끌려가며"(나훔書 2:7). 또는 "곧 지극히 높으신 자의 命定하신 것이 내 主 王에게 미칠 것이라"(다니엘書 4:24).

하지 않고 다만 주재만을 말하고 있을 뿐이다. 따라서 여기서 造化를 Ricci가 말하는 "無에서 有로 나아가는 創造"(creatio ex nihilo)의 개념과 동일시해서는 안될 것이다.22) 다산은 사물의 창조를 말하지 않는다. 하느님이 한 마디를 던져서 말씀으로 <無>에서 <有>를 만들었다는 만물의 창조를 그는 받아들이지 않고 있다.

그는 만물이 天의 조화에 의해서 이루어진 것이므로 조화를 떠나서 존재할 수 없음을 물 속의 물고기에 비유한다.23) 여기에서 조화는 창조의 개념과 확연히 구분된다. 부연하면 우주가 생성 변화하면서 창조적 전진과정을 주재하는 天으로 이해할 수 있다. 하느님(상제)의 조화 아래 있는 태극이 설정되고 나면 우주의 구체적인 전개는 태극의 자연적인 자기분화의 과정으로 설명되고 있다.24) 이러한 까닭에 그는 결코 유학의 세계관에서 크게 벗어나지 않고 있다.

茶山의 유학적 우주에서는 물리적 힘이 시간적으로 시작이 없으며, 또 창조자가 불필요한 것으로 보인다. 그에게 神(god)은 계시를 전하기 위해 직접 인간 앞에 그 모습을 나타내 보이지 않는다. 그는 오직 양심에 귀를 기울임으로써 神(god)의 뜻을 알 수 있다고 적고 있다. 그는 스콜라 철학·신학자들의 주요 관심사인 神(god)의 속성에 대한 상세한 설명에는 관심을 두지 않았다. 그의 하느님(상제)은 오로지 도덕적 힘이었다. 이러한 점에서 그의 하느님(상제)은 유교적 神(god)이었던 것이다.25)

---

22) Matteo Ricci, 앞의 책, 150쪽. "若夫天主造物, 則以無而爲有."

23) 『全書』 四, 「中庸自箴」, 205쪽. "萬物在上天造化之中, 如魚在水中."

24) 成泰鏞, 앞의 책, 114쪽. 茶山은 이러한 태극으로부터 사물의 존재로 전개되는 과정을 식물의 열매가 맺혀지는 과정과 비슷한 것으로 보고 있다(『全書』 十, 「易學緒言」, 340쪽).

25) 崔東熙, 1977, 앞의 책, 106~134쪽이나 韓鍾萬, 1979, 「茶山의 天觀」 『茶山學報』 2, 121~149쪽, 그리고 河宇鳳, 1977, 「丁茶山의 西學 關係에 대한 一考察」 『敎會史硏究』 97~101쪽.

Ⅱ. 靈明性

茶山은 하느님(상제)의 영명이 물질적 존재인 만물과 비실체적인 존재인 음양과 오행에는 내재하지 않는다고 본다. 영명함이란 일종의 뛰어난 지각능력과 밝은 지혜를 의미한다.[26] 그는 이 영명한 능력과 작용을 주로 인간에 대한 것으로 설명한다. 인간에게 하느님(上帝)의 영명이 내재하여 인간의 영지의 성의 근거가 되며, 곧 <性命>으로 나타난다.

> 天의 영명은 인심과 바로 통하여 아무리 숨은 것이라도 살피지 않음이 없고 아무리 작은 것이라도 밝히지 않음이 없다. 이 방안을 비추어 굽어보고 날마다 살피고 있다. 사람이 참으로 이것을 안다면 아무리 대담한 사람이라도 삼가고 두려워하지 않을 수 없다.[27]

하느님(상제)은 비록 모든 것을 초월해 있는 존재이지만 동시에 인간에게 강림하여 사람의 마음속의 모든 것을 감찰하여 아는 자라는 것이 그의 생각이다. 사람 마음속의 아주 조그마한 움직임까지도 꿰뚫어 아는 능력, 즉 그의 영명함으로 인해서 사람이 절대로 기만할 수 없는 존재가 곧 하느님(상제)이라고 그는 생각한다.[28] 그에 의하면 하느님(상제)을 기만할 수 없음을 아는 것이 바로 하느님을 아는 일(知天)이다.

이 영명성은 상제와 인간, 그리고 귀신의 공유 속성이므로 먼저

---

26) 劉權鍾, 앞의 책, 105쪽.
27) 『全書』 四, 「中庸自箴」, 184쪽. "天之靈明, 直通人心. 無隱不察, 無微不燭. 照臨此室, 日監在玆. 人苟知此, 雖有大膽者, 不能不戒愼恐懼矣."
28) 尹絲淳 編, 앞의 책, 106쪽.

하느님(상제)의 속성을 밝히고, 다음에 인간이 하느님(상제)에게 받은 속성으로서 드러내고자 하며, 끝으로 만물을 감찰하는 귀신의 속성으로도 짚어 보아야 할 것이다.

첫째로 하느님(상제)께서 영명하다는 것은 모든 사람의 마음속을 바로 뚫어볼 수 있는 밝은 앎을 갖는 능력이다. 그리고 인간의 내면에서 발생하는 선악의 미미한 현상까지도 놓치지 않고 파악하는 능력이다. 따라서 그의 앎이란 본래 어떤 인격적인 것임을 두말할 나위도 없다. 영명이란 바로 앎을 말한다. 하느님(상제)의 영명이란 가장 밝은 앎 곧 全知를 뜻하는 것이다.29) 하느님(상제)은 주재자이지만, 동시에 인간을 통하여 인간의 마음을 감찰하는 존재이다. 이러한 감찰과 주재의 능력이 바로 하느님(상제)의 영명성이다. 하느님(상제)의 영명은 인간의 모든 일의 옳고 그름을 판단하기 때문에, 인간에게는 하느님(상제)이 두려움의 대상이다.

그는 하느님(상제)을 靈明한 神(god)이라 하여 인간에게 내려와 살피시고 화복을 주관하며 사람에게 경고하고 명령을 내리는 하느님(天)으로 표현하고 있다. 하느님(상제)은 지성(intelligence)을 가지고 한 사람 한 사람의 행동을 언제 어디서나 관찰할 수 있으며, 또한 들으려고 하면 언제든지 마음속에 울려 퍼지는 그의 목소리를 들을 수 있는, 그리고 사람의 앞일도 능히 알 수 있는 보다 인간 존재와 밀접한 귀신의 덕을 가진 영명·주재하는 神(god)이다.

그는 하느님(상제)의 덕은 지극히 공정하고(至公) 지극히 어질고(至仁) 지극히 의롭다(至義)30)한다. 여기서 至公·至仁·至義는 유학에서 추구하는 덕목인 仁義가 완전하게 이루어진 것을 의미한다. 이는 유학에서나 서학에서 하늘(天)을 最高善(summum bonum)

---

29) 崔東熙, 1988, 앞의 책, 163쪽.
30) 『全書』六, 「詩經講義」, 574쪽. "上天至公至仁至義之德."

으로 간주함과 맥락을 같이 하는 것이다. 그러므로 茶山에게서의 하느님(상제)의 덕은 최고선이며, 인간의 도덕의 모든 가치의 준거라고 할 수 있다.

그저 주재한다고만 말한다면 주재에는 주자학적인 뜻도 있기 때문에 반드시 인격적이라고 말할 수는 없다. 그러나 영명하다고 말한다면 반드시 인격적이라고 말하지 않을 수 없다. 그러므로 茶山은 주재하는 天이라고만 말한다면 혹시 오해할 수 있기 때문에, 그는 새삼스럽게 "영명하고 주재하는 天"이라고 표현하고 있는 것이다. 매우 뛰어난 지각능력이자 선악을 판단하는 능력인 영명을 바탕으로 하는 주재는 하느님(상제)의 造化・宰制・安養으로 그는 말하고 있다.

주자학의 천리설은 상제로서의 인격신의 존재를 부인하고 있다. 그것은 오로지 理法으로서만 존재하므로 지각이 없고 위엄이 없는 것이다.[31] 그러므로 주자학의 범주 안에서 상제는 발붙일 자리가 없다. 茶山이 다시금 잊혀졌던 하느님(상제)을 되살려내려는 까닭은 바로 여기에 있다. 그는 주재자로서의 하느님(상제)에 마주하여 인간을 경건한 자세로 일으켜 놓았다. 그는 神(god)의 영명 곧 全知를 밝히는 데 힘썼고, 神(god)의 주재 곧 全能을 밝히는 데 힘썼다. 이제 이러한 茶山의 하느님(상제) 사상에 대한 이른바 서학의 영향을 잠깐 살펴보기로 한다.

神(god)이 全知全能하다는 점은 Ricci가 지은 『천주실의』에 의해 잘 밝혀져 있다. 이 책의 첫째 장에서 천주가 처음으로 천지만물을 만들어서 이것을 主宰하고 安養을 하는 全能한 분임을 말하고 있다. 둘째 장에서 또한 天主는 全知한 자임을 말하고 있다.

---

31) 제3부 제1장 참조.

　　지난 만세 이전에도 앞으로의 만세 이후에도 그 앎(知)에서 벗어
날 수 없습니다.32)

　　그런데 茶山은 기독교의 용어들을 그대로 옮기지 않고, 유교 전
통에서 쓰고있는 <영명>과 <주재>라는 용어로 하느님(상제)의
전지전능의 뜻을 담고 있다. 그렇지만 언어가 다른 만큼 개념의 차
이가 있음을 우리는 언제나 주목해야 한다.

　　天은 신령하고 밝은 자신의 속성을 인간에게도 부여한다. 인간
은 天으로부터 <영명>을 부여받아 <靈과 善>을 갖지만, 그는 天
을 주재자로 받들어야 하는 존재이다. 그것은 천주교에서 천주가
인격적인 주재자로서 인간에게 영혼을 부여하고, 그리고 인간과
만물을 주재하는 존재라는 것과 같은 구조를 보여준다. 이처럼 『中
庸』을 통해 나타나는 그의 경학체계는 사실상 천주교 교리와 유학
이념의 일치를 모색하고 있다.33)

　　둘째로 인간이 영명하다는 것은 하느님(상제)으로부터 영명을
마치 서학에서의 영혼처럼 부여받아 <영>과 <선>을 갖게 한다.
茶山에게서 인간의 영명성은 하느님(상제)을 아는 일(知天意識)로
써 그의 윤리적 요청을 수행하도록 해주는 천인감응하는 영지의
성(spirituality)이다. 사람은 하늘로부터 영명성을 부여받음으로써
하느님(상제)과 인간 사이에 인격적 관계가 성립하게 되며 知天을
가능케 하는 것이다. 다만 하느님(상제)의 영명은 全知이고, 인간의
영명의 性은 <도의의 성>이라는 차별성이 있다.

　　茶山은 세계를 천·지·만물과 신·인간으로 구분하고 있다.
천·지·만물은 영명이 없고 형질만 있는 피조물이다. 인간은 형

---

32) Matteo Ricci, 앞의 책, 66쪽. "而已往萬世以前, 未來之萬世以後, 無事可
　　逃其知."
33) 琴章泰, 1989, 앞의 책, 184쪽.

질과 더불어 개인마다 태어날 때 영명을 부여받았기 때문에 만물을 초월한 존재이다. 인간만이 천명을 부여받아 <영명한 몸>(靈明之體)인 정신(靈)과 육체(體)로 이루어졌다고 한다. 神(god)과 인간은 같은 영명을 지녔으므로 서로 통하고 감응할 수 있다. 하느님(상제)으로부터 부여받은 영명한 마음은 善을 좋아하고 惡을 싫어하는 성질을 지녔으므로 天命으로부터 받은 성은 선하다고 한다.

> 대개 사람이 잉태하면 하느님(上帝)은 곧 靈明하고 무형한 정신을 부여하는데, 그것은 선을 기뻐하고 악을 미워하며 덕을 좋아하고 더러운 것을 부끄러워한다. 이것을 일러 性이라 하고 이를 性善이라 한다.[34]

하느님과 인간의 관계에 대한 천주교의 교리인 "사람은 원래 하느님의 형상(Imago Dei)으로 지음 받았다"[35]는 것과 원시유교의 이념인 <성선>이라는 것이 양자의 유사성을 보여준다. 인간과 다른 존재를 구별해 주는 점이 천주교에서는 <영혼>이고, 茶山에게는 <영명>이다. 茶山과 Ricci는 인간이 하느님(상제)의 영을 받았기에

---

34) 『全書』四, 「中庸自箴」, 178쪽. "蓋人之胚胎旣成, 天則賦之以靈明無形之體. 而其爲物也, 樂善惡惡, 好德而恥汚. 斯之謂性也, 斯之謂性善也." 比較(cf.), Matteo Ricci, 앞의 책, 54쪽. "靈初萬物, 禀五常以司衆類."

35) "하느님 모습대로 사람을 지어내시되 남자와 여자를 만드시고 …"(創世記, 1:27). 茶山에게서도 "모습 없는 靈明"의 근원은 바로 하느님(上帝)이다. 그 하느님(상제)은 자신이 "모습이 없는 靈明"이면서, <大體>는 靈明의 근원이다. 하느님(上帝)은 인간의 몸이 생성될 때 거기에 자신과 같은 "모습 없는 靈明"을 부여받았다는 것이다(成泰鏞, 앞의 책, 117쪽). 곧 茶山은 이를 <靈과 善>이고 性善이며 道義의 性이 된다는 것이다. 그러나 그는 精神·形體가 오묘하게 결합하여 태어난다고 하였으며, 기독교의 성서에서는 "인간이 하느님의 모습으로 창조되었다"고 하여 인간의 始原에서도 상이점이 있음을 우리는 간과하지 말아야 한다.

<만물의 영장>이라고 하는데는 의견을 같이하고 있다.

우리는 천주교 교리 속에 제시된 인간의 고유한 영혼 개념과 茶山에게 있어서 신령하고 밝은 본성(靈明性)과의 관련성을 주목할 필요가 있다. 그 보다 먼저 Ricci가 말하는 <영혼>의 개념부터 들어보기로 하자.

> 무릇 영혼은 곧 정신(spirit)입니다.[36]
>
> 이는 이치를 밝게 추리하는 혼입니다.[37]

茶山은 마치 天主라는 명칭 대신에 <天> 혹은 <上帝>라는 유교전통의 명칭 속에 있는 개념을 계발하고 있는 것처럼, 그는 <영혼>이라는 말을 사용하지 않고도 <영명>으로서 <영혼>의 개념을 담고 있지만 차별성이 있다.

우리는 왜 茶山이 영혼이라는 말을 사용하지 않고 영명이라는 말로 사용하였는지를 분명히 짚어야만 그의 독특한 사상이 뚜렷해질 수 있다고 본다. 이것은 그가 주체적인 사상을 견지하고 있는 점과 천주교 교리에서 말하는 영혼과 茶山이 말하는 영명과는 다른 점이 있음을 시사하고 있다.

Aristoteles나 Aquinas 또는 Ricci에 의하면, 생물과 무생물을 구분해 주는 기본적인 典據는 <魂>이다. 어떤 존재를 살아있게끔 하는 것(anima)이 혼(soul)이기 때문이다. 그리고 인간과 다른 존재들과 구별해 주는 것은 영혼이다.[38] 여기서 인간의 영혼이 가지고 있는 이성적 사유 판단능력을 주자의 말로는 <마음>(心)자체 즉 虛

---

36) Matteo Ricci, 앞의 책, 106쪽. "夫靈魂則神也."
37) 위의 책, 105쪽. "則此明理之魂".
38) 宋榮培, 2000, 「천주실의와 토착화의 의미」『교우론, 이십오언, 기인십편』, 서울대 출판부, 492쪽.

靈知覺이고 茶山의 말로 표현하면 영명이다.

그러나 우리가 주목할 일은 茶山이 인간의 혼에 대해서는 별로 관심이 없고, 오직 그는 신령한 점에서만 영명(영지)의 性을 말하는 것은 유학자 자신이 수용할 수 있는 점만 주체적으로 받아들이고 있다는 사실이다. 그에게서는 어떤 존재를 살아있게끔 하는 것 (anima)이 여느 유학자와 같이 <기질>이라 보고 있기 때문이다. 그가 말하는 영명한 성은 영혼과 같은 존재가 아니다. 이것은 마음 (心)에 고유하게 있는 지향성(嗜好)일 뿐이다.

茶山은 서학에서 내세를 말하듯이 영혼이 불멸함을 믿지 아니하고, 육신과 함께 혼도 소멸된다고 믿는 유가의 현세주의에서 魂魄으로 받아들이고 있다.[39] 그러나 서학에서는 식물의 生魂이나 동물의 覺魂은 혼백으로 보고 있고, 인간의 영혼은 혼백으로 보고 있지 않다. 영혼은 불멸이기 때문이다.[40] Ricci는 사람의 영혼은 불멸하기 때문에 혼은 흩어지지 아니하는 것이며, 초목의 生魂이나 금수의 覺魂은 죽은 후에는 혼백이 모두 흩어지는 것으로 보고 있다.[41]

이러한 점에 그는 반대하고 있다. 그는 주자와 마찬가지로 인간이든 동물이든 혼의 실체에 대한 그 해석에서 <魂>의 실체를 부인하고 있다.[42] 그의 인간이해는 유학자로 머물러 있기 때문에, 서양인의 <영혼> 이해와 유학자의 <영명> 이해는 근본적으로 다

---

39) 성호학파 신후담은 주자학의 입장에 입각하여 인간의 혼백에 대하여 다음과 같이 말하고 있다. "及其死也, 魂遊魄降散而爲變, 變則存者亡矣"(李晚采, 『闢衛編』「西學辯」).

40) Matteo Ricci, 앞의 책, 102쪽. "皆省人魂不滅, 而大殊於禽獸者也."

41) 위의 책, 104쪽. "覺魂賴乎身, 身死而隨熄也." 그가 혼은 '살아있게끔 하는 것'(anima)이라는 개념이 필자에게는 혼란스러워진다.

42) 『全書』四, 「心經密驗」, 141쪽. 茶山에게 있어서<靈魂>은 心을 표현하기 위한 말로 빌어다 쓴 것(假借)으로 여겨진다. "曰心曰神曰靈曰魂, 皆假借之言也."

름을 우리는 알 수 있다.

Ricci의 해석에 따르면, 인간은 육신(形)과 정신(神)이 결합된 생명체이다. 그러나 인간의 본성은 <정신>에 있다고 보기 때문에 정신(神)과 물질(形)의 이원론을 지나치게 과장하고 있다. 이에 근거하여 그는 사람들에게 내세에서 영혼이 받을 영원한 행복의 추구를 권장하고 있다.43) 그 결과 현세에서의 인생의 가치가 어처구니없이 부정되고 있다.44) 그는 육체에 얽매어 있는 영혼이 현세에서의 육체의 속박을 떠나서, 다시 말해 죽고 난 뒤에 내세에 가서야 완성된다고 보고 있기 때문이다.

그런데 茶山은 이와 같이 정신(神)과 육신(身)의 이원론을 지나치게 강조하는 서학의 내세지향적인 사고를 수용할 수 없었다. 요컨대 그러한 현세부정적인 사고는 유교 문화 전통에서는 제대로 이해되어 자연스럽게 받아들이기가 매우 어려운 것이다.45) 아무래도 유학 전통에서는 현세에서의 삶 속에서 인간과 인간들 사이의 교제나 그들 간의 원숙한 <실천적 의지>가 제일차적인 관심인 것이다.

그는 서학의 상제사상을 수용하면서도, 인간의 본성을 유학 전통에서 <영명>으로 이해하고 있다. 그는 천주교를 이해하게 되면서 주자학에서 멀어졌다기보다는 본원유학의 일부 측면을 적극적으로 수용하고 재해석하고 있다.

셋째로 귀신은 우주만물을 감찰하는 영명한 존재로 파악하고 있다. 茶山에게서 귀신이란 天神·地祇·人鬼의 총칭이다.46) 그는 이처럼 귀신의 개념을 포괄적으로 규정하고 있다. 그는 모든 귀신의 덕으로서 영명을 말하고 있다.47) 그런데 그에 의하면 경전들에 나오

---

43) 위의 책, 119쪽. "天主固待其旣死, 然後取其善魂而賞之, 取其惡魂而罰之."
44) 위의 책, 100쪽. "吾本家實, 不在今世, 在後世. 不在人, 在天."
45) 宋榮培, 앞의 책, 510쪽.
46) 『全書』 五, 「論語古今註」, 414쪽. "鬼神者, 天神地示人鬼之通稱."

는 귀신은 많은 경우 하느님(상제)의 감응 능력이라 생각한다. 다시 말해서 하느님(상제)이 인간의 정성에 감응하여 이르고 이 세상을 비춰 살피는 점을 그냥 <귀신>이라고 말하기도 한다는 것이다.

주자학의 이기론에 따른 귀신에 관한 이해는 "공적을 이루는 작용"(功用)이라 하거나, "천하만물을 만든 자취"(造化의 흔적)라 하거나 "음·양의 타고난 능력"(二氣의 良能)이라 한다.[48] 그래서 주자에서의 귀신은 인간을 규제하거나 지배할 수 있는 힘이 없는 무력한 존재라고 茶山은 본다. 그는 귀신이 영명한 존재라는 점에서도 Ricci와 견해를 같이하고 있다. Ricci는 『천주실의』에서 다음과 같이 말하고 있다.

> 귀신들은 사물의 이치를 철저히 다 터득하고 있어서 비추어 보는 듯하니 추론을 기다릴 필요가 없습니다.[49]

하느님(上帝)의 만물에 대한 주재는 천신을 매개로 하여 진행된다. 그에 의하면 천신은 하느님(상제)의 신하와 같으며 영명 신통하여 상제의 명령을 받들어서 천지만물을 관장한다. 하느님(상제)은 그러한 천신들을 거느리고 그들에게 명령을 내리는 至尊至大한 존재라고 설명하고 있다.

茶山은 형체나 기질이 없는 神(god)이 지각작용을 하는 것이라는 입장을 확립하고 있다. 그것은 Ricci 등의 천주교 교리에 영향을 받고 있는 점이 사실이다. 靈覺明義를 귀신에 속하는 것이라 하여 영

---

47) 『全書』 四, 「中庸講義」, 279쪽. "總之微顯者, 天德也." 비교(cf.), 朱熹, 『大學·中庸』, 1990, 學民文化社, 130쪽. 「中庸章句大全」, "夫微之顯, 誠之不可揜, 如此夫."
48) 『全書』 四, 「中庸講義」 277쪽. "今人以天爲理, 以鬼神爲功用, 爲造化之跡, 爲二氣之良能."
49) Matteo Ricci, 앞의 책, 253쪽. "鬼神者, 徹盡物理. 如照如視, 不待推論."

각이 없는 태극이나 理와 구별하고, 영각이 있는 천주·인간·귀신
은 太極이나 理가 낳은 것이 아님을 그는 주장하였다.[50] <영각>이
라는 의미에서 Ricci는 기독교의 <영혼>이란 언어를, 그리고 茶山
은 유학의 <영명>이란 언어를 쓰고 있다.

그의 저서 속에는 서학의 핵심인 <천주>라는 용어가 한 마디도
들어 있지 않다. 남의 사상이 들어있는 언어를 섣불리 사용하지 않
고 있는 점도 우리는 주목해야 한다. 서양의 세계관이 서양인의 관
점에서 인식된 존재 세계에 기초한 해명이라면, 동양의 세계관도
동양인의 인식을 반영하고 있다. 그렇기 때문에 동·서양의 세계
관을 수용하여 시대정신으로 비판하고 통합하기 위해서는 보다 근
원적이고 고차적인 인식에로 나아가지 않으면 안 된다. 따라서 그
의 세계관의 모색과 형성은 우리들에게 시사하는 바가 크다.

그가 말하는 영명·주재의 天은 萬物一本으로서의 하느님(상제)
이며 인간의 도덕성을 부여해 주는 원인이다. 이는 모든 도덕성의
원천이며 인간행위의 근본이 된다. 천명이란 도심의 명령이면서
또한 주재천의 명령이다.[51] 그러므로 茶山의 이와 같은 세계관은
곧 그의 인간관으로 이어지고 있다.

---

50) 위의 책, 80~81쪽. "如靈覺明義, 則屬鬼神之類, 曷謂之太極, 謂之理也,
　　如否, 則天主鬼神夫人之靈覺, 由誰得之乎? 彼理者以己之所無, 不得施
　　之于物, 以爲之有也, 理無靈無覺, 則不能生靈生覺."
51) 鄭炳連, 1989,「中庸解釋考」『丁茶山의 經學』, 民音社, 85쪽.

제3장

상제와 인간

Ⅰ. 상제의 명

본원유학에서는 상제와 인간의 관계를 통해서도 볼 수 있듯이 主宰者의 보호 아래 주어진 천명을 따라 살아가는 순박한 인생관을 느끼게 한다. 자연만물의 운행과 생성과 변화를 통하여 天을 인식하는 民草들에게는 하느님(상제)은 삶을 의탁하는 절대적 존재이다.

그런데 주자에 의하면 우주는 선험적으로 주어진 규범(norm)을 실현하는 마당(場)인 바, 인간뿐만 아니라 자연 안의 모든 존재는 이른바 인·의·예·지라는 도덕성을 보편적으로 부여받고 있다. 이 규범을 모든 생명이 선험적으로 부여받고 있다는 점에서 그것은 존재일반의 본질이라는 것이다. 그것을 압축적으로 표현한 어귀가 <性卽理>이다.[1]

---

[1] 한형조, 앞의 책, 83쪽.

茶山은 주자학적 세계관의 핵심인 天卽理說을 부정하는 데서부터 그 자신의 사상을 전개시키고 있다. 주자가 하늘(天)을 理로 해석하여서 모든 사물의 보편적 질서의 원리로 삼는 견해에 대해 다산은 인간의 주체적 실천의식을 이끌어내기는 어렵다고 생각하였다. 그러나 그에게 하느님(상제)은 유교 본연의 실천성을 이끌어 낼 수 있는 도덕적 근거가 된다. 또한 유학이 근본적으로 추구하는 天人合一을 위하여 꼭 필요한 토대가 된다. 그는 종교적 경건성을 인간의 주체적 실천이라는 측면에서 이해하고 있다.

그는 사람의 인성과 초월적인 하느님(상제)의 관계를 엄격히 분리하여 파악하는 태도를 밝히고 있다. 程子가 마음(心), 본성(性), 하늘(天)을 하나의 이치라 한 점에 대하여 趙州禪師의 萬法歸一說과 다름이 없다고 지적하였다.[2] 그는 여기서 주자학의 입장이 지닌 불교적 색채를 분석해 내어 비판하였던 것이다. 주자학에서 인·의·예·지를 본 마음의 완전한 덕이라고 한다면, 인간은 "벽을 바라보고 앉아 마음을 관조"(向壁觀心)를 일삼게 될 것이라 하여, 그는 인간 내면 속에 내재된 완전한 덕을 찾으려는 입장을 거부하였다.[3]

주자는 仁을 사랑의 이치(愛의 理)라 하며 형이상학적 보편성으로 해석함으로써, 사회성과 윤리성을 인간뿐만 아니라 동식물과 무기물을 포괄하는 전 우주의 보편적 특성이자 본질로 파악하고 있다. 따라서 주자는 경험적 자연학으로부터 일탈하여 버린 셈이 되었다. 인의예지는 본래 인간이 사회관계 속에서 실현해야 할 규범이었다. 그것을 그는 이제 인간뿐만 아니라 동식물, 더 나아가서 전우주가 실현해야 할 이념으로 읽은 것이다.

---

2) 琴章泰, 앞의 책, 185쪽.
3) 위의 책, 86쪽.

그는 인간과 자연을 포괄하는 최고의 원리로서 理를 설정하였기 때문에, 인간을 자연과 함께 이기·체용의 거시적 구도 아래 포섭시킨다. 세상 만사가 자연의 순리에 맞게 인간의 삶도 자연의 흐름 안에서 형성되어 가도록 하였던 것이다.4) 자연계에서 理는 우주 질서의 원리로서 작용하며, 동시에 인간에게는 도덕법칙으로 자리매김을 하게 된다. 주자는 도덕법칙인 인·의·예·지 등을 선천적으로 부여받음으로써, 사람은 자신이 마땅히 지켜야 할 도리가 무엇인지 알 수 있게 된다고 주장한다. 그러나 사람이 마땅히 지켜야 할 도리를 알았다 할지라도 그 도리에 따라 필연적으로 행동이 수반하는가? 라는 의문에 부딪히게 된다.

그러나 茶山은 理는 주자학에 있어서 지각도 없고 위엄도 없으며 다만 초월적인 도덕법칙으로서 존재하기 때문에, 행동의 구속력을 상실할 뿐만 아니라 나아가 도덕실천의 자유로운 행동의 주체가 되지도 못한다고 이해한다. 인간은 의지의 자율을 통한 행동의 자유로운 결정으로 하여 자연(본연)을 벗어난다. 이제 사람은 자신의 힘으로 그의 행동을 결정해야 한다. 이러한 인간의 현실이 그의 인간학이 출발하는 자리이다. 지각이 있고 위엄이 있는 하느님(상제)으로부터 인간에게 주어진 것이 사람의 도리이다.

그는 하늘(天)의 主宰者가 하느님(상제)이라 밝히고, 한 나라의 나랏님과 비유하여, 하느님(상제)은 우주에 인간과 만물을 자기 의지대로 다스리고 있음을 말하고 있다. 하느님(상제)은 인간에게 도심으로 말씀하시고 사람은 하느님(상제)에게 천명으로 응답하고 있다.

茶山은 서학에서처럼 하느님과 인간의 절대적인 질적 차이는 결코 받아들이지 않고 있다. 이러한 까닭은 하느님에게서 타락으

---

4) 위의 책, 185쪽.

로 인한 인간의 原罪(original sin)의식을 어디에서도 전혀 찾아 볼수 없기 때문이다. 그에게는 하느님은 <天主>가 아니고 <上帝>일 뿐이다. 오히려 그에게 유학에서처럼 천명과 인성이 상련의 것(continuity)이므로 떼어놓고는 생각할 수 없다.

그런데 그에게서 하느님(상제)은 영명성으로서 천명을 내리는 최고선(summum bonum)이고, 사람은 도의의 성과 기질의 성을 함께 가지고 있고, 그리고 동물은 기질의 성만을 가지고 있는 것으로 차별화한다.[5] 그는 인간과 만물의 본질적 차이를 주장하였다.

그는 주자학에 있어서 萬物一體論 내지 人物性同論의 입장을 거부하였다. 초목(식물)과 금수(동물)는 무한히 생식해 가는 이치에 따라 종족을 보존하는 것으로써 생명을 가질 뿐이다. 그러나 인간은 신령하고 밝은 덕성을 부여받아 만물 위에 뛰어나서 만물을 향유하고 이용할 수 있는 점에서 만물과 본질적 차이가 있다고 지적한다. 인간은 이러한 본질적 품성(靈明性) 때문에 신령하고 밝으며 만물을 주재하는 하느님(상제)과의 접근 통로가 열려 있다.[6]

인간과 동물이 분명히 갈라지는 점은 지적·도덕적 지각 능력이다. 이 영명성 곧 지각 능력으로 인하여 인간은 비로소 자기를 넘어서 보편적 가치를 구현하는 초월을 말할 수 있게 되고, 이로 하여금 사람은 自然(本然)의 아들이 아니라 천명을 통해 하느님(상제)의 아들로 되는 것이다.

> 천명은 생을 부여받았을 처음에 이 性을 내려주었을 뿐만 아니라, 원래 무형한 체와 묘용의 신이니 같은 類끼리 서로 받아들이고 함께 서로 감응하게 한다.[7]

---

5) 위의 책, 183쪽.
6) 위의 책, 182~183쪽. 茶山은 物我二分의 의식을 가졌기 때문에, 인간과 자연을 구분하고 인간은 자연으로부터 독립되어 있는 존재로 보고 있다.

한편으로 그는 하느님(상제)을 하늘의 神(天神) 및 귀신과 동일시하고, 보이지 않고 들리지 않는 것은 귀신이 강림하는 것이고 또한 하느님(상제)의 명령(天命)이라고 여겼다. 천명은 인성과 더불어 한 자리(心)에 들어와 서로 감응하는 관계이다. 천명이란 정녕코 인격신 하느님(상제)의 명령임에 틀림없다. 다만 그것은 인성의 명으로서 윤리적 계명이라는 제약과 한계를 지니고 있다. 그는 천명의 성도 기호로 말하고 있다. 그는 천명을 통하여 주재자로서의 하느님(상제)에 마주하여 인간을 경건한 자세로 세워 놓았다.

> 『중용』에서 '하늘의 명을 성이다', 『대학』에서는 '하늘의 밝은 命을 돌이켜 살핀다' 하였는데 주자는 性을 理로 생각하였기 때문에, 드디어 天命을 理로 보았던 것이다. 비록 그러나 심성에 부여하여 선을 향하고 악을 멀리하게 하는 것은 물론 天命이지만, 날마다 감찰함이 이곳에 있어 선한 자에게 복을 주고 악한 자에 화를 주는 것도 天命이다.[8]

원래 천명이란 말의 뜻은 『尙書』에 잘 나타나 있다. 여기서 <命>은 "명령한다"라는 의미로 쓸 수 있는데, 명령의 주체가 존재해야 하며 그 주체는 의지가 있는 인격적 존재이다. 따라서 천명사상은 人格天에서 유래되어 "天이 인간에게 명한다"는 것은 임금을 소명한다는 정치적 의미였으나, 본원유학 이후 이것은 인간이 지닌 본성(인성)의 발로인 도덕적 의미로 생각하게 된다. 필자는 천명과 인성에 대한 인식이 어떤 발전 과정을 거쳐 茶山에 이르게 되었지를 더듬어 살펴 알아보고자 한다.

---

7) 『全書』四, 「中庸自箴」184쪽. "天命不但於賦生之初以性, 原來無形之體妙用之神, 以類相入與之相感也."

8) 『全書』六, 「論語古今註」79쪽 "中庸曰: 天命之謂性. 大學曰: 顧諟天之明命. 朱子以性爲理, 故遂以天命爲理也. 雖然, 賦於心性, 使之向善違惡, 固天命也. 日監在玆, 以之福善禍淫, 亦天命也."

그 <命>은 본원유학의 天 관념으로부터 내려온 것이다. 『시경』에 보게 되면, "천명을 받음이 넓고 크고, 하늘이 큰복을 내려 주시니 모든 곡식이 풍성하여 넉넉하나이다."[9]라고 하였다. 天은 최고의 능력자로서 모든 만물의 생성·변화를 주관한다고 그들은 믿고 있음을 알 수 있다. 그러므로 누구나 天에 순응해야만 화를 면하고 복을 받아 편히 살 수 있다는 사유가 여기서 나온다.

사람들은 항상 天을 경외하였으며, 특히 천명을 받은 人君은 天의 명을 받들어 백성을 양육하고 天이 부여한 질서와 법칙을 준수할 책임을 가지게 되는 것이다. 이 책임을 다하지 못하면 天으로부터 벌을 받기 때문에 그는 항상 天에 대하여 경외하는 마음을 가지고 자기의 책임을 태만이 없도록 하여야 한다는 것이다.[10] 『시경』의 내용 중에서 <天>이나 <천명>을 발췌해 보면 대개 두 가지 견해를 볼 수 있다. 그 첫째는 만유의 시원자로서(萬有之始原者)의 天이며, 다음은 정치적 관계에서 보는 천명이라고 지적할 수 있다.

공자의 天觀은 주나라의 종교적 색채가 있는 意志的 主宰天과 天人合一로 맺어지는 道德的 義理天의 두 내용을 담고 있으며, 天사상의 형성 발달이라는 면으로 보아 전자에서 후자에로 변화 발전되었다고 본다. 孔子의 <命>은 인간의 도덕성을 위해 天으로부터 흘러나와 사람의 구체적인 실생활과 관계를 맺고 있음을 쉽게 알 수 있다.[11] 그래서 맹자는 공자의 천관념 가운데서 도덕적인 의리의 측면을 강조하게 되었고, 그로 인하여 인성속에서 선의지를 발견하게 되었다. 이것은 인성 속에 천명이 내재해 있음을 확신한 결과로서 출현한 것이다.

---

9) 『詩經』, 1974, 玄岩社, 438쪽. 「商頌」, "我受命溥將, 自天降康, 豊年穰穰."
10) 李相殷, 1966, 『韓國思想史』, 日新社, 14쪽.
11) 『論語』 三, 1990, 學民文化社, 523쪽. 「堯曰」, "不知命, 無以爲君子也."

공맹 이후 유학에서는 天을 유일신적 주재자로 숭배하는 종교적 관념을 탈피하고, 인간 내면에 작용하는 도덕의식을 근거로 하여 天人合一의 노력을 지속해 왔던 것이다. 이러한 사고의 추세는 주자에 의해서 天卽理라는 합리주의적 특성을 지니게 되었다. 그리하여 천명은 인간 내면(마음)에 성으로 부여되어 실재한다는 것으로 생각한다. 즉 天의 인격적 존재에 대한 믿음보다는 천명의 합리성에 의거한 사고의 방향으로 변화한 것이다.

주자에 있어서 천명과 인성의 문제를 집약한 용어는 <理>자라 하겠다. 이제까지 살폈듯이 그에게 있어 理는 세계의 보편적 중심이면서 인간의 윤리적 가치까지를 규정하는 절대적 원리이다. 이것을 궁극적인 大本至中의 뜻으로 표현할 때 태극이라 한다. 그에 있어서의 태극관을 밝힘으로써 우리는 그의 천명과 인성의 문제를 바로 이해할 수 있게 된다. 태극의 본질은 바로 우주 만물의 근본 원리이다. 이 근본 원리가 인간의 내면에 깃들 때, 이를 주자는 <본연의 성>(本然之性)이라고도 한다.12)

주자학에서는 이 내재성을 '보편적 실재'로 간주하여 본연의 성에 모든 가치의 기준을 두고 있다. 그러나 茶山은 인간의 마음 안에 하느님(상제)의 영명과 상통하고 있는 도의의 성에 기준을 두고 있다.

> 形體는 父母에게서 받은 것이니 처음이 없다고 말하는 것은 불가하다. 靈性은 天命에서 받은 것이니 처음이 없다고 말하는 것은 불가하다. 따라서 본래 그러하다고 말하는 것은 불가하다.13)

---

12) 蔡茂松, 1985, 「朱子哲學의 根本問題」『退溪 栗谷哲學의 比較研究』, 成大出版部, 21쪽.
13)『全書』六, 「論語古今註」, 105쪽. "形軀受之父母, 不可曰無始也. 性靈受之天命, 不可曰無始, 則不可曰本然."

茶山은 인간의 형체(形)는 부모에게서 신체를 받은 것이고, 영성(神)은 하느님(상제)에게서 천명을 받은 것이니 시작이 있기 때문에 본연의 성이라고 말해서는 안 된다고 주장하고 있다. 인간의 정신은 하느님(상제)의 속성인 영명을 나누어 지니고 있으므로, 단순한 물질적인 육체에 비하여 고귀한 존재이다. 모든 인간은 평등하게 이 영명을 지니고 있다. 지식의 유무나 기질의 청탁, 신분의 귀천에 관계없이 모든 사람은 이 영명성에 있어서는 하느님(상제) 앞에 누구나 평등하다.[14)

그는 하느님(상제)이 인간에게 부여하는 명령(天命)을 두 가지로 구분하고 있다. 그 하나는 태어나면서 받는 내면적 <性命>으로서 인간의 好德하는 성품으로 부여된 명이고, 다른 하나는 외면적 <定命>으로서 모든 일상 사건을 통해 부여되는 禍福을 주는 명이다.[15)

> 심성에다가 부여해 주고서 그로 하여금 선으로 향하면서 악을 멀리하게 한 것은 본래 (내면적) 천명인 것이며, 날마다 굽어보면서 선한 자에게는 복을 주고 선하지 아니한 자에게는 화를 주는 것 또한 (외면적) 천명이다.[16)

외면적 天命에서의 <定命>은 영명·주재자로서 만물을 다스리시는 일상생활 속에 일어나는 일에서 선한 이에게 복을 주고 악한 이에게 화를 주는 것이다. 따라서 이것은 선을 향하고 악을 멀리하게 하는 도의의 성이라는 "성품으로 부여된 命"(賦性之命) 즉 <性命>과 깊게 연관되어 있다.[17) 천명은 극복되거나 저항할 수

---

14) 成泰鏞, 앞의 책, 117쪽.

15)『全書』六,「論語古今註」, 239쪽. "天之所以賦於人者, 性之好德是命也. 生死禍福榮辱亦有命."

16) 위의 책, 79쪽. "賦於心性, 使之向善違惡, 固天命也. 日監在玆, 以之福善禍淫, 亦天命也."

있는 것이 아니다. 명이 없는 존재는 인간이라고 할 수 없다. 사람의 생은 명이다. 곧 생명이다. 인간은 살아서 生하는 명에 귀를 기울이고 順命할뿐이다.[18] 우리는 나날이 내리는 명에 따라 각자의 삶을 극진하게 할뿐이다.

茶山에게서 理는 <태극>, <천명> 및 <성>과 동일시 될 수 없는 말이다. 종래의 理一分殊說은 그의 경우에 수긍될 수 없고, 또한 이에 입각한 萬有一體觀 역시 용납되지 않는다. 그는 理一分殊說을 불교의 萬法歸一說에 불과한 것으로 보면서 시인하지 않는다.[19] 그 이유는 근본적으로 理에 대한 견해를 그가 주자 등과 달리하기 때문이다. 그러므로 茶山은 天理에서가 아니라 하느님(상제)으로부터 천명과 인성을 말하고 있다. 그리고 천명과 인성이 상련의 것(continuity)임을 아주 분명하게 주장하고 있다.

茶山은 천인관계에서 하느님(상제)은 그의 주재성(초월성)에서 인간에 대해 <定命>으로, 또한 그의 영명성(내재성)에서 인간에 대해 <性命>으로 일하고 계시는 인격적인 神(god)으로 받아들이고 있음을 우리는 알 수 있다.

---

17) 『全書』 四, 「中庸自箴」, 183쪽. "道心與天命, 不可分作兩段看. 徽告我者, 不以雷不以風, 密密從自己心上寧告戒. … 循而順之爲善爲祥 慢而違之則爲惡爲殃."
18) 특히 그의 定命 사상은 제3부 제2장을 참조할 것. 그에게 하느님(上帝)은 인간의 길흉화복을 관장하는 주재자이시다. 따라서 길흉화복은 인간의 힘으로는 조절하지 못하는 것이 된다.
19) 尹絲淳, 1986, 앞의 책, 138쪽.

Ⅱ. 人間의 性

茶山은 그의 인성론에서 인간의 성에 대한 정의로 <性嗜好說>을 주장한다. 이는 옛 경전에서 性의 의미를 캐들어 가서 얻어낸 결과로 나온 말이다. 그가 인성을 論함에 있어 언급한 주요한 인물은 孟子・荀子・楊雄 및 朱子를 비롯한 주자학자들이다. 우리가 문제 삼을만한 최초의 인성론은 맹자의 성선설이며 다음이 순자의 성악설이라 할 수 있겠다. 본원유학에서 인성론이 대두한 이래로 인간의 본성에 대한 연구는 유교철학의 중심적인 문제 가운데 하나가 되었다.

맹자는 인간의 내면에 선천적으로 선의 가능성이 있으며 이것이 인성이라고 한다. 순자는 선천적이고 비인위적이라고 규정한 인성에 대하여 예외적인 사실이 있음을 밝히고 악의 가능성도 말하고 있다. 이 양자는 인성을 각각 善・惡 어느 한편으로 단정을 지우고 나서 인간의 도덕현상을 설명한 것이며, 그 후세에 있어서 인성론은 거의 이들의 설을 절충하는 입장이라 볼 수 있다.[20] 따라서 양웅은 맹자와 순자의 인성론을 절충하려 하여 다음과 같이 말한다.

> 사람의 성은 선과 악이 섞여 있는 것이다. 그 선한 점을 닦으면 선인이 되고 그 악한 점을 닦으면 악인이 된다.[21]

맹자와 순자는 인간의 성을 각각 성선과 성악이라는 정반대의

---

20) 成泰鏞, 1979, 「茶山의 人性論」『哲學硏究』제14집, 73쪽 ; 『茶山實學思想論文選集』(3), 263쪽.
21) 楊雄, 『法言』, "人之性也善惡混. 修其善則爲善人, 修其惡則爲惡人."

것으로 보고 있지만, 그러나 성이 모든 사람에 있어 보편적이며 또한 모든 인간에게 그 자신의 노력에 의해 요순과 같은 성인이 될 수 있는 가능성을 인정한다는 점에서는 서로 일치하고 있다. 그들 외의 인성론은 정도의 차이는 있을망정 인간의 도덕적 가능성에 차등이 있다고 보는 것이다. 이러한 견해들은 인성을 선과 악 어느 한편으로 단정을 지우고 나면, 인간의 도덕현상을 원활히 설명할 수 없다고 보는데 기인한 것이다.[22]

張橫渠(1020~1078)가 천지의 성(본연의 성)과 기질의 성으로 분류한 이래 주자학의 논리체계는 크나 큰 발전을 가져왔다. 물론 본연과 기질이 서로 다른 사물이 아니며 본연의 성이 墮在하면 그것을 기질의 성이라 한다. 주자학의 인성론은 그 기본적 입장에 있어서는 茶山과 마찬가지로 맹자의 성선설에 입각하면서도 <본연의 성>과 <기질의 성>으로 나눔에 있어서는 역시 맹자의 설과 순자의 설을 조화시킨 것이라 볼 수 있으며 양웅의 설과도 상통하는 점이 있다.[23]

본연의 성은 인간에게 한정되지 않는 우주적 보편의 것이다. 이것은 보편적 <理>의 보장 아래 동물을 포함한 전우주가 한 마음으로 어우러진 이념적 지평이다. 인간과 사물의 차이 내지 사람들 각개인의 賢愚의 차별이 그 받은 바 <氣>의 다소후박에 기인한다는 王充(27~104)의 氣質論[24]은 주자학의 기질론의 선구가 되고

---

22) 成泰鏞, 앞의 책, 74쪽. 또는 『茶山實學思想論文選集』(3), 264쪽.
23) 위의 책, 73~74쪽. 또는 『茶山實學思想論文選集』(3), 263~264쪽.
24) 왕충은 인간과 사물의 차이 내지 인간 각 개인의 賢愚의 차별이 그 받은 바 氣의 다소후박에 기인한다고 주장하는 점에서 기질론의 선구자가 되고 있다. "인재에는 상·중·하의 차별이 있는데, 맹자가 말한 性善은 중인이상을 지칭한 것이요 순자가 말한 性惡은 중인이하를 지칭한 것이며 양웅이 말한 바 인성의 善惡混은 중인을 두고 말한 것이다"(『法言』, 論衡·本性篇). 이러한 점에서 주자학의 性論과 불가분의

있다. 주자에게 있어서 기질의 성은 인간성의 현실이므로 결코 순수할 수 없다고 한다. 그 기질의 성은 인간성 속의 일부가 아니라 인간성의 현실적 차원의 전체를 가리키고 있다.

맹자는 인성의 현실적·경험적 선함을 지키고 실현하는데 일생을 바쳤다. 주자가『孟子』를 주석을 하면서 느낀 곤혹이 바로 이것이다. 茶山이 보기에는 맹자가 본연의 성의 이념적 차원을 강조함으로써 현실적 차원을 무시하였다는 것이다.[25] 예컨데 본연의 성에 입각한 인간을 논하였지 본연이 기질에 墮在한 이후의 기질의 성을 돌아보지 않았다는 것이다.[26]

그런데 정자는 기질의 성을 통해 인간성의 현실을 지적하였다. 이에 따라 "맹자는 성을 논하되 기를 논하지 않았다(論性不論氣)"는 주자의 비판이 있게 된 것이다.[27] 물론 여기서<性>은 본연의 성을 가리키고 <氣>는 기질의 성을 가리킨다. 주자는 인간의 본성이 이념적으로 순수하고 선하다는 맹자의 주장을 그대로 수용할 수 없었다. 그러므로 그는 <본성>이 아니라 <본질>로서의 善을 말하고 있다.

> 理로서의 性인 본연의 성은 대소 尊卑의 차등이 없이 人·物에 있어 동등하다. 人·物의 차이가 있게 되는 것은 기질에 있다. 즉 기질의 정·편·청·탁 등에 의해 만물의 특수성이 들어 난다.[28]

관계를 맺고 있다.

25) 한형조, 앞의 책, 115쪽.

26) 위의 책, 같은 쪽. 주자는 인간이 가지고 있는 여러 자질—도덕적 자질과 능력을 포함하여—이 선천적으로 타고난다고 보았다. 그러나 선천적인 기질의 성은 결코 純善하지 않다. 선악이 섞여 있는 것이다.

27) 위의 책, 116쪽. "孟子只論性, 不論氣, 便不全備"(『朱子語類』, 4:92).

28) 朱熹,『性理大全』「性理精義」, 九, 要旨. 주자학은 그 기본 입장에 있어서는 맹자의 성선설에 입각하면서도 그 본연의 성과 기질의 성을 나눔에 있어서 역시 맹자의 설과 순자의 설을 조화한 것이라 볼 수 있다.

주자의 인성론은 그 우주론의 근간을 이루고 있는 理·氣의 개념을 인성의 문제에도 적용하고 있는 것이다. 그는 본연의 성과 기질의 성을 形而上과 形而下, 혹은 이념성(理)과 현실성(氣)으로 설정했기에 사물의 겉과 안은 분리될 수 없고, 이념성도 현실성을 떠나서는 의미가 없는 관계에 있다. 그에 있어 기질의 성은 "理가 氣에 墮在한 것"이다. 그래서 그는 인간이 가지고 있는 기질의 성을 선천적으로 타고난다고 보았다. 그의 인성론은 천인관계가 유기체적 연관 구조에 놓여 있다는 세계관의 반영이다.

그러므로 그는 선의 가능성을 인간 경험밖에 이념적으로 설정함으로써 윤리적 자기실현의 가능성을 확보하기 힘들게 하고 있다. 陸九淵(象山 1139~1192)이 이러한 점에 대해 근본적 의문을 제기한다. 그의 心卽理는 윤리적 규준인 <善>이 자기밖에 본질로서 예비한 성이 아니라 자기 안에 내적 본성의 경향성으로써 구체화된 정신적·정서적 힘(心)이라는 것이다.[29]

茶山은 맹자의 성선설을 올바로 이해함을 표방하면서, 주자학에서 말하는 性이 본원유학에서 의미하는 性과 개념이 판이하게 다르다는 것을 말하고 있다. 즉 주자학에서의 性은 마음(心)의 理이므로 도덕적 원리로서 인간에게 선천적으로 주어져 있다고 보고 있기 때문에, 철학적이고 추상적인 개념에 부치려는 경향이 있는데 비하여 옛 경전에서 언급하는 내용인 본원유학에서는 철학적이고 형이상학적인 개념이라기보다는 오히려 性은 기호로 말하고 있다고 그는 본다.[30] 그는 성에 대한 개념을 확고히 함으로써 맹자가

---

29) 한형조, 앞의 책, 119쪽.
30) 『全書』「心經密驗」143쪽. "孟子曰: 動心忍性. 皆以嗜好爲性也." 茶山은 경문에서 '性'자의 본의를 고찰하고 있다. 『召誥』의 '節性惟日其邁'나 『孟子』의 '動心忍性'이나 『王制』의 '修六德以節民性'은 모두 기호를 性이라 하기 때문에, 그는 성기호설을 주장하고 있다. 그래서 '性'

말한 성선의 참된 의미를 발견해 내고자 한다.

그는 본성이 본래부터 각각 다르다고 생각한다. 사람은 선을 즐기고 악을 부끄러워하는 점이 그 본연이요, 개는 밤을 지키고 도둑에게 짖으며 소는 멍에를 지고 풀을 먹고 되새김질하는 점이 그 본연이다. 이것은 본성이 원래 서로 다른 까닭이다. 이런 의미에서 성이란 어떤 사물의 종류(類)에 있어서 본질이라 할 수 있다. 그래서 성은 태어날 때부터 가지고 있는 것이지, 인위적으로 얻어질 수 없다는 것이다. 즉 種差에 의해 성의 개념이 성립된다는 것이다.

그의 性嗜好說은 天이 처음 인간의 생명을 부여하여 태어나게 할 때, 성을 미리 내려주어 악한 일을 하지 않고 선으로 나가게 하였기 때문에 그러한 인간의 본성을 가진 사람은 자연적으로 선을 좋아하고 그 길을 따라갈 수밖에 없다는 것이다. 한편 茶山은 子思의 性命과 맹자의 性善은 모두 같은 뜻이며, 맹자의 性善的 嗜好의 성을 따라서 마음이 저절로 선을 따르게 되어 있는 것이 인간의 성이며, 사람은 도의의 성을 하느님(상제)의 명으로부터 부여받았다고 한다.[31] 그의 인성론은 물론 본원유학으로 회귀를 전제로 하면서, 이미 또 다른 세계관에 기초하여 제기된 것이다.

그에게서는 성선의 의미가 인간에게 본래적으로 도덕의 원리가 주어져 있는 것이 아니고 선에의 지향성만이 주어져 있다. 인의예지의 이름은 행사 이후에 얻어지는 것이다. 이는 인덕이지 인성이 아닌 것이다. 이러한 네 가지 마음은 모두가 하나의 영명한 본체에서 발생된 것이다.[32] 영명이란 인의예지의 가능태일 뿐이지 바로

자는 雉性・鹿性・草性・木性 등과 같이 본래 기호로서 그 이름이 이루어진 것이지 어떤 까마득한 추상적 개념이 아니라고 한다.

31) 위의 책, 144쪽. "子思之言, 性命. 孟子之談, 性善. 都是此意."

32) 『全書』四, 「中庸講義」, 311쪽. "仁義禮智之名, 成於行事之後, 此是人德, 不是人性. 四心總發於一箇靈明之體."

인의예지는 아니다. 이러한 네 가지 덕은 본래 갖추어져 있는 것이 아니라 인간의 본성에 있는 그것들에 대한 지향성의 발휘를 통하여 실천적으로 성취되어야 하는 것이다. 그런 점에서 그는 맹자의 四端의 <端>자는 <始>자와 같은 뜻으로 그것의 발휘를 통해 덕을 이루어 나가는 시초가 된다는 의미로 본다.

그는 인간에게서 본연의 성을 삶의 구체성으로 끌어내려 도의의 성으로 말하고 있다. 오직 인간이 그 성을 직접 발휘함으로써 개개인이 구체적인 덕을 실현하느냐 못하느냐에 따라 도덕적인 차이가 있게 된다고 그는 보았다.

> 기질의 성은 명백히 사람이나 짐승이 함께 얻은 것인데 주자학자들은 달리 얻은 것이라 하고, 도의의 성은 명백히 사람에게만 있는 독특한 것인데 주자학자들은 함께 얻었다고 합니다. 이것을 臣이 매우 의심스럽게 여깁니다.[33]

유학의 인성론에 있어서 人性과 物性은 근본적으로 같다는 주장과 서로 다르다는 주장이 서로 맞서 있다(人物性同異論). 물론 茶山은 서로 다르다는 입장이지만, 주자학의 그것과는 또한 다르다는 사실에 우리는 주목해야 할 것이다.[34] 그들에게서 인성은 기질의 성과 도의의 성을 가지고 있다는 데 모두가 같지만, 유독 茶山은 도의의 성을 사람만이 가지고 있다고 한다. 인간만이 도의(善)를 행할 수 있는 영명한 마음(心)의 능력을 갖고 있는 반면에, 다른 동물에는 그러한 점이 없다는 사실에서 인간과 동물을 구별

---

33) 『全書』四, 「孟子要義」, 532쪽. "氣質之性, 明明人物同得, 而先儒謂之各殊. 道義之性, 明明吾人獨得, 而先儒謂之同得. 此臣之所深惑也."

34) 주자학의 인성론은 천인관계가 유기체적 연관 구조에 놓여 있다는 세계관의 반영이다. 그런데 茶山의 인성론은 물론 본원유학으로의 회귀를 전제로 하지만, 이미 실학적인 세계관에 기초하여 제기된 것이다.

하고 나아가 인간의 우월성을 인정하는 셈이다.

그는 인간이 다른 것(物)과의 차이를 性三品說로 설명한다. 그는 초목의 성이란 생명이 있으나 지각이 없고, 금수의 성이란 생명이 있는데다가 또한 지각이 있고, 우리 인간의 성이란 생명, 지각이 있고 또한 신령하고 선하게 보았다.[35] 人·物性을 등급으로 구별한 점은 원래 荀子의 「王制」 편에서 처음 보이나,[36] 다산이 Aristoteles나 Ricci의 魂三品說[37]의 영향을 받고 있음을 우리는 부인할 수 없다.

茶山의 철학체계에서 독특한 의미를 지니고 있는 인간 이해에서 거의 Ricci와 의견을 같이 한다. 다시 말해서 인간은 우주 사물 가운데 가장 높은 층에 위치하는 '만물의 영장'으로서의 지위를 지니고 있으며, 이러한 각 단계의 사물들의 본성은 하느님(상제)으로부터 각각 고유하게 부여받고, 인간만이 도덕을 실천할 수 있는 특성을

---

35) 『全書』六,「論語古今註」, 105~106쪽. 茶山은 人物性異論을 표방하여 성삼품설을 주장하고 있다. 즉 ① 초목의 성—有生·無覺 ② 금수의 성—有生·有覺 ③ 인간의 성—有生·有覺·有靈·有善이 있기 때문에 상·중·하로 나눌 수 있다고 한다.

36) 순자의 인물품등분류를 보면 다음과 같다. "水火는 氣만 있고 生은 없다. 식물은 氣와 生이 있으며, 금수는 氣·生·知가 있고, 인간은 氣·生·知·義가 모두 있다"(『全書』四,「孟子要義」, 539쪽). 즉 ① 水火—有氣·無生 ② 식물—有生·無知 ③ 금수—有知·無義 ④ 인간—有氣·有生·有知·有義이라고 한다. 이렇게 보면 이 四類는 그 하부구조에 있어서는 茶山과 공통되며 그 類의 특성을 나타내는 상부구조에 있어서만 차이가 있다(成泰鏞, 앞의 책, 83쪽, 또는『茶山實學思想論文選集』(3) 273쪽).

37) Matteo Ricci, 앞의 책, 102쪽. 또는 177~178쪽. 이 세상에 魂은 삼품급이 있다. 하품을 일컬어 생혼이라고 한다. 바로 초목의 혼이다. 중품을 일컬어 각혼이라고 한다. 동물의 모든 혼이다. 상품을 일컬어 영혼이라고 한다. 바로 인간의 혼이다. 사람의 혼은 생혼과 각혼을 같이 갖고 있다. 그러므로 본성의 같고 다름은 혼의 같고 다름에 말미암은 것이다(178쪽 "故性異同, 由魂異同焉").

고유하게 지니고 있다는 것이다.

주자가 인성을 본연의 성과 기질의 성으로 나누어 보는 데 반해서, 茶山은 인성을 도의의 성과 기질의 성이 마음(心)에서 *妙合*한 것이라고 본다. 인성은 도의와 기질이 합쳐서 한 성으로 된 것이요, 금수의 성은 순전히 기질의 성일 뿐이라고 한다. 인성은 동물과 차이가 크다. 이에 사람의 행실은 짐승과 같이 하지 말아야 한다.

> 생리적 욕구는 육신의 기질의 성이 발현된 것이고, 도덕적 정서는 도의의 윤리성이 발현된 것이다. 사람은 이 두 마음을 가질 수 있으나, 짐승은 본래 받은 것이 기질의 성일 뿐이다.[38]

여기서 <기질>은 본래의 의미가 <생명>이란 뜻으로 動覺食色 즉 활동과 지각 능력 그리고 음식과 성적 욕망인데 이렇게 한정적으로 구체화한다. 다시 말해서 <기질>은 생명체(anima)로서 모두가 갖는 본능적이고 생리적인 것이다.[39]

茶山에게서 인성과 물성은 근본적으로 다르다. 그러나 정주학파의 인성론에 있어서는 본연의 성과 기질의 성이라는 양성론에서 그 이해가 서로 다르게 나오고 있다. 즉 인성과 물성이 본연의 성으로는 같으나 단지 부여받은 형기가 같지 않으므로 차이가 생기는 이기론이다. 그러므로 주자가 서로 같다고 하는 본연의 성을 茶山은 <다르다>고 하지 않을 수 없었고, 주자가 서로 다르다고 하는 기질의 성을 茶山은 서로 <같다>고 하지 않을 수 없다.

그는 인성에 있어서 주자학에서 말하는 본연의 성을 부정하면서도 철저히 맹자의 성선설을 추구하지만, 기질의 성에 선천적인 차

---

38) 『全書』四「孟子要義」, 531~532쪽. "人心者, 氣質之所發也. 道心者, 道義之所發也. 人則可有此二心. 若禽獸者, 本所受者, 氣質之性而已."
39) 한형조, 위의 책, 206쪽.

등이 있다는 견해를 물리치고 있다. Ricci는 이 문제에 대하여 茶山과 비슷한 견해를 갖고 있다. 같은 유형의 사물은 같은 기질의 성을 갖는 것이다.

> 사물의 좋아하고 미워함은 항상 사물의 성질과 상응한다. 유형의 사물은 항상 유형의 사물을 좋아하거나 싫어합니다. 형체를 초월한 사물은 바로 무형의 사물을 좋아하거나 싫어합니다.[40]

Ricci도 "사물의 좋아하고 미워함이 항상 사물의 성과 상응한다"고 하였으니, 이는 茶山의 性嗜好說과도 같은 말이라 할 수 있다. 결국 성이란 어떤 유에 있어 태어날 때부터 있으며 인위적으로 이루어지지 않는 것으로, 보편적이면서도 그 종류를 다른 종류로부터 구별짓는 특수성 가운데서 기호를 중심으로 말해지는 것이다.

인간의 내면의 본래적 내재성에 대하여는 주자학이나 불교나 서학에서 다같이 인정한다. 그러나 그 내재자의 성격이 상이점을 갖고 있다. 茶山은 유학의 성선을 바탕으로 하고 그것을 마음 안으로 받아들임으로써 천주교 사상(서학)과 유학을 더불어 수용하여 나름대로 변용(改新)을 하면서 발전시키는 논지를 펴나가고 있다. 그는 주자학의 천리에 근거한 인성론으로부터 하느님(상제)이 내리는 천명의 인성론에로 전환을 시도하고 있다. 유독 사람만이 하느님(상제)의 명이 내재할 수 있기 때문이다. 여기서도 인간의 우월성을 주장하는 茶山의 인성론은 그 당시로서는 나름대로 독특한 사상이다.

> 사람의 마음은 神明이 머무는 곳이다.[41]

---

40) Matteo Ricci, 앞의 책, 108~109쪽. "物類之所好惡, 恒與其性相稱焉. 故着形之性, 惟着形之事爲好惡. 而超形之性, 以無形之事爲愛惡."

茶山에 있어 하느님(상제)은 인간과 감응할 수 있는 天이기에 인간 역사 속에 천명이 실현되고, 인간을 통해 천명을 이루는 존재임을 살필 수 있다. 천명과 인성이 性命으로써 서로 관통을 할 때, 이를 도심의 발현이라 한다. 천명과 인성을 하나로 보아야 한다는 性命論은 우선 하느님(상제)의 영명성이 인간의 도심을 통하여 직접적 실천의지로 발로되어야 한다고 생각한 그의 탁견을 우리는 인정하여야 한다. 인성이란 사물의 성과 같을 수 없고 인간만이 존엄성을 지닌다고 생각한 그의 견해를 근대의 인간관과 부합될 수 있는 가장 중요한 일면이라 할 수 있다.

특히 그는 천명과 인성을 둘이 아니라 性命一如로써 마음(心)에서 하나임을 강조하고 있다. 그는 무형의 정신과 유형의 신체가 묘합하는 중추를 마음(心)이라고 한다. 도심(神)과 인심(形)으로 神形妙合에 의하여 인간이 된다고 한다.[42]

천명은 항상 인간에게 쉴 사이 없이 내려오며 내심의 본원에서 나오는 명령이기도 하다. 영명이 사람 안에 들어와 있을 때는 性이요, 天의 입장에서는 命이 된다. 性은 善에로의 경향성이다. 성에 따르는 일(率性)이란 천명에 순종하는 일(循天命)을 말한다. 그는 도심에서 우러나오는 소리와 천명을 동일시하고 있다. 여기서 우리가 주목할 점은 하나로 통합되나 둘로 구별할 수 있는 둘이면서 하나(二而一的)인 思惟이다.

---

41) 『全書』 四, 「孟子要義」, 548쪽. "心者吾人神明之所宅也."

42) 『全書』 六, 「論語古今註」, 117쪽. "人者妙合神形, 而混然爲一者也." 비교(cf.), "말씀이 육신이 되어 우리 가운데 居하시매 …"(요한복음, 1:14). 우리는 茶山의 '神形妙合'을 기독교의 '道成人身'(incarnation)에 비교할 만 한 것인데, 그러한 사건이 기독교에서는 예수라는 특정인으로 한정 짓고 있는 반면에, 茶山은 인간일반으로 보고 있는데 큰 차이가 있다.

Ⅲ. 맺는 말

茶山은 우선 先秦時代의 경전에서 드러나는 삶의 태도와 당시의 주자학으로 드러나는 삶의 태도를 선명하게 대립시켜 제시하였다. 그는 경전 자체와 주자학의 체계 사이에 놓인 대립적 차이의 핵심을 상제 내지 귀신에 관한 인식과 이에 대한 태도에서 찾고 있다. 그가 경전에 나오는 상제 내지 귀신을 신앙적 대상으로 재인식하고 있는 것은 그 자신이 청년시절에 깊이 빠져들었던 천주교 신앙의 영향이 개재하고 있음을 엿볼 수 있게 한다. 그는 상제사상을 통해서 새로운 세계관을 열기 위해 주자학의 왜곡됨을 드러내어 비판하고 경전 자체의 진실성을 회복하려는 입장을 보여주고 있다.

무엇보다도 그가 주자학자들과 다른 점은 <理>를 궁극적 실재로 인정치 않고, 그러한 <理>의 자리에 <天>을 놓고 그 天을 <상제> 즉 초월적 최고신으로 간주하는 데 있다. 그는 天의 본 이름(正名)은 <상제>라 한다.[43] <天>은 상제가 있는 자리로서 상제를 가

---

43) 『全書』五, 「論語古今註」, 104쪽. "天謂上帝也." 또는 『全書』四, 「孟子要義」, 568쪽. "天之主宰爲上帝". 그는 天과 상제를 동일한 존재에 대한 명칭이라고 생각한다. 주재의 권능을 지니고 천지를 주재하는 본래의 존재는 '상제'라고 부르고, 그것을 天이라고 부를 수 있다는 것이다. 비교(cf.), "천지의 주재이신 아버지시여,"(누가복음, 10:21). 세계 종교들과 역사적으로 만나고 있는 오늘날 기독교에 있어서 가장 중요한 신학적 문제는 성경과 더불어 "다른 종교의 경전을 어떻게 할 것이냐?"하는 해석학의 문제이다. 북미주의 신학자들은 이미 비교신학(comparative theology)을 발전시켜 이 문제에 접근하고 있다. 다원적 상황에서는 경전간의 비교연구가 절실하기 때문이다. 특히 신학자로서 필자에게는 한국 언어 문화적으로 고백하는 적절한 기독교 신앙의 정

리키는 이름이 된다고 한다. 그런데 그는 상제를 일단 귀신과 같은 존재로 이해하고 있다. 그는 상제를 형체도 없고, 보이지도 않고 들리지도 않지만 영명한 존재로 정의하고 있다.

> 하느님(상제)은 육체도 형질도 없으니 귀신과 성질을 같이 하므로 귀신이라 한다. 그것이 감응하여 굽어보는 점을 가지고 말하기 때문에 귀신이라 하는 것이다.44)

『周禮』의 「大宗伯」에 전거해서 그는 귀신의 양상을 하늘의 神(天神), 땅의 示(祇)(地祇), 그리고 사람의 鬼(人鬼)라는 세 가지 형태로 제시하였다. 이것은 고대 중국에 나타난 天神·人鬼·地祇의 三品說이다.45) 그러나 그는 이러한 삼품설을 유일신의 상제설로 말하기 전에, 일단 천신·인귀의 이품설로 정리한다. 그래서 제사의 순서에서는 세 가지 이러한 형태가 있더라도 神(god)의 존재

립을 하기 위해서이다(이찬수 外, 1996, 『宗敎神學의 이해』, 분도출판사 참조).

44) 『全書』四, 「中庸自箴」, 205쪽. "上帝之體, 無形無質, 與鬼神同德, 故曰鬼神也. 以其感格臨照而言之, 故謂之鬼神."
여기서 그는 하느님(上帝)과 귀신을 한 가지로 보고 있다. 그는 하느님(上帝)의 본체가 형체나 기질이 없는 점이 귀신과 덕이 같다고 규정한다. 감응해 이르러서 밝게 살피는 능력과 작용은 하느님(上帝)에서니 귀신에서 공통된다고 본다. 비교(cf.), Matteo Ricci, 앞의 책, 160쪽. "天主無形而無所不在." 그러나 茶山은 귀신을 천지의 공용이나 조화의 흔적이라고 하는 정자의 해석이나 二氣의 양능이라는 장자의 이론은 인정하지 않는다. 귀신은 강림하여 굽어보는 위엄은 그 위에 계시는 듯하고 그 좌우에 계시는 듯하니, 귀신의 덕은 "숨은 것보다 더 잘 드러나는 것이 없으며 미세한 것보다 더 잘 나타나는 것이 없다"는 것이다(「中庸講義」, 246쪽). 그러므로 보이지 않는 것과 보이는 것을 총괄하는 것이 天德이다(「中庸講義」, 279쪽, "總之微顯者天德也").
45) 『全書』四, 「中庸講義」, 275쪽. "周禮大宗伯, 所祭鬼神, 厥有三品. 一曰天神, 二曰地示, 三曰人鬼." 위의 책, 300쪽. "天神地示, 雖分二類, 萬物一原, 本無二本."

에 있어서는 하늘의 神(천신)과 사람의 鬼(인귀)만 존재한다고 강조하고 있다.46) 천신은 하느님(상제)을 보좌하는 신하로서 각기 그 호칭과 지위가 있고,47) 인귀는 사람이 죽은 귀신이다.48) 그리하여 천지에 귀신이 곳곳에 널려 있는데 그 가운데에서 지극히 존귀하고 가장 큰 자가 상제이다.49) 유일신의 존재로서의 하느님(상제)은 그들의 위에 존재하는 주재자로 그는 생각하고 있다.

그는 하늘(天)과 땅(地)을 인간이 받들어야 할 神(god)의 존재의 두 가지 모습이라는 우리 민족의 전통적 견해를 부정하고, 땅(地)을 사람(人)에 흡수시켜 하늘(天) 아래에 인간과 땅(만물)을 위치시켜 주고 있다.50) 여기서 그는 하늘(天)을 상제천과 자연천으로 함께 말하고 있지만 궁극적으로는 자연천도 상제천의 주재 하에 있는 것으로 인식하고 있다. 그러므로 그는 하느님(상제)만이 천지만물의 주재자임을 분명히 드러내 말하고 있다.

주자는 鬼神을 해명하는 이론에서 <鬼>를 <음>이라 하고 <神>을 <양>이라 하여 음양론에 의해 설명하지만, 茶山은 사람의 <鬼>와 하늘의 <神>은 근본적으로 다르기 때문에 혼동할 수 없다고

---

46) 위의 책, 같은 쪽. "祭祀之秩, 雖有三品, 其實天神人鬼而已." 천신과 인귀와의 밀접한 연관성은 자연숭배로부터 내려오는 고대 신앙을 상제를 중심으로 체계화하고 있음을 보여 준다. 또한 천신과 인귀를 함께 배향함은 유교의 神의 개념이 인간의 삶에 정치적·내재적으로 얼마나 깊이 관여하고 있는지 단적으로 보여 주고 있다.

47) 위의 책, 276쪽. "天神者, 本無形質, 爲上帝之臣佐, 昭布森列, 有號有位." 이러한 천신론은 유교의 교의로서 깊은 의미를 가지고 있으며, 천주교의 천사론과 비교할 때 그 특성이 더욱 두드러짐을 알 수 있다.

48) 위의 책, 같은 쪽. "人鬼者, 人死之鬼."

49) 위의 책, 281쪽. "臣謂天地鬼神, 昭布森列, 而其至尊至大者, 上帝是已." 하느님(上帝)은 天神들을 거느리고 그들에게 명령을 내리는 <至尊至大한 存在>라고 그는 설명하고 있다. 비교(cf.), "天主는 온 땅 위에 지존하시고 모든 神 위에 초월하시나이다"(시편, 97:9).

50) 위의 책, 276쪽. "地示之本人鬼, 可知也."

한다. 그리고 그는 神(god)중의 최고의 존재인 하느님(상제)을 주재자로서 唯一神化하고, 나머지 하늘에 있는 神(god)들을 천신이라는 類개념(서학의 '천사'와 견줄 수 있음)으로 구별하고 있다. 여기에서 서학의 영향을 받고 있음을 우리는 곧 알 수 있다.

Ricci는 神(god)에 물질적 육체는 없고 오직 정신 능력만을 가진 존재들(spirits), 즉 神·귀신·천사 등의 의미를 부여하고 있음에 우리는 각별히 주목해야 한다. 특히 그는 『천주실의』에서 <天主>를 <上帝>로, 그리고 <天使>를 <天神>으로 겸용해서 쓰고 있다. 그는 당시의 누구보다도 동양과 서양 사이의 언어적·개념적·문화적·도덕적 측면 등에서의 상당한 차이를 근소하게 하도록 메워 주었다. 그렇지만 그 차이는 존속하고 있다. 주자학이 동아시아의 지배적 세력으로 살아 있는 한, 그것은 변함없이 남아 있을 것이다.[51] Ricci는 여기에 대해서 다음과 같이 말하고 있다.

> 오직 천주만이 태초에 천지와 사람과 만물을 창제하시고 때에 맞게끔 그들을 주재하고 편안하게 생존하게 하신 분입니다.[52]
>
> 至尊하신 분은 둘이 아니라 오직 한 분뿐입니다.[53]

그러나 茶山은 하느님(상제)만을 오로지 한 분이신 神(God)으로 믿는 천주교의 唯一神論者(monotheismist)는 아니고, 천신과 인귀를 수용하고 있는 多神論者(polytheismist)이면서도 하느님(상제)만을 최고신으로서 유일신화하고 있다.

---

51) Donald Baker, 1997, *Confucianism Confronts Catholicism in the Late Choson Dynasty*; 金世潤譯, 『朝鮮後期 儒敎와 天主敎의 대립』, 일조각, 67쪽.

52) Matteo Ricci, 앞의 책, 62쪽. "獨有一天主, 始制作天地人物, 而時主宰存安之."

53) 위의 책, 85쪽. "夫至尊無兩, 唯一焉耳." 비교(cf.), "주는 천하 만군(萬軍)의 유일하신 하나님이시라"(이사야 37:16).

제4부

다산의 윤리사상

제1장 道心과 聖人

제2장 『중용』의 天德

제1장

道心과 聖人

Ⅰ. 들어가는 말

茶山은 인간의 본성을 자연의 경향성으로서 인간의 고유한 욕구에서 읽어야 한다고 주장한다. 그런데 그에게서 性은 형구의 기호와 영지의 기호에서 나오는 두 개의 경향이 있음을 전제하고 있으며,[1] 그 중의 도덕적 선의 경향을 띤 말이 후자인 것이다. 즉 사람의 본성은 선을 즐기는 경향성(嗜好)이라고 한다. <영지>와 <형구>의 성향은 인간의 마음속에서 서로 대립되는 양상으로 나타나 그것의 결과에 의해서 인간 행위의 방향이 구체적으로 결정된다.

그는 性嗜好說에서 두 가지 기호 즉 형구의 기호와 영지의 기호의 두 가지 상태가 있음을 주장한다. 영지의 기호는 "선을 좋아하고 욕을 부끄러워"(樂善而恥汚)하는 사람의 본심인 동시에 "무형한 영명의 몸"(靈明無形之體)로서의 성이다. 맹자의 표현으로는 이것을

---

1)『全書』二,「自撰墓誌銘」, 659쪽. "曰性者嗜好也. 有形軀之嗜, 有靈知之嗜."

大體라 하고, 무형한 대체가 발현하는 바를 가리켜 말할 때는 <道心>이라고 한다고 하였다. 이와 상대적으로 유형한 형구의 기호로서 발현할 때는 小體라고 하며, 도심에 상대적인 의미로서 <人心>이라고 한다. 즉 형구의 기호에서 말하는 물욕은 사악의 근원이 된다고 한다.[2]

茶山에게서 心體는 虛靈하며 만물과 신묘하게 감응하기 때문에 이름지어 말할 수 없다. 또 허령한 본체로서 말하면 <대체>라 하고, 대체가 드러남으로 말하면 <도심>이라 하지만, 대체가 좋아하고 싫어함으로 말하면 <성>이라고 한다. 마음은 대체, 도심, 성과 같이 여러 가지 이름으로 말하지만, 마음의 본체는 대체이고 마음의 작용이 도심이고 마음의 속성이 성이라 할 수 있다. 대체의 기호인 선을 따르는 사람을 君子요 大人이라고 생각한다.

인간의 성은 도의와 기질의 두 가지 성이 있다. 그것들이 발현하여 마음의 작용으로 나타날 때, 우리는 앞에 것으로부터 발현하는 것을 일러 도의를 위한 까닭에 도심이라 하고, 뒤에 것으로부터 발현하는 것을 일러 口體를 위한 까닭에 인심이라 한다.[3] 그는 인간의 심성 가운데 형구의 기호에서 비롯되는 것을 인심이라 하여 이는 기질의 성을 觸한 감성적 측면을 의미하고, 영지의 기호에서 비롯되는 것을 도심이라 하여 이는 도의의 성을 感한 이성적 측면을 의미하고 있다.

이러한 점은 주자학의 구별과 크게 다른 것이 없다. 李滉(退溪

---

2) 金玉姬, 1993,「茶山의 心經密驗에 나타난 心性論」『茶山 丁若庸의 西學思想』, 다섯수레, 190쪽. 또는『茶山實學思想論文選集』(3), 77쪽. 茶山은 성기호설에서 성을 형구의 기호와 영지의 기호로 나누고 있다 즉 ① 기질의 성－형구의 기호－금수성－소체－有形－人心이고, ② 도의의 성－영지의 기호－인간성－대체－無形－道心이다.
3) 李乙浩, 1966,『茶山經學思想研究』, 乙酉文化社, 76～77쪽.

1501~1570)은 영지로부터 피어나는 마음은 理發이 되고, 형구로부터 피어나는 마음은 氣發이라고 규정하며, 그는 <理氣互發論>을 주장한다. 그러나 茶山은 이기론상의 理의 주재 기능을 강력하게 부정하는 입장에 있으므로 여기에서도 理의 발현으로써 도심을 인정치 않는 점은 물론이다. 그러나 그가 말하는 도심은 본연의 성인 천리의 발현이 아니고, 하느님(상제)의 명령(天命)인 '도의의 성'이 인간의 마음으로 轉化되어 나타난 "인성에 부여된 명"(性命)이다.

Ⅱ. 道心과 人心

주자학에서는 마음(心)자체를 이기의 합으로 보는 만큼 理와 관련된 도심과 함께 氣와 관련된 인심을 말하고 있다. 또 한편 성의 경우에도 본연의 성과 함께 기질의 성을 말한다. 말하자면 본원유학(孟子)에서의 食色의 性을 주자학에서는 기질의 性이라 부르게 된다.4) 그러면 茶山은 과연 사람의 심성을 어떻게 보았을까? 茶山은 맹자의 성선설의 原義에 충실하여 도의의 성이란 우리 인간의 선험적 경향성일 뿐이라고 보고 있다. 여기서 맹자의 학설을 주자와는 매우 다른 각도에서 풀이한 점에서 독특한 그의 견해가 엿 보인다.

---

4) 孟子는 도덕적(根於心)인 인의예지는 인간 고유의 성이고, <食色의 性>은 개와 소, 등으로 동물의 성이라는 것이다.

1. 대체의 지향성과 도심

주자는 맹자의 성선설을 충실히 따라 본연의 성은 중요시하지만, 기질의 성은 중요시하지 않는 것으로 보인다. 四端 내지 五常의 본성만이 五倫의 도의를 이루는 것이라는 의미에서 본연의 성만을 매우 중요시한다. 반대로 형기와 관련된 기질의 성을 오히려 오륜의 도의를 행하는 데 방해되는 것이라는 의미에서 매우 경시·천시하기까지 한다.[5] 우리는 일단 주자학에서 수양론의 핵심 논지가 결국 인욕에 의해 가려진 인간의 천부적인 선성을 부단한 사려와 실천을 통하여 인욕을 제거함으로써, 본래의 선성을 다시 회복하려는 復性說이라 할 수 있다.

그러므로 주자학에서는 인간의 사고로 말미암아 마음과 행위의 규제보다는 본연의 성에 자신의 행위와 마음을 일치시키려는 방향으로 나아가는 특성이 있다. 그것은 인간 내면의 사고작용을 중시하기보다는 담지된 理의 발현을 목적으로 하고 있기 때문이다. 이때 理는 곧 앎의 대상이다. 즉 궁구의 대상인 理를 알게 되면 그것을 따라가는 과정만이 남는다. 그 때 천명이나 도심은 일종의 理를 모방하는 상태라 할 수 있다. 곧 그들의 도심이란 본연의 성으로서의 천리를 발현함이다.

茶山에게 있어서는 그러한 천리의 발현과 도심은 어떠한 관계도 없는 것이다. 그는 주자학에서와 같이 실재하는 理가 인간에게 담지된 것으로 보는 점 자체를 부정하고 있다. 도심은 인간의 심성에서 드러나지만 이러한 능력은 하느님(상제)으로부터 받은 것이다. 그것은 누구의 마음속에서도 자연히 우러나는 것으로 그는 보고 있다.

---

5) 尹絲淳, 1986, 앞의 책, 147∼148쪽.

천명은 인간의 내면에서 쉬지 않고 발현되니 그것이 곧 도심이다.

> 선한 일이 아닐 때 도심은 이를 부끄럽게 여긴다. 부끄럽게 여기
> 는 마음이 솟아나는 것은 천명을 성실히 따르는 것이며, 행위에 선
> 하지 못한 점이 있을 때 도심이 그것을 뉘우치는 것은 천명을 성실
> 히 따르는 것이다.6)

그에게서 천명이 도심을 통하여 항상 드러나고 있으며, 그것에 따르는 일이 인간의 도의가 되므로 천명이 인간 삶의 원리가 되며, 이러한 원리는 인간이 살아 존재하는 한 잠시도 내면에서 떠날 수 없는 것이다. 주자학의 도심이 천리를 아는 것을 전제하고 작용하는 점과는 다르다. 또한 기질의 차이에 의하여 본심 발현의 유무가 결정되는 주자학과는 달리 茶山은 누구에게나 도심이 항상 작용한다고 봄으로써 이성의 보편성을 모든 인간에게 실제화 시켰다고 할 수 있다. 말하자면 사람은 평등하다는 것이다.7)

이것으로 보면 영지의 성(靈과 善)이 곧 도의의 성으로도 표현되는 말임을 알 수 있다. 이러한 영지의 능력은 인간만이 지니고 있는 성이다. 인간과 다른 동물과의 차이는 곧 <영>과 <선>(그 능력)이 있는가 없는가에 달렸다.8) 인간에는 이른바 <영>과 <선>

---

6) 『全書』 四, 「中庸自箴」, 180쪽. "事之不善, 道心愧之. 愧怍之發, 諄諄乎天命也. 行有不善, 道心愧之. 悔恨之發, 諄諄乎天命也."
7) 朱子는 사람의 性이란 똑같지 않음이 없으나 氣는 차이가 있는 까닭에 오직 성인만이 능히 그의 전체를 다할 수 있다. 그러나 茶山은 『書經』에 "성인이라도 생각하지 않으면 미치광이가 되고 미치광이라도 능히 생각하면 성인이 될 수 있다" 하였으니, 이는 性과 氣가 모두 같다는 점을 밝히어 평등하다고 한다. 누구나 신독해서 지성을 다하면 성인이 되는데 다만 天道는 생이지지(生而知之)의 성인이며, 人道는 학이지지(學而知之)의 성인이라고 해서 성인이 되는데 완급을 말하고 있을 뿐이다.
8) 『全書』 四, 「中庸講義」, 329쪽. "人之性, 旣生旣覺, 又靈又善."

이 있는 반면에, 금수에는 이 능력이 없다. 그런데 주자는 본연의
성을 사람과 만물에 공통적인 본성이라고 한다. 茶山은 이러한 주
장을 분명히 불교에서 따온 萬有一體觀이라고 거부한다. 그에게서
인간의 본성과 동물의 본성은 다르다.

> 인간의 성은 도의와 기질, 두 가지를 합쳐 한 성으로 한 것이지만,
> 금수의 성은 순전히 기질만의 성일 뿐이다.9)

흔히 주자학의 본연의 성은 純善無惡하므로 茶山의 도의의 성
에 해당되는 것이 아니냐 하는 의문이 있을 수 있으나, 그가 언급
한 주자학의 본연의 성에 대한 비판을 보면 이들은 결코 서로 같을
수가 없다. "본연의 성은 본래 불서인 능엄경에서 나왔다"10)라고
한 점은 송학이 불교서적 특히 화엄학의 영향을 크게 받고 있다는
근세학자들의 견해에 대해 그는 이미 앞서 있음을 보여준다.

그에게서 도의의 성은 오히려 物性과는 상대적인 점에서 인간만
이 지니는 인간조건이 되는 것이다. 그러나 금수(동물)는 오직 기질
의 성만을 소유했을 뿐이므로 그것들에게는 선악의 표준마저도 없
는 것이다.

茶山은 영지의 기호를 도의의 성으로 본다면, 영지를 도심이라
고 할 수 있다. 여기서 <知>라는 말은 마음의 기능이라고 할 수

---

9)『全書』四, 「孟子要義」, 529쪽. "蓋人性者, 合道義氣質二者而爲一性者
　　也. 禽獸性者, 純是氣質之性而已." 比較(cf.), Matteo Ricci, 앞의 책, 107
　　쪽. "一物之生, 惟得一心. 若人則兼有二心, 獸心人心是也. 則亦有二性,
　　一乃形性, 一乃神性也."

10)『全書』六, 「論語古今註」, 111쪽. "本然之說, 本出佛書㘗嚴經." 혹은
　　『全書』四, 「心經密驗」, 148쪽. 또는 「大學公議」, 24쪽. "如來藏性, 淸
　　淨本然, 此本然之性也." Ricci도 역시 유학이 송대 이후 유물론적 경향
　　으로 변형되었다고 파악하였다. 정주학의 세계관은 불교의 영향을 받
　　아 이해되었다고 한다.

있기 때문이다. 이 영지의 능력이 바로 작용하여 나타나는 것이 도심이라고 할 수 있다. 이것은 천명의 구체적 작용을 의미하고 있다. 환언하면 천명의 발현이 곧 도심이라는 것이다.

그는 인간의 영명에는 세 측면이 있다고 생각하고 있다. 그 하나는 선을 좋아하고 욕을 부끄러워하는 것이다. 또 하나는 선할 수도 있고 악할 수도 있다는 것이다. 다른 하나는 선하기는 어렵고 악하기는 쉽다는 것이다.

> 인간의 영명한 것에는 세 가지 이치가 있다. 그 본성을 두고 말한다면 선을 좋아하고 악을 부끄러워한다. 그 자유의지에 의한 선택(權衡)을 두고 말한다면 악할 수도 선할 수도 있다. 그 구체적인 일을 말한다면 선하기는 어렵고 악하기는 쉽다.[11]

첫째로 영명한 것에는 천명의 파악을 거침으로써 가능해지는 것이다. 그것은 도심에 性命이 깃들여져 있기 때문이다.[12] 그러므로 그는 『중용』의 "성을 따르는 일이 도"(率性之謂道)라는 해석에서의 <率性>은 반드시 도심에서 출발한 것이다.

> 성을 따르는 일을 도라 하므로 성에서 나오는 것을 도심이라 한다. 도심이란 선하려고 하며 또한 능히 선을 사리기도 한다. 한결같이 도심이 하고 싶은 대로 따르는 그것을 率性이라 이르니 率性이란 천명을 따르는 일이다.[13]

도심은 천리의 발현이 아니라 천명의 발현이다.[14] 구체적으로

---

11) 『全書』四, 「大學講義」, 147쪽. "靈體之內, 厥有三理. 言乎其性, 則樂善而恥惡. 言乎其權衡, 則可善而可惡. 言乎其行事, 則難善而易惡."
12) 『全書』四, 「中庸自箴」, 180쪽. "性之所發, 謂之道心. 率性者, 循天命也."
13) 위의 책, 같은 쪽. "率性之謂道. 故性之所發, 謂之道心. 道心常欲爲善, 又能擇善. 一聽道心之所欲爲, 玆之謂率性. 率性者, 循天命也."

하느님(상제)의 존재와 속성을 연관지어 설명하면, 영명·주재자이신 하느님(상제)이 인간의 행위를 감찰하면서 인간에게 전달하는 메시지가 도심이 된다. 하느님(상제)은 선악의 기준이 분명하므로 도심에서 파악한 하느님(상제)의 의사도 善·惡이 아주 분명하다고 할 수 있다. 도심은 하느님(상제)으로부터 부여받은 것이고, 부여받은 이후부터 죽을 때까지 하느님(상제)의 명을 感知하고, 그것으로써 행위의 순간 순간에 잘·잘못을 가려서, 악에 빠져들지 않도록 경계하는 작용을 계속한다.[15]

둘째로 사람에게 하느님(상제)의 명이 轉化된 형태로 설명되는 영명한 것은 인간 자율의 이성적 형태로 바꾸어 말할 수 있다. 茶山은 일종의 이성적 사유의 자율적 판단 능력을 영지로 표현하였기 때문에 도심은 더욱 윤리적 지성과 판단이 되고 있다. 인성 자체는 천명이지만 그것의 실현은 인간의 자율권에 부여된 것이다.

> 天은 사람에게 자주권을 마련해 줌으로써, 그로 하여금 선을 행하도록 하고자 한다면 선을 행하게 하고, 악을 행하고자 한다면 악을 행하게 한다. 이리저리 흔들려 안정되지 않아도 그 권능은 인간 자신에게 있는 것이다.[16]

맹자의 영향을 받은 유학자들은 인간의 본성 자체가 도덕적으로 선한 것으로 보았다. 따라서 본성이 인간이 선택할 자유의지(free will)에 의해 선으로도 악으로도 갈 수 있다는 茶山의 주장을 그들은 쉽게 납득하기 힘들었을 것으로 보인다. 여기에서도 오히려 茶山은 Ricci의 견해를 받아들이고 있다. 『천주실의』 제7편에서 Ricci

---

14) 위의 책, 183쪽. "道心與天命, 不可分作兩段看."
15) 위의 책, 178~179쪽. "天之所以察人, 善惡恒在人倫."
16)『全書』四, 「孟子要義」, 438쪽. "故天之於人, 予之以自主之權, 使其欲善則爲善, 欲惡則爲惡, 移不定其權在己."

는 이렇게 말하고 있기 때문이다.

> 저는 (사람의) <본성>이란 선도 악도 (다) 행할 수 있다고 봅니다.[17]

인성은 인간에게 선을 좋아하도록 주었지만 그것을 실천하는 문제는 인간의 자주권에 속한다고 지적함으로써 인간의 독자적 선택권을 부여받고 있는데 즉, 그것은 마음의 권능에 속한다고 하고 있다.[18] 茶山에게 인간의 자유가 문제가 되어서 오직 그 책임이 인간 자신의 주체성과 자율성에 있다고 한다.

> 그러므로 선을 행하는 일도 실은 자신의 공이고, 악을 행하는 일도 실은 자신의 죄가 되는 것이니, 이것이 바로 마음(心)의 권능이다.[19]

셋째로 그는 주자학자들보다 더 경험적인 사고를 갖고 있기 때문에 영명한 것에서 선을 행하려고 하나 악이 훨씬 강하다는 것이다. 그래서 그는 그들과 달리 성이 기호임을 전제로 본연·기질의 성을 엄격히 구분하려 하지 않고, 오히려 기질의 성을 적극적으로 수용하려고 한다.

> 신명(道義)과 형구(氣質)는 묘합하여 서로 떨어질 수 없다. 그러므로 형구(食色)의 모든 욕구 역시 이 性 중에서 발동하는 것이다. 이것이 옛사람이 말한 이른바 人心이며 기질의 설이 말미암아 일어나게 되는 것이다.[20]

---

17) Matteo Ricci, 앞의 책, 256쪽. "吾以性爲能行善惡."
18) 宋錫球, 1978, 「茶山의 倫理觀」『茶山學報』第一輯, 48쪽 ;『茶山實學思想論文選集』(6), 230쪽.
19)『全書』四,「孟子要義」, 439쪽. "故爲善則實爲己功, 爲惡則實爲己罪. 此心之權也."
20)『全書』六,「論語古今註」, 107쪽. "神形妙合, 不能相離. 故形軀諸慾, 亦

기질의 성은 형구의 기호이지만, 캐고 보면 神明과 결코 분리할 수 없다는 것이다. 그는 누구보다도 기질의 성을 중요시한 셈이다. 왜 그랬을까? 그것을 묻는다면 그는 인간은 강한 욕구를 가진 생명체임을 체험을 통하여 너무나 잘 알고 있기 때문이다. 그러므로 우리는 도의의 실현에서 기질을 도외시하지 않고 도심을 생각하는 점에 주목해야 한다. 인간이 自主의 권능을 통해 도심을 실현하는 까닭이 여기에 있다.

물론 茶山이나 Ricci는 自由意志(free will)라는 말을 사용하여 이론을 전개한 사실은 없지만, 그들의 이야기가 곧 오늘날의 그러한 말로 해석하여 언급할 수 있는 기록들을 양자가 모두 가지고 있다. 그렇기 때문에 필자는 나름대로 정리해 보고자 한다.

Ricci는 인간의 마음(mind, 心)이 정상적일 때는, 우리의 의지(will, 意)를 발동시키어 도덕적인 선을 택하도록 하지만, 마음이 사욕에 가리어 과다한 욕심(情)에 사로잡히게 되면, 이와 반대로 악행에 빠지게 된다는 것이다. 여기에 선행과 악행 중 그 어느 하나를 택하게 하는 <의지의 자유> 문제가 등장하게 된다. Aquinas에서도 Ricci에서도 자유의지(free will)라는 전문용어는 아직 보이지 않지만, 자기 의지의 결정과 선택의 문제는 또렷이 나타나고 있다.[21]

> 무릇 세상의 일에 의지가 있다고 해야만, 그런 뒤에야 그 의지를 따를 수도 그만둘 수도 있습니다. 그 다음에 덕과 부도덕, 그리고 선과 악이 있게 됩니다. 의지는 마음에서 발현하는 것입니다.[22]

由此性中發. 此古之所謂人心, 而氣質之說所由興也."
21) 宋榮培, 앞의 책, 8쪽. 근대철학자 Kant에 따르면 의지의 자유는 도덕률의 존재근거이다. 왜냐하면 의지의 자유를 전제하지 않고는 도덕률 (moralische Gesetz)은 성립할 수 없기 때문이다.
22) Matteo Ricci, 앞의 책, 210쪽. "凡世物旣有其意, 又有能縱止其意者. 然後有德有慝, 有善有惡焉. 意者心之發也."

그들은 목적론적 세계관에 따라서, 특히 Aquinas는 인간의 이성이나 의지가 추구하는 점은 바로 인간이 善, 즉 인간 자체를 완전하게 완성해내는 일이라고 보았다. 요컨데 인간 안에 있는 <神性>의 완성이 바로 인간이 추구해야 할 최고선이라는 것이다. 그 반면에 유학에는 의지의 자유에 대한 각성이 매우 부족하다는 것이 일반적인 통념이다. 그러나 茶山은 <志>를 어디까지나 心과 氣와 血과의 관계에서 적극적으로 이해한다.

> 마음(心)이 발현하여 의지(志)가 되는 데, 의지(志)는 곧 氣를 통제하고(驅氣), 氣는 혈을 통제한다(驅血). … 의지(志)는 氣의 원수(帥)요, 氣는 혈(血)의 수령(領)이다.[23]

주자가 인간의 의지를 우주 자연과의 관계에서 막연한 天人合一의 수단으로 생각하는데 비하여, 茶山이 이것을 보다 인간의 주체적 인격을 기반으로 하여 생각하였음을 우리는 알 수 있다. 그는 확실히 어느 주자학자들보다 개인의 '의지의 자유'에 대한 신념이 훨씬 강하였다.[24]

Ricci는 인간론에서 사람은 영혼과 육신의 이원적 결합이라고 단정한다. 이러한 인간은 하느님(상제)에 의해 창조된 것이라 한다. 그리고 마음은 人心과 獸心으로 구분한다. 그와 다산은 같은 개념을 쓰고 있으나 용어는 다르다. 茶山은 Ricci의 獸心을 긍정적인 의미에서 人心으로, 그리고 Ricci는 人心을 도의적인 의미에서 道心으로 보는 등, 두 사람 사이에 다소 견해의 차이는 있다. 그 뿐만 아니라 茶山은 결코 이원론으로 단정하지 않는다.

---

23) 『全書』 四, 「孟子要義」, 403쪽. "心發爲志, 志乃驅氣, 氣乃驅血. … 志者氣之帥也. 氣者血之領也."
24) 윤사순 편, 앞의 책, 143쪽.

여기 도심설에서도 茶山이 탈주자학하면서 서학의 영향을 받고 있음을 알 수 있다. 그러나 다만 Aquinas나 Ricci는 그들의 세계관에서 그들의 용어와 개념으로 말하고 있고,[25] 茶山은 자기네의 세계관에서 그가 수용할 수 있는 용어와 개념으로 파악하고 있다.

2. 소체의 지향성과 인심

茶山의 인간관은 기본적으로 맹자의 大體와 小體에 대한 분별을 기초로 하고 있다. 맹자에 의하면 사람의 몸에는 귀한 것과 천한 것이 있으며 큰 것과 작은 것이 있다. 그는 맹자가 말한 대체를 "모습이 없는 영명"(神)으로, 그리고 소체를 "모습이 있는 몸뚱이"(形)로 본다. 이는 대체적으로 정신과 육체의 이분법에 따르고 있다.[26] 그러나 그는 이중구조이지만 하나의(二而一的) 몸이라는 생각을 하고 있다. 그는 인간을 神形妙合의 존재로 이해하고, 여기서 神을 대체로, 形을 소체로 이해한다.

> 大體·小體란 서로 반드시 묘합하여 떨어질 수 없음이 분명하다. … 무릇 이미 묘합하여 떨어질 수 없다면, 확연히 二體로 분리시킴은 아마도 틀린 짓일 것이다.[27]

그에게서 인간이란 인심과 도심, 그리고 소체와 대체를 함께 지닌 존재이다. 도심은 항상 대체를 따라 피어나고, 인심은 소체를 따라 피어나는 경향이 있다고 한다.[28] 도심과 인심을 가지는 인간이

---

25) 위의 책, 107쪽 참조.
26) 성태용, 앞의 책, 117쪽.
27)『全書』, 六,「論語古今註」, 106쪽. "大體小體, 相須相關妙合, 而不能離之明驗也. 夫旣妙合, 而不能離, 則確分二體, 恐亦有差."

선악을 결정할 수 있는 능력은 어디에서 기인하는가? 그것은 <마음>(心)의 자주적인 의지에 따라 된다고 한다. 그는 인간성의 현실을 <자연>이 아니라 <상승>으로 이해한다. 즉 인간을 자연과 독립된 존재로 보고 있다.

이 세계를 천·지·만물과 신·인간으로 구분해 보면, 천·지·만물은 영명이 없고 형질만이 있는 피조물로서 하느님(상제)의 주재를 받고 있다. 물론 인간도 하느님(상제)의 주재를 받고 있다. 그러나 인간은 형질의 신체와 더불어 개인마다 태어날 때 영명을 부여받았기 때문에 오직 사람만이 같은 영명한 존재인 하느님(상제)과 교류할 수 있다. 따라서 인간과 하느님(상제)의 상호관계는 명령과 복종임을 주목할 수 있게 된다. 천인관계를 천명으로 파악하려는 점은 마치 윗사람과 아랫사람 사이의 지배와 복종 관계를 연상시킨다.

> 오직 그 도심의 발현은 형태도 없고 물질도 아닌 신비하고 밝은 지혜가 기질에 깃들여 인심의 지배자가 된 것이다.[29]

인간의 성은 도의와 기질의 두 가지 성이 있다. 그것이 발현하여 마음의 작용으로 나타날 때, 앞에 것으로부터 발현하는 것을 일러 <道心>이라 하고, 뒤에 것으로부터 발현하는 것을 <人心>이라고 한다. 육신을 통해 이념은 실현할 통로를 갖게 되지만, 동시에 육신은 욕망을 통해 이념의 실현을 방해한다. 그러나 인간이 선을 실천하는 것은 이 두 마음의 갈등에서 도심이 인심을 이긴 결과에 의한 것이라고 설명하고 있다.

---

28) 『全書』六, 「論語古今註」, 143쪽. "人心從小體發, 道心從大體發."
29) 『全書』四, 「孟子要義」, 531쪽. "惟其道心所發, 無形無質, 靈明通慧者, 寓於氣質, 以爲主宰."

欲이란 것은 인심이 하고자 하는 것이다. 勿이란 것은 도심이 말리는 것이다. 인심은 원하지만 도심은 못하게 한다. 양자가 서로 교전하여 도심이 이기면 그것을 克己라고 한다.[30]

그는 도심과 인심의 상호관계를 명령과 복종으로 보고, 사람이 도심을 언제나 선택해서 기질의 성을 복종시켜야 한다고 보고 있다. 무엇인가 도심 쪽으로 선택하여야 할 강제력이 없이는 불가능한 노릇이다. 여기서 바로 인간의 모든 외적인 행위와 내적인 마음의 운용까지도 감찰하고 거기에 대하여 상벌을 행하는 하느님(상제)의 존재가 필연적으로 있어야만 한다.[31] 사람이 선을 행하는 쪽으로 나아가기 위해서는 우선 그러한 하느님(상제)이 있음을 확실히 알아야 하며, 그 앎을 바탕으로 할 때에만 비로소 강한 인심의 욕구를 누르고 도심에 따라 극기할 수 있는 것이다.

茶山이 관심을 갖는 심성은 영명한 마음(靈明之心)과 발현되는 마음(所發之心)이다.[32] 영명한 마음은 心의 본체이고, 발현되는 마음은 心의 작용이라 할 수 있다. 발현되는 마음은 후천적 환경과 개인과의 상호작용으로 형성된다. 그래야만 우리는 인간 행동의 책임을 당사자에게 물을 수 있다. 그렇지 않고 모든 것이 유전적·선천적으로 결정되어 있다면 행위의 책임은 개인이 아니라 운명이 져야 한다.

진실로 기질 때문에 선악이 나누어진다면 요순은 저절로 선하니 우리가 우러를 바가 없고, 걸주는 저절로 악하니 우리가 경책을 삼을 바가 없다. 오로지 받은 기질의 요행 여부에 달려 있을 뿐이다.[33]

---

30) 『全書』 五, 「論語古今註」, 452쪽. "欲也者, 人心欲之也. 勿也者, 道心勿之也. 彼欲此勿, 兩相交戰, 勿者克己, 則謂之克己."
31) 成泰鏞, 1994, 「茶山 丁若鏞의 哲學思想」 『철학과 현실』 겨울호, 120쪽.
32) 제2부 제6장 <心性論> 참조.

그는 기질과 도덕과의 필연적 연관을 부정하였다. 기질은 선악과 아무런 관계가 없는 것이다. 만일 기질이 도덕적 의미를 띠고 있고 그것이 또한 선천적 결정이라면 우리는 행위의 책임을 물을 근거가 없게 된다. 도덕적 책임은 오직 의지의 자유를 가질 때만이 정당하게 물을 수 있다. 그는 인간이 자유로운 지평에 있다고 믿고 있다. 한 마디로 기질은 자유로운 것이다.

주자학에서는 마음(心) 자체를 이기의 합으로 보는 만큼, 理와 관련된 도심과 함께 氣와 관련된 인심을 말하는 한편,[34] 性의 경우에도 본연의 성과 함께 기질의 성도 말한다. 말하자면 맹자에서의 식색의 성을 그들은 기질의 성이라 부르면서 일단 인정한다. 그러나 주자는 맹자의 성선설을 충실히 따르므로, 본연의 성만을 중요시 할 뿐 기질의 성을 중요시하지 않는다.[35] 그러나 茶山은 이와는 달리 기질의 성도 중요시하고 있다.

그는 신명과 기질이 묘합하여 서로 떨어지지 아니하고, 형구의 모든 욕구 역시 이 성 가운데서 발동하는데, 이것이 옛날의 이른바 인심이며, 기질의 성이 나오게 된 근거라고 본다.[36] 물론 여기서도 성이란 기호를 말한다. 다시 말하면 그것은 기질의 기호이지만, 그 근원을 거슬러 올라가면 본질적인 신명과 결부되어 있는 것이다. 그 신명은 도의적인 기호이며 인간의 본래적인 욕구의 본질이다.[37] 이는 天人感應의 妙로서 그리고 神形妙合으로서 성은 선을

---

33) 『全書』 六, 「論語古今註」, 108쪽. "苟以氣質之故善惡以分, 則堯舜自善, 吾不足慕. 桀紂自惡者, 吾不足戒. 惟所受氣質有幸不幸耳."

34) 朱熹, 『大學·中庸』, 1990, 學民文化社, 9쪽. 「中庸章句大全」 도심은 성명의 바름에 근원(原於性命之正)이 있고, 인심은 형기의 사사로운데서 생겨난다(生於形氣之私).

35) 윤사순 편, 앞의 책, 137쪽.

36) 위의 책, 117쪽.

37) 鄭炳連, 1998, 「茶山 丁若鏞의 近代的 人間觀」 『東洋哲學의 自然과 人

좋아함을 떠나지 못하는 것이다.

茶山의 인간관에서도 Ricci의 저술인 『천주실의』의 영향을 받아 그의 사상에 서학적 요인들이 다분히 나타나는 것은 이제 말할 나위가 없다. 우리가 그의 사상을 理氣의 철학이 아니라 靈肉의 철학이라고 부르는 까닭도 서학의 영향에서이다. 그러나 그가 천주교의 신앙인이라고 하더라도 유학자가 아닌 것은 아니다. 그는 확실히 유학자이었다.[38]

Ricci에게서 정신(神性·人心)과 육신(形性·獸心)의 상호관계는 茶山과 거의 일치하고 있다. 그에게서 인간의 본질은 바로 정신에 있고, 그것의 추구는 육신에 얽매어 있는 정신이 그러한 육신의 속박에서 벗어나는 초월성으로 보고 있기 때문이다.[39] 그러나 茶山은 정신과 육신에 대하여 전자는 영지의 성·도심·대체와 후자는 형구의 성·인심·소체 등으로써 그 자신의 언어·개념을 사용하고 있다. 그런데 우리는 이에 대한 Ricci의 말을 먼저 들어보기로 하자.

> 사람이라면 두 마음을 겸하고 있습니다. 獸心과 人心이 그것입니다. 즉 역시 사람은 두 성을 가진 것입니다. 그 하나는 물질(形)성이고 다른 하나는 정신(神)성입니다.[40]

間』, 亞細亞文化社, 737~738쪽.

38) 김형효 외, 1998, 『茶山의 사상과 그 현대적 의미』, 한국정신문화연구원, 3~4쪽.

39) Matteo Ricci, 앞의 책, 132쪽. "靈魂者, 生時如拘縲絏中, 旣死則如出暗獄, 而脫手足之拳."

40) 위의 책, 107쪽. "若人則兼有二心, 獸心人心是也. 則亦有二性, 一乃形性, 一乃神性也." 그렇다면 영혼은 진실로 한 몸을 부리는 권리를 전유하는 '정신'에 속하는 것이기 때문에 형체가 있는 것들과는 다르다고 그는 말하고 있다. 성경에서는 사람의 두 마음을 이렇게 말하고 있다. "또 그 마음은 변하여 인생의 마음 같게 아니하고 짐승의 마음을 받아 일

Ricci는 인간의 심성 안에 두 가지 상반된 마음이 인심과 수심이라고 명칭을 붙인 데 대하여, 茶山은 두 性에서 나오는 마음에 도심과 인심이란 용어를 붙이고 있다. 비록 사용하는 용어는 서로 다르지만 茶山이나 Ricci가 말하는 내용은 거의 같은 사상체계임에 틀림없다.[41] 茶山은 형구의 마음을 인심이라 하고 영지의 마음을 도심이라고 말하고 있다.

우리는 그의 <妙合의 道>에 주목해야 한다. 그는 정신과 신체를 통하지 않는 그러한 이념적 가치의 독자적이고 초월적인 발현은 존재하지 않는다는 상련의 것(continuity)위에 서 있다. 그러면서도 정신과 신체가 구현하는 반응의 양상과 그 질을 따져야 했기에 비상련의 것(incontinuity)임을 피할 수 없다. 그러므로 이중구조이지만 하나인(二而一的) 神形妙合의 道를 그는 주장하고 있다.[42]

그는 주자학의 범주를 크게 벗어나기보다는 차라리 그 자신의 표현을 강조하기 위해서 주자의 체계를 구구절절히 지적해가면서 비판하고 있다. 그렇지만 그는 본원유학과 서학의 세계관을 긍정하면서 순자의 이론까지도 끌어들이고 있다. 다만 심성론에 있어 방대한 경전을 가진 불교의 체계는 단호히 부정하는 입장에 서고 있다.

우리는 여기서 한 가지 사실을 짚어 보아야 할 것이다. 천인관계에서 천명과 인성 그리고 도심과 인심을 論究하였으나, 천명과 도심은 어떤 관계에 있는지를 정리해 보아야 할 것이다. 하느님(상제) 편에서는 천명이고 사람 편에서는 도심인데 이 둘이 하나로 내재

곱 때를 지나리라"(다니엘書 4:16). 비교(cf.)『全書』六,「論語古今註」, 117쪽. "有因道義而發者謂之道心, 有因形質而發者謂之人心."

41) 金玉姬, 앞의 책, 193쪽 ;『茶山實學思想論文選集』(3), 80쪽.

42)『全書』六,「論語古今註」, 107쪽. "神形妙合, 不能相離." 또는 117쪽. "妙合神形, 而混然爲一者也." 茶山의<妙合之道>를 이야기 할 때, 우리는 반드시 최치원 선생의 <玄妙之道>를 기억할 필요가 있다.

화되어 性命에서 만나고 있다. 이 성명은 하느님(상제)의 영명성(내재성) 때문에 인간에게 영지의 성(도의의 성)으로 해서 이루어진다고 할 수 있다.

Ⅲ. 聖人의 道

맹자는 "성인이란 인류의 도의에 지극한 사람"(聖人, 人倫之至也)이라고 하였다. 이 말은 곧 "성인이란 사회 속에서 도덕적으로 완전한 사람"이라는 뜻이다.[43] 동양철학자들은 철학이 추구하는 최고의 경지를 이 세상(世間 this world)에 있으면서 동시에 이 세상을 초월하는 것이어야 한다고 생각한다. 이러한 경지에 사는 사람을 성인이라 부른다.[44]

주자학에서 성인은 天道를 아는 사람으로서 선천적으로 결정되는데, 동일한 사람이라 할지라도 성인의 氣는 맑음(淸)이로되 평범한 사람의 氣는 비교적 흐림(濁)이라고 한다. 이러한 맑고 흐려져 있는 성을 기질의 성이라 한다. 다만 그러한 기질의 성을 자신의 노력 여하에 따라 후천적으로 다듬어 나가는 것이 수신 또는 수양이다. 이 때 선천적 결정과 장애는 인간 주체가 개입할 수 없다는

---

43) Fung Yu-Lan, 앞의 책, 2쪽.
44) 위의 책, 4쪽. 比較(cf.) Matteo Ricci, 앞의 책, 325~326쪽. "其所謂聖者, 乃其勤崇天主, 卑謙自牧. 然而其所言所爲過人, 皆人力所必不能及者也." 기독교에서도 성도의 실존이란 이 세상에 살면서도 이 세상에 속하지 않은 삶을 말하고 있다. "내가 세상에 속하지 아니함 같이 저희도 세상에 속하지 아니함을 인함이니이다"(요한복음 17:14下).

점에서 더욱 수동적인 것이다.

그런데 天을 아무런 作爲가 없는 理라고 하며, 귀신을 아무런 실체도 없는 음양의 능력이라고 하니, 삼가 할 대상이 없어 수양을 성취할 수 없다고 茶山은 비판하고 있다.[45] 天을 두려워하지 않고 귀신을 두려워하지 않기 때문에, 하느님(상제)을 "두려워하고 삼가 조심하는 태도"(戒愼恐懼)로 하는 愼獨 공부에 게으르게 되어 인간 스스로 도의를 실천할 수 없게 된다고 그는 본다.

茶山은 자각적 주체가 자신의 행위를 책임지기 이전에 악을 선천적 장애로 배태하고 있다는 비관론을 인정할 수 없었다. 성인은 본연의 성과 기질의 성에 의해서 이미 결정된 자가 아니고, 중용의 덕을 지극히 정성을 드려 행하는 자를 의미한다. 따라서 그에 있어 <聖人>은 계신공구의 노력이 지극한 자와 동일시되고 있다. 그것이 곧 신독군자의 의미이다.

인간의 도심은 착한 일을 하였을 때는 기뻐하고 불의한 일을 하였을 때는 이를 부끄럽게 여기는 것이다. 이것이 바로 하느님(상제)이 지성으로 타일러 주시는 것이라고 하였으며 이 타일러줌을 따라 살면 천명대로 하는 것인데, 이 천명을 그 자신의 본심에서 구하여 실천하는 사람이 바로 聖人이다. <道>는 天으로부터 인간에게 주어진 자기의식 곧 천명의식이다. 그러한 사람의 수양과 실천은 하느님(상제)을 공경하는 마음의 유지, 즉 "삼가 조심하는 경건한 태도"를 지속하고, 그리고 중용의 덕을 쌓기 위해 천명에 충실한 행동에서 도를 찾는다. 그러므로 성인의 도는 하느님(상제)을 아는 일(知天), 하느님(상제)을 섬기는 일(事天), 그리고 하느님(상제)

---

45)『全書』四,「中庸講義」, 277쪽. "今人以天爲理, 以鬼神爲功用, 爲造化之跡, 爲二氣之良能. 心之知之, 沓沓冥冥, 一似無知覺者. 然暗室欺心, 事無忌憚, 終身學道, 而不可與入堯舜之域. 蓋於鬼神之說, 有所不明故也."

과 모시는 일(格天)로서 의식(cult)이라고 할 수 있다.

그에게서 성인의 도는 天에 대한 지극한 정성에 의하여 누구나 도달할 수 있는 경지인 것이다. 즉 이는 天人合德의 경지에 들어가는 것이다. 성인이란 마침내 인간을 바로 알고 인류에 지극한 자로서 전인적 인격을 소유하게 된 사람이다. 그러나 그도 여느 사람들과 마찬가지로 인심과 도심을 함께 가지고 있는데, 다만 그는 도심을 따라 행동하는 신독군자는 하느님(상제)을 알고 두려워하여 섬기면서 자기의 행동을 삼가 조심하는 사람일뿐이다. 성인에 이르려면, 그 사람은 무엇보다도 하느님(상제)을 섬기는 일(事天)보다는 먼저 하느님(상제)을 아는 일(知天)이 선행되어야 할 것이다.

『중용』은 天學이 아니고 人間學이다. 그렇기 때문에 무엇보다도 수신을 중요시하며 강력한 上帝天을 상정해 놓았기 때문에 知天을 수신의 首功으로 삼는다.46) 여기서도 茶山의 윤리관에서 지천의식을 근본으로 삼는 데는 서학과 일치하고 있다. 그러나 유학은 인간학이고 서학은 천주학이라고 한다면, 茶山은 인간학 편에 있으면서도 知天意識이 분명한 유학자이다.

1. 하느님을 아는 일 (知天)

茶山의 하느님(상제)을 아는 일(知天)은 수신의 근본이고, 또한 하느님(상제)을 아는 일은 "홀로 있을 때 조심한다"(愼獨)이며, 이러한 신독은 곧 성실이다. 하느님(상제)을 아는 일은 실천적 행위에로의 첫걸음이며, 이미 수신에 접어 든 첫 관문이다. 그 때문에 신독과 성실을 하느님(상제)을 아는 일과 함께 취급하고 있다.

---

46) 鄭炳連, 앞의 책, 78쪽.

　　　하느님을 아는 일(知天)이 수신의 근본이 됨은 하느님을 안 후에
　　야 진실할 수 있기 때문이다.[47]

　　그리하여 그는 <知天>을 강조한다. 여기서 그는 하느님(상제)
의 존재를 인식론적으로 추구하지 않고 사람이 天에서 부여받은
마음의 영명성에 따라 자명하게 받아들이고 있다. 따라서 성인은
자기의식을 통해 하느님(상제)을 알지 않을 수 없는 것이다. 하느님
(상제)을 안 후에야 자신의 본성을 알며, 자신의 본성을 안 후에야
어버이를 섬기고 몸을 닦을 수 있게 된다. 사람은 天을 알아야 성
실할 수 있으며 성실하여야 天을 알 수 있다.[48]

　　사람은 天으로부터 영명성을 부여받음으로써 天과 人 샤이의 인
격적 관계가 성립하게 되며 하느님(상제)을 아는 것이 가능하게 되
는 것이다. 茶山이 말하는 天이란 상제로서의 하느님이니, <知天>
이야 말로 하느님(상제)의 주재를 사람이 겸허하게 받아들이기 위
한 선행조건이 아닐 수 없다. 天을 아는 것은 무엇인가? 이러한 태
도는 하느님(상제)의 지고한 천명을 받드는, 그리고 천명이 부여하
는 도심을 따르는 계신공구의 자세이다. 따라서 知天은 이러한 의
미에서 知命이라고도 할 수 있다.

　　　군자는 어두운 곳에서 삼가 조심하고 두려워하고 감히 악을 하지
　　아니하니 상제가 보고 계심을 알기 때문이다.[49]

　　茶山은 『중용』의 머릿글(首章)에서 "군자는 그 보이지 않는 바
에 삼가며, 그 들리지 않는 바에 두려워한다"[50]라는 글에서 "보이

---

47) 『全書』 四, 「中庸自箴」, 212쪽. "知天爲修身之本者, 知天而後能誠也."
48) 『全書』 四, 「中庸講義」, 334쪽. "至誠則可以知天."
49) 『全書』 四, 「中庸自箴」, 183쪽. "君子處暗室之中, 戰戰栗栗, 不敢爲惡.
　　知其有上帝監也."

지 않고 들리지 않는 것"을 의식작용이 발생하기 이전상태라는 주
자의 해석과는 다르게, 귀신이 내려와 보고 듣는 것이라 해석하였
다. 그는 삼가고 두려워할 근원적인 인성의 내면에서보다도 오히
려 귀신(神 또는 上帝)이 내려와 감찰하는 것이라 지적하고 있
다.51) 그는 인간행위의 규제조건을 사람이 하느님(상제) 앞에 있는
知天意識으로 제시한다.52) 이러한 지천의식은 天의 영명과 인심이
곧 바로 통하는 데 있다.

> 天의 영명은 인심과 바로 통하여 아무리 숨은 것이라도 살피지 않
> 음이 없고 아무리 작은 것이라도 밝히지 않음이 없다. 이 방안을 비
> 추어 굽어보고 날마다 살피고 있다. 사람이 참으로 이것을 안다면
> 제 아무리 대담한 사람이라도 삼가고 두려워하지 않을 수 없다.53)

천명의 밝음과 천명의 내려다봄을 내면에서 항상 체험하는 茶山
에게 있어서 계신공구란 혼자 있을 때의 삶을 경계하고 두려워하는
것이 아니라 隱微하지만 밝게 드러나는 천명에 대한 경계와 두려워
함이다. 하느님(상제)의 영명이 모든 사람의 마음을 다 감찰하기 때
문에 사람은 하느님(상제)을 경계하고 삼가고 두려워하는 태도를
하지 않을 수 없게 되는 것이다. 사람이 지천의식을 통해 하느님(상
제)의 권능을 알고 그 하느님(상제)이 사람에게 요구하는 바를 알게
되면 곧 인간이 인간다울 수 있는 길이 무엇인지를 알게 된다.

만일 天이 이러한 영명한 감찰능력으로 만물을 주재하고 다스리

---

50)『中庸』第一章. "君子戒愼乎其所不睹, 恐懼乎其所不聞."
51)『全書』四,「中庸自箴」, 185쪽. "不信降監者, 必無以愼其獨矣."
52) 금장태, 1989, 앞의 책, 183쪽.
53)『全書』四,「中庸自箴」, 184쪽. "天之靈明, 直通人心, 無隱不察, 無微不
　　燭. 照臨此室, 日監在玆. 人苟知此, 雖有大膽者, 不能不戒愼恐懼矣." 비
　　교(cf.), "天主께서 나를 監察하시고 아셨나이다. …"(시편, 139:1−8).

지 못한다면 인간은 자기 몸을 삼가고 두려워하지 않을 것이다. 茶山은 주자가 말하는 理에서는 바로 이와 같은 주재나 감찰의 능력이 없다고 보았다. 그가 보기에는 주자의 理는 인간의 자기 성찰이나 반성 능력 곧 자기의식에 도움을 주지 못한다. 이처럼 그는 『중용』의 <戒愼恐懼>라는 구절에 대해 주자와 견해를 달리한다.

천인합일의 사고에 있어서의 그들의 차이는 주자가 존재론적이고 관념론적인 사상이라면, 茶山은 종교적이고 실천적인 사상이라고 할 수 있다. 주자는 경계하고 삼가고 두려워함을 天理의 본연한 마음을 보존하는 뜻으로 본다. 그는 이 구절에 대해 주해를 달면서 다음과 같이 말하고 있다.

> 道는 일용사물에서 마땅히 행해야 할 이치이니, 모두 性의 덕으로서 마음에 갖추어져 있어서 사람마다 있지 않음이 없고, 어느 때도 그러하지 않음이 없으니, 이 때문에 잠시도 떠날 수 없는 것이다. … 이러므로 군자의 마음은 항상 공경하고 두려워하여, 이 때문에 천리의 본연함을 보존하여 잠깐 동안이라도 도를 떠나지 않게 하는 것이다.[54]

그가 생각하는 天은 사람의 마음속에 들어오면 性이 되어 본연의 성으로만 남는다. 이러한 주자의 견해에 대해 茶山은 天이 천리라는 理法으로만 남게 되어 주재할 능력이 없게 되고, 理는 피동적 객체에 불과하므로 인간 존재의 현실을 해결하고 대처하는데 있어 무력할 수밖에 없다고 본다. 그래서 茶山은 천지만물뿐만 아니라 사람의 마음까지도 감찰할 수 있는 하느님(상제)을 제시한다. 그에게서 하느님(상제)은 인간의 도덕 행위를 가능하게 하고 심판하는 윤

---

54) 朱熹,『大學·中庸』, 1990, 學民文化社, 37쪽.「中庸章句大全」, "道者日用事物當行之理, 皆性之德而具於心, 無物不有, 無時不然, 所以不可須臾離也. … 是以君子之心, 常存敬畏, 雖不見聞, 亦不敢忽, 所以存天理之本然, 而不使離於須臾之頃也."

리적 요청이다. 독일 근대철학자 Kant(1724~1804)의 『실천이성비판』에서 인간에게 도덕적 행위의 실천을 위해 <요청되는 神>[55]을 생각나게 한다.

성인은 하느님(상제)의 영명성을 자기의식 안에 받아들여 그것을 그대로 실천하는 사람이다. 하느님(상제)과 동일한 영명을 지닌 인간이 그를 대신하여 우주·자연을 관리할 수 있게 하였다. 천하의 모든 사람이 태어날 때 그들에게 영명을 부여하고 만물을 초월하여 만물을 享有할 수 있게 하였다. 그에게서 인간의 영명은 지천의식으로써 하느님(상제)의 명을 아는 것이다. 이는 그의 윤리적 요청을 수행하도록 하는 천인감응의 영지이다. 그는 사람만이 하느님(상제)의 영명성을 부여받은 존재로 생각한다. 이러한 사고 경향은 그가 서학의 사상을 수용하고 있다고 볼 수 있다.

주자의 수양론이 "홀로 있을 때를 조심한다"(愼獨)는 내면적 극기에 두고 있는데, 이것은 마음에 내재한 도심을 닦아 남이 보든 보지 않든 마음에 정진하는 성실성을 말하는 것이다. 그러나 茶山의 수양론에서 선비가 신독하는 까닭은 하느님(상제)이 항상 사람의 마음을 꿰뚫어 보기 때문이라고 한다. 이러한 해석은 물론 유교 경전

---

55) 근대철학자 Kant는 종교에서 도덕의 기초를 찾으려고 한 것이 아니라, 거꾸로 도덕으로부터 출발하여 종교를 요청하였던 것이다. 즉 도덕은 종교에 의해서 그 완성을 볼 수 있다는 것이다. 도덕적 실천에는 행복이 주어져야 한다는 것이 우리의 필연적 염원이다. 여기에 도덕과 행복의 일치를 가능하게 하는 전지전능의 '神의 존재'를 전제하지 않을 수 없다. 神의 존재를 상정하는 것은 이와 같이 하여 도덕적으로 필연적이다. Kant는 인간이 경험세계를 떠나면 진정한 지식을 얻을 수 없기 때문에, 초월적인 이념(神)에 관하여 실제로 아무런 지식을 가질 수가 없다. 오로지 이성의 실천 즉 도덕의 실천에 종사할 때만 神과 같은 이념의 실재성을 긍정할 수 있다고 생각한다. 이러한 도덕철학만이 공허함이 없다는 것을 의미한다. 따라서 茶山은 Kant의 이러한 사상과 흡사하다고 볼 수 있다.

자체에서도 도출이 가능하지만 그가 살았던 시대에 관학인 주자학의 해석과는 차이가 너무 커서 오히려 서학의 영향이라고 보는 점이 타당할 것이다.56) Ricci가 다음과 같이 말하고 있기 때문이다.

> 우리들은 이에 두려워 경계하고 수시로 기도함으로써 그(天主)의 도우심을 갈구하며 수시로 도우심을 염원하지 아니할 수 없습니다.57)

이러한 말은 Ricci가 주자학자들의 이성(head)보다 마음(heart)을 겨냥했더라면 더 많은 성과도 거둘 수도 있었고, 일부 주자학자들에게도 영향을 미칠 수 있었을 것임을 보여주는 증거이다. 天主가 조물주이자 우주의 설계자라는 지적 표현은 조선학자들의 마음을 움직이지 못하였다. 하느님이 정한 우주질서의 도덕적 함의를 강조하는 방향으로 전환하였더라면 더 효과적이었을 것이다.58) 말하자면 知天에서 Ricci는 神의 존재인식에 두었고, 茶山은 도덕의식에 두었다는 것도 東·西의 차이일 것이다.

Augustine(354~430)이래 기독교의 전통에서도 바로 하느님의 존재증명을 인간에게 주어진 양심에서 찾아왔다(도덕론적 증명)는데 우리는 주목하지 않을 수 없다. Ricci도 역시 하느님의 존재증명을 무엇보다도 먼저 인간의 양심에서 찾고 있디.59) 따라서 기독교와 유교 사이의 보다 더 깊은 대화의 새로운 지평은 바로 이와 같이 기독교에서나 유교에서도 함께 논의할 수 있는 인간 양심의 소리에 대한 깊은 성찰에서 다시 모색되어야 한다고 생각한다.

神(god)을 최고선으로 묘사하는 점은 기독교 교의와 유교의 가

---

56) 沈相泰, 1997, 『續·2000년대의 한국교회』, 바오로딸, 282쪽.
57) Matteo Ricci, 앞의 책, 189쪽. "吾于是不得不戒懼, 以時祈, 乞其助, 時念望之."
58) Donald Baker, 앞의 책, 79쪽.
59) 송영배, 앞의 책, 532쪽.

치, 양자 모두에게 일치한다. 만약 Ricci가 神의 도덕적 속성을 강조
하였다면, 더욱 용이하게 유학의 관심을 끌어낼 수 있었을 것이다.
사실상 茶山은 유교 경전의 주석을 하면서 그 한도 내에서 神의
존재를 개략적으로만 언급하고 있다. 그는 神(god)의 존재보다는
神(god)의 속성에 더 많은 관심을 쏟고 있다.

　Ricci는 神本主義라는 인식의 틀에서 말하고 있기 때문에, 인간
의 초월은 神(god)의 도우심으로 된다는 주장을 하고 있다. 그러나
茶山은 인간의 "자주의 권능"(自主之權)을 말하고 있기 때문에, 인
간의 초월은 자기 스스로에게 있음을 주장하고 있다.

　茶山에게서 인간이 자신의 인격을 연마하는 수신은 天을 알고
천명을 따름으로써 가능한 것이므로 天을 아는 길이 수신의 근본
이라 한다. 天과 천명, 이것은 그의 경학사상의 출발점이자 종착역
이다.[60] 천인관계는 바로 천명을 받드는 인간의 계신공구하는 곧
상제를 섬기는 일(事天)이며, 昭事로 귀결되고 있다.

2. 하느님을 섬기는 일 (事天)

　공자는 이미 『논어』 「季氏」편에서 "군자에게는 세 가지 두려워
함이 있다. 천명을 두려워하고 대인을 두려워하며 성인의 말씀을
두려워한다"[61]고 말하고 있다. 그리고 맹자는 "마음을 보존하고 본
성을 기르는 일이 天을 섬김이다"[62]라고 말하고 있다. 천명을 두려

---

60) 『全書』 四, 「中庸講義」, 281쪽.
61) 『論語』 三, 1990, 學民文化社, 295쪽. 「季氏」, "君子有三畏. 畏天命, 畏
　　大人, 畏聖人之言."
62) 『孟子』 二, 1990, 學民文化社, 400쪽. 「盡心」 上, "存其心, 養其性, 所以
　　事天也."

워하고 천명이 머무는 자리인 심성을 계신공구하려는 점이 유학사상 자체의 본령이다. 그러나 똑같이 천명을 중시하였지만, 茶山은 天(上帝)에 대한 이해에 있어서 주자학자들과 견해를 달리하고 있다. 그에게서는 부모를 섬기는 일(事親)로부터 시작해서 하느님(상제)을 섬기는 일(事天)로 끝나는 것이다.63)

어른에게 존경을, 임금에게 충성을, 그리고 부모에게 효도를 다해야 하듯이, 인간은 혼자 있을 경우에 하느님(상제)에 대해 공경심을 표현해야 하며, 그럼으로써 주위에 다른 사람이 없어도 항상 마음의 올바른 도덕적 틀 속에 머물러 있게 될 것이다. 茶山이 말하는 도덕성은 어떠한 경우에도 인간 관계를 포함한 것이었다. 그는 理에 대한 주자학의 각별한 관심을 배격하고, 이를 하느님(上帝)에 대한 공경심으로 대체시켜 놓았다.64)

茶山은 天을 보편적 원리나 자연현상의 근본 법칙에 의한 합리적이고 이성적인 理法으로서가 아니라 경천과 사천의 대상으로 보고 있다. 이렇게 보는 이유는 그래야만 모든 인간에게 도덕적 행위의 실천을 요청할 수 있기 때문이다. 즉 인격적이고 주재적인 하느님(상제)을 통해 인간에게 두려움과 경외감을 심어 주어 도덕적 행위를 스스로 할 수 있도록 하고 있다. 하느님(상제)은 천명에 의해서 인간과의 하향적 관계를 맺고, 사람은 하느님(상제)에 대한 외경으로 하느님을 섬기는 상향적 관계를 맺는다. 이는 천인합일을 종교적으로 보는 것이다. 동시에 윤리적으로 보기 때문에 그는 다음과 같이 말한다.

> 두려워하고 삼가서 하느님(상제)을 밝게 섬기면 仁을 할 수 있거니와 헛되이 태극을 높이며 理를 하늘(天)로 삼는다면 仁을 할 수 없다.65)

---

63) 『全書』 四, 「中庸講義」 280쪽. "君子之學, 始於事親, 終於事天."
64) Donald Baker, 앞의 책, 84쪽.

여기서 계신공구는 사람이 하느님(상제)과 교류할 수 있는 유일한 방식이며 곧 이는 事天·格天意識이라고 할 수 있다. 넓은 의미에서 사천은 천명을 받들어서 그대로 행하겠다는 인간의 자세로 귀결된다. 그 때 그 방법은 계신공구·신독·극기·성의 등에 바탕을 둔 修己 및 人倫의 실천이라고 설명된다. 왜냐하면 그것은 인간에게 생명을 부여하고 사람이 자율적으로 선을 실천할 수 있도록 주재하는 하느님(상제)이라는 궁극적 존재에 대한 보은이기 때문이다.

하느님(상제)을 통하여 사람의 윤리적 실천을 확보하기 위해서는 하느님(상제)을 두려워하고 공경하며 섬기는 자세가 반드시 필요한 것이다. 그는 하느님(상제)에 대한 공경의 태도를 통한 수도의 길을 강조하고 있다. 그런데 하느님을 섬기는 태도(事天意識)는 사람을 섬김(事人)의 연장된 태도이다. 하느님(상제)을 아는 일은 곧 사람을 아는 일이기 때문이다. 달리 말하면 하느님 섬김의 태도((事天)를 통한 사람 섬김의 충실성(事人)을 강조하고 있다. 그에게 있어서 事天事人은 또한 달리 말하면 敬天愛人이라고도 할 수 있다.

예수회 신부 Ricci에게 세례를 받은 바 있는 교우 李之藻(1565~1630)는 『천주실의』의 재판(1607) 서문에서 다음과 같이 말하고 있다.

> 옛날 우리의 공자께서 修身을 말하였습니다. 먼저 어버이를 섬기고 나가서 天을 아는 것입니다. 맹자의 "마음을 보존하고 본성을 길러서 天을 섬긴다"는 논의에 이르러 이 뜻이 크게 갖추어졌습니다. 지식이나 일에서 "天 섬김과 부모 섬김"은 한 가지 일이니, 天은 섬김의 대 근원입니다.[66]

---

65) 『全書』 二, 「墓誌銘」 662쪽. "恐懼戒愼, 昭事上帝, 則可以爲仁. 虛尊太極, 以理爲天, 則不可以爲仁."

66) 李之藻編, 『天學初函』 一(臺北; 1964), "昔吾夫子語修身也. 先事親而推及乎知天, 至孟氏存養事天之論, 而義乃綦備. 事天事親同一事, 而天其事之大原也."

이러한 서학사상을 통하여 茶山이 그의 영향받았음을 우리는 충분히 짐작할 수 있다. 물론 상제사상에서 사람이 하느님(상제)을 알고 받드는 종교적 삶으로 해명하고 있다. 그가 제시한 하느님(상제)의 개념과 하느님(상제)에 대한 신앙적 태도의 이해는 근본적으로도 광범위하게 기독교 신앙의 영향을 받아들이고 있다고 하겠다. 그러나 茶山은 분명히 몸을 닦는 일(修身)이 곧 하느님(상제)을 섬기는 일이라고 잘라 말하였다.[67] 인간이 먼저이고 그리고 하느님(상제)을 말하고 있는 천인합일 사상을 갖고 있기 때문에, 그의 인본주의는 기독교의 신본주의의 윤리와는 다르며 역시 그는 유교의 윤리라고 할 수 있다.

그는 철저히 유교 경전주석에 기반을 두고 있는 만큼, 그의 知天·事天意識을 기독교 교리체계로 논의하는 데는 크게 한계가 있다. 다만 어디까지나 그의 사상은 주자학의 공리공론의 빛깔을 씻어내고, 유교를 개혁·실천 사상으로 기독교 신앙의 빛에서 종교적인 면을 비춰주고 있다. 더 나아가 유교경전 속에 담긴 상제관념의 신앙적 성격을 발현시키고 있는 점에서, 한국 종교철학의 더없이 소중한 창조적 업적임을 우리는 인정하지 않을 수 없다.

3. 하느님을 모시는 일 (格天)

하느님(상제)을 섬기는 방법에는 두 가지가 있다. 그 하나는 內在的 事天으로서 修己하는 事天이다. 이는 윤리적 수신의 도로서 도심을 계신공구하는 인류의 실천이다. 다른 하나는 外在的 事天

---

67)『全書』四,「中庸自箴」, 179쪽. "故人之所以修身, 事天亦以人倫." 比較 (cf.), Matteo Ricci, 앞의 책, 149쪽. "夫德基于修身, 成于昭事."

으로서 하느님(상제)을 제사로 받드는 의례(cult)인 경천이다. 이는 "하늘에 제사를 지내는 일"(郊祭)이며, 이 교제에서 제사를 받드는 神(god)은 하느님(상제)이다.68) 茶山은 『周禮』에 입각한 郊祭나 配天69) 등 제천의례를 통한 格天에도 깊은 관심을 기울였다.

하느님(상제)을 모시는 행위로서의 제사는 격천의식이 있어야 진실한 제사가 된다고 한다. 格天이란 "제사지내는 사람과 그것을 흠향하는 하느님(상제) 사이의 정신적인 교통"70)이라고 한다. 즉 하느님(상제)과 사람이 만나는 경지이다. 이 格天이 가능하기 위해서는 지성이 요구된다. 지성은 神(god)을 향하는 마음이 지극히 경건한 상태를 가리킨다. 이와 같이 하느님(상제)을 모시는 태도가 곧 인륜 실천 및 治人에 임하는 기본적인 마음의 자세이다. 이러한 격천의식은 사람에게 <誠>과 <敬>이라는 의식을 갖게 한다. 그에게 있어서 <敬>은 천명의 소재인 마음의 주재성을 유지하기 위한 진실한 노력이다.

> 천명을 본심에서 구하는 일은 성인이 하느님(상제) 섬기기를 배우는 것이다.71)

---

68) 『全書』 四, 「中庸自箴」 205쪽. "天下之人, 齊明盛服, 以承祭祀, 則此祭郊祭也. 郊祭也, 郊所祭者, 上帝也." 사람이 하느님께 몸과 마음을 깨끗이 하고 제사를 받드는 일은 유교와 기독교의 차이가 없을 것이다. 茶山에 있어서 하느님(上帝)은 유일성과 주재성을 지닌 존재인 동시에 모든 신성의 원천으로서 모든 제사의 진정한 숭배의 대상이 된다고 하겠다. 비교(cf.), 이스라엘 사람들이 하느님께 드리는 제사의식도 목욕재계하고 깨끗한 옷으로 차려입고 향을 피우고 등불을 켜놓고 간단한 제상을 차려서 하고 있다(출 25:30, 29;4−5, 30;7−8, 40;4, 12−13). 오늘날 천주교에서는 하느님께 '미사'(Missa)로 드려지고 있다.

69) 임금이 그 조상을 하늘과 함께 제사지내는 일이다,

70) 유권종, 1991, 『茶山禮學硏究』, 高麗大 博士學位論文, 40~41쪽. 比較(cf.), "하느님께서 그 향기를 흠향하시고"(창세기, 8:21).

71) 『全書』 四, 「中庸自箴」, 181쪽. "求天命於本心者, 聖人昭事之學也."

성인의 길도 바로 여기에 있다. 하늘을 섬기고 동시에 인간을 섬기는 일, 즉 事天事人이 바로 그것이다. 이는 한국인의 사상사의 원류인 단군신화의 崇天益人 사상과도 일맥상통하는 점이라 볼 수 있다. 단군이 태백산 마루턱에 있는 신단수 밑에서 하느님께 제사(祭天)하였다면, 이는 곧 하느님을 숭배하는 崇天信仰이고, 그 후대의 영고·동맹·무천 등의 제천의례를 통해서 格天意識으로 이어진다고 볼 수 있다.[72]

茶山은 과거에는 경건하게 하느님(상제)을 섬기는(敬事上帝) 사람(priest)을 長伯에 임명했다고 하며, 또 그는 제사를 드려서 하느님을 섬기어야 인류의 실천을 올바르게 할 수 있다고 한다. 특히 제사의 의례(cult)는 본래 祭天에서 일어났다는 말에서 유교 실천의 근본과 핵심은 곧 事天이라는 그의 견해가 이해된다.[73] 이러한 견해는 서학에 의해서는 하느님(상제)을 섬기는 일이 충실히 행해질 수 있고, 주자학에 따르면 충실히 행해지지 않기 때문에, 결국 하느님(상제)을 섬기는 일의 불충실함으로부터 충실한 섬김으로의 전환이 그의 탈주자학적 경향의 이론적 핵심이 될 뿐 아니라 그의 유학 성립에 절대적인 요소이다.

그러므로 인간은 감정을 자제함으로써 가상적인 보편적인 실체

---

72) 박은식(1859~1925) 선생은 일찍이 단군신화는 고대 한민족의 '경천신앙'과 함께 '홍익인간'은 韓國의 정신사적 근간을 이루고 있음을 밝히고 있다.

73) 경천사상이란 다른 모든 신령보다 하느님을 가장 높이 받드는 제천의식에 나타난 사상을 말한다. 이것은 왕권이 상당히 커진 연맹왕국에 어울리는 사상으로서 특히 주목되어야 한다. 이와 같은 제천의식은 일신교적인 신앙으로서 다신교적인 Shamanism과 그 단계를 달리한다고 보아야 한다. 하느님에게 제사지내는 경천신앙은 뒷날에 전통종교인 유교·불교·도교와 기독교를 받아들일 수 있게 하여 주는 경천사상을 바탕으로 하고 있다.

(理)와의 결속에 장애가 되는 요인을 제거하려는 헛수고 대신에, 우주를 주재하는 외부의 도덕적 힘(상제)에 대하여 경각심·위구심·경외감 등을 배양하고 유지함으로써 자신이 자율적 주체임을 깨달아야 한다고 茶山은 믿었다.74)

事天에 대한 종교적 외경심은 예로 드러나며, 이러한 예는 바로 제사라는 것으로 실천된다. 제사는 사람이 하느님(상제)에게 드리는 실천적 섬김(事天)의 행위이다. 茶山은 인간의 생명의 근원, 존재의 근원으로서의 하느님(상제)에 대한 報本의 마음이 제사로써 표출된다고 하였다.75) 이러한 자세와 마음을 가져야 하느님(상제)과 사람을 진실로 섬길 수 있다고 그는 말한다. 그렇다면 천주교의 예배(missa)에서도 <섬김과 나눔>으로 이와 별반 큰 차이가 없음을 우리는 알 수 있다.

茶山은 敬의 자세를 실현하기 위해 경각심·위구심·경외감 등을 결합하였다. 초기 경전에서 敬은 공경의 의미로 번역하는 것이 가장 적절하며, 이는 인간이 타인에 대해 그리고 하늘에 대해 외적으로 보여준 태도를 가리킨다. 그는 敬의 이러한 본래의 의미를 되살렸다. 그는 사람들에게 유교 경전에서의 神(god)인 하느님(상제)을 경외함으로써 도덕적 나약함을 경계하는 자세를 강화하도록 권하였다.76)

그 자신의 수양법으로서 敬 개념은 하느님(상제)에게 향하거나 사람의 일에 향하는 정성된 진실한 마음의 활동이라 규정한다. 사람이 마음을 비워 하느님(상제)을 진실로 믿는 誠과 하느님(상제)을 믿는 굳은 마음으로 행동하는 敬은 천명을 받드는 기본적인 덕으

---

74) Donald Baker, 앞의 책, 82쪽.
75) 유권종, 앞의 책, 41쪽.
76) Donald Baker, 앞의 책, 83쪽.

로 仁을 실현하게 한다.[77] 그에게서 성인으로서 중용의 덕으로 완성에 이르는 정성과 공경의 道는 知天·格天으로부터 하느님(상제)을 모시는 자세와 태도를 가장 중요한 점으로 생각하는 데에 그 특색이 있다.

그는 仁을 실현하게 하는 것이 다름 아닌 誠과 敬이라고 한다. 그가 말하는 敬은 정주의 居敬이나 혹은 불가에서 행하는 禪과는 다르다. 즉 그는 靜과 敬을 엄격하게 구별하면서 그 차이를 밝히고 있다. 敬은 靜을 위한 禪이나 居敬이 아니라, 하느님(상제)의 신비를 깊이 궁구하는 일이나 혹은 그 자신에 대한 반성이나 새로운 결심을 하는 일이라고 한다. 그는 거경에 거의 동의하지만 다만 禪에서처럼 대상이 없는 敬에 대해서는 찬성하지 않고 있다. 한편 그는 서학에서처럼 그 대상이 하느님(상제)임을 강조하고 있다.

옛 사람들은 진실한 마음으로 天을 섬기고, 진실한 마음으로 神(god)을 섬겼다. 활동할 때나 고요할 때나 한 생각이 싹틀 때에는 참되기도 하고 거짓되기도 하고 악하기도 하다. "날마다 여기에서 살피고 계신다"고 생각하기 때문에 경계하고 삼가며 조심하고 두려워하는 신독 공부가 진실하고 절실하며 독실하여 천덕에 도달할 수 있다.[78]

하느님(상제)과 사람의 교제에 바탕을 둔 格天意識은 제천의 예, 곧 본래 제천의식(cult)에서 일어난 것이다. 곧 자기 마음을 다스리는 예법을 배우는 일이다. 옛 사람들은 外禮的 治人이건 內省的 修己이건 간에 모두 정성과 공경의 도(誠敬之道)로써 하느님(상제)을 섬기었다. 따라서 그가 제천의례의 정립에 노력한 이유는 格天

---

77) 『全書』 二, 「自撰墓誌銘」, 662쪽. "以之爲仁者, 誠與敬也."
78) 『全書』 四, 「中庸講義」, 277쪽. "古人實心事天, 實心事神. 一動一靜, 一念之萌, 或誠或僞或善或惡. 戒之曰, 日監在玆. 故其戒愼恐懼, 愼獨之眞切篤實, 以達天德."

意識이 모든 의례의 근본이며 治人의 토대이기 때문이었다. 자신의 마음을 다스릴 수 있어야 남의 마음도 다스릴 수 있다.

茶山이 하느님(상제)을 모시는 자(格天者)의 예로서 들고 있는 요·순·문·무·주공은 모두가 한결같이 인격의 완성자임과 동시에 정치적 지위를 누린 성인들이라는 점이다. 그들은 修己의 결과로 얻어진 덕성을 발휘하되, 제천의례를 통해 治人하고 있음을 우리는 알 수 있다.

그가 지향하는 새로운 유학의 내용은 우선 事天에 입각한 인륜과 治人의 실천이고, 그것을 성취하기 위해서 禮樂刑政에 대한 정확하고 해박한 지식이 요구됨과 동시에 국방·재정·聽訟·賓客을 예우하는 일 등에 유능하여야 한다는 것이다. 여기서 우리가 주목해야 할 것은 곧 하느님(상제)을 알고 섬기는 일을 인륜과 治人의 실천에 모든 기본요건으로 내세우고 있는 점이다. 사람의 심성에 내재된 천명은 모든 삶의 원칙이고 기준이며, 이에 따르는 삶이 곧 사람을 섬기는 길이다.

세계종교인 불교·유교·기독교 등을 막론하고 대부분 종교의 궁극적 관심사는 제사(cult)의 문제라고는 하지만, 그러나 동시에 철저하게 인간 문제에 대하여 근거하고 있다. 의례(예배)를 통해 종교는 사람의 내면적인 영적 세계의 발전이라는 그 자신의 聖化(sanctification)나 개인 내면의 영성 생활에 대하여 끊임없이 추구하는 데는 거의 다 공통적으로 일치하고 있다. 이는 자신의 마음을 다스리는 법을 깨쳐 살아가고자 하기 때문이다. 물론 각 종교의 성격에 따라 修己 혹은 治人 등을 강조하는 입장이 다를 수 있다.

茶山은 하느님(상제)을 아는 일(知天)이 그에 대한 지식을 갖는 데에 머무르지 않고 동시에 그를 섬기는 행동(事天)과 결합되어 있음을 언명하고 있다. 하느님(상제)을 아는 일이 바로 올바른 인간

행위의 전제 조건이며, 수신의 기초라고 본다. 그리고 그에게 하느님(상제)을 섬기는 일의 근본은 孝·弟·慈에 있다. 이것은 "하느님(상제)과 사람의 감응"(格天)에서 이루어지게 되어 治人의 토대가 된다. 그러므로 사람은 누구나 천명의식 곧 신독을 통해 知天·事天·格天함으로써 그 궁극의 목표인 천인합덕이라고 할 수 있는 중용의 덕을 이루기 위해, 즉 자기완성을 향하여 살고 있다.

그는 성인조차도 끊임없이 노력하는 성실한 인간임을 강조하고 있다. 하느님(상제)이 그 작용을 "지극한 성실로써 쉼 없이"(至誠無息) 시행하듯이 성인도 역시 그러한 天을 본받아 지성의 노력을 계속해야 한다는 것이다.[79] 茶山에 있어서 성인은 『중용』에서의 천덕을 본받아 自强不息하는 사람인 것이다.

---

79) 『全書』二, 「自撰墓誌銘」, 660쪽. "至誠無息, 不息則久庸也."

제2장

『중용』의 天德

지성한 성인은 자신의 본성을 실현하여 하나의 도덕심이라도 유실하지 않고 "지극한 성실로써 쉼 없이" 완성하려고 한다. 茶山은 『중용』의 도덕철학에서 천명으로부터 인간 본성의 근거를 밝히고, 천덕이 부단히 실현되는 것으로부터 인간 덕행의 근거를 설명하고 있다. 그러므로 그는 먼저 知天으로 귀결되고 그 후에 중간에서 분산되어 만가지로 달라졌다가 끝내 <성>(誠 : sincerity)자로 귀결시킨 것이다.[1]

『중용』에서 誠은 <하늘의 덕>(天德)이라 하였다. 그러므로 誠은 우주의 만물을 생성시키는 원동력이다. 誠은 자기 자신을 이루게 할 뿐 아니라 만물을 이루게 한다. 이처럼 誠은 우주 만물의 근본이므로 성실이 없다면 만물은 벌써 존재가치를 잃는다. 至誠이야말로 사람의 진실한 마음가짐이 되는 것이다. 여기서 <誠>이란 진실하여 거짓이 없는 지극한 것이다.

---

1) 『全書』四,「中庸自箴」, 213쪽. "故先以知天爲結局, 然後中散爲萬殊, 又以誠字結局."

> 誠이라는 것은 만물의 처음이요 끝이니, 誠이 아니라면 만물은 없
> 는 것이다. 그러므로 君子는 至誠을 귀히 여긴다.[2]

誠에 의해 천지가 세워지고 만물이 성장하므로, 그것은 모든 덕
의 근본이 된다. 더욱이 사람이 하늘과 땅의 생육을 돕게 된 것은
자기의 지성을 다함으로써 지극하게 하였기 때문이다. 군자는 이
미 이 천덕을 받아 지성을 귀하게 여기는 것이다. 결국 모든 일에
온갖 지성을 다하는 일이 사람의 도의이다.

『중용』에서는 천덕의 실질적인 내용을 誠으로써 설명한다. 또
성인의 至誠無息으로부터 천덕의 유구성과 부단성을 설명한다. 이
것이야말로 인간의 도덕 실천에서 드러나는 誠으로써 天德의 내용
을 규정하고 있음을 분명하게 표시한 것이다.[3]

Ⅰ. 誠의 윤리

誠의 문제는 유학 윤리에 중요한 비중을 차지하고 있다. 茶山은
"＜知天＞이라는 두 글자는 성실한 몸가짐의 근본이며, ＜誠＞이라
는 한 글자가 모든 덕의 근원이 된다"[4]고 하였다. 그리고 "『大學』
과 『中庸』의 두 책은 모두 誠자로서 首功을 삼는다"[5]고 할 정도로

---

2) 朱熹, 『大學·中庸』, 1990, 學民文化社, 218쪽. "誠者, 物之始終, 不誠
   無物, 是君子誠之爲貴."
3) 楊祖漢, 황갑연 역, 1999, 『중용철학』, 서광사, 41쪽.
4) 『全書』四, 「中庸自箴」, 213쪽. "知天二字, 爲誠身之本, 誠一字, 爲萬
   德之根."
5) 위의 책, 215쪽. "大學中庸, 皆以誠字爲首功." 비교(cf.), "네 마음을 다

誠의 윤리를 중요시하였다.

『중용』에서는 하늘의 도(天道)는 모든 지성을 다하는 것이라 하였고, 하늘은 지성을 드리는 특권을 인간에게만 주었음을 말하고 있다. 또한 『대학』에서도 하늘의 뜻을 밝히는 일은 성의를 다하는 것이라고 한다. 그리고 『논어』에서도 공자께서 "나의 도는 하나로 관통한다"고 말씀하셨을 때, 그의 제자인 증자는 "선생님의 도는 忠과 恕일 따름이다"고 설명하고 있다. 이것을 주자의 해석에 따르면, <忠>이란 자기의 성심을 다하는 일이고, <恕>란 자기를 미루어 남을 생각하는 일, 다시 말해서 자기처럼 남을 생각해 주는 마음이라고 한다.

禍福이 내려지려 할 때는 선함을 반드시 먼저 알아보고, 선하지 않음도 반드시 먼저 알아보는 것이다. 그러므로 지극한 정성은 神과 같은 것이다.[6]

선하고 선하지 않음은 바로 앞으로 닥쳐올 사람의 화복에 영향을 미친다. 윤리는 전통적으로 세 가지 요소의 관계를 규정하는데서 이해되고 있다. 즉 행동의 방법을 명령하는 자와 그 명령을 받는 자와 그 명령의 내용에 관한 것이다. 茶山에게서는 명령하는 하느님(상제)과 그 명령을 받는 사람의 관계를 우리는 앞의 글에서 상당한 논의를 하였다. 다만 그 명령의 내용이 밝혀지지 않았는데 지금부터 이것을 논의하고자 한다. 맨 먼저 명령하는 하느님(상제)

하고, 목숨을 다하고, 생각을 다하고, 힘을 다하여 주 너의 하나님을 사랑하라"는 성경의 말씀도 한 마디로 하나님께 성실을 다하라는 것이다. 물론 구약성경에서 하느님은 성실하신 분이심을 누누이 강조하고 있다. 그의 백성들이 하느님을 공경하는 일은 지성을 다하는 것이다.

6) 朱熹, 『大學·中庸』, 1990, 學民文化社, 213쪽. 「中庸章句大全」, "禍福將至, 善必先知之, 不善必先知之, 故至誠如神.

에게 향한 명령받는 사람의 기본적인 태도는 誠이다.

> 하느님을 아는 자는 그 홀로 있음을 조심한다. 신독은 곧 誠이다.[7]

『대학』은 <성의>의 성을 뜻하는 것이고『중용』은 <신독>의 성을 뜻하는 것이다.『중용』서두의 <性>은 천도이고 <敎>는 인도이지만, 지성으로 하나가 됨을 보여주고 있다.[8] 이는 천명에 근본하여 인도를 밝힌 것으로 하나의 응어리로 誠을 이룬 것이라 하였다. 誠으로 말미암아 인도는 천도와 일치하는 중용의 덕이 되고, 곧 천인합덕이 이루어지는 것이다.

1. 중용의 덕

茶山은 <중용>이 유가의 실천적 행동규범임을 강조하여 그 중요성을 제시하고 있다. 그의『중용』의 해석은 <중용>을 주제로 삼고 있음이 그 특징이다.[9] 그것은 근본적으로 천인교제의 조화를 문제삼는 것이었지만, 구체적으로는 천명과 인성의 매개를 통하여 인도의 이상을 실현하고자 한 것이었다.

> 『中庸』의 글은 구절마다 모두 天命으로부터 나온 것이며, 구절마다 天命으로 귀속된 것이다. 그러므로 道의 本末이 여기에 갖추어진 것이다.[10]

---

7)『全書』四,「中庸自箴」, 212쪽. "知天者, 愼其獨. 愼其獨, 卽誠也."

 8)『全書』四,「中庸講義」, 325쪽. "自誠明者, 聖人也. 自明誠, 擇善者也. 性者, 天之道也. 敎者, 人之道也."

 9)『全書』四,「中庸自箴」, 224쪽. "中庸爲一篇宗旨." ; 225쪽. "經文步步 未或忘中庸二字."

　　본원유학의 心法은 천명의 순종이요, 성실의 실천이다. 성인은 도로서 신독하여야 하고 덕으로써 誠하여야 한다. 그 자신이 행하지 않으면 덕(德 virtue)이란 존재하지 않는다.[11] 茶山의 중용해석은 도덕 실천에 중점을 두고 있기 때문에, 여기서 <중용의 덕>이 그의 수양론의 중심이 되는 말이라고 할 수 있다.

　　<중용>이란 무슨 뜻인가? 그것은 이 말이 古文인 바에야 당연히 그 당시의 의미로서 추구해야 한다. 따라서 茶山은 실천규범으로서의 中庸의 <中>자와 <庸>자에 대한 주자학자들의 해석에 대하여 그는 근본적으로 다른 견해를 가지고 있다. 그에게서 <中>이란 성인의 지극한 공이다. 古文에 의하여 中은 <衷>이고 <誠>이라는 의미로 그는 말하고 있다.[12]

　　　中이란 至善이 있는 곳이니, 지극히 크고 지극히 厚한 것으로서 中을 얻는 경우가 있는가 하면 지극히 작고 지극히 薄한 것으로도 中을 얻는 경우가 있다.[13]

---

10) 『全書』 四, 「中庸講義」, 281쪽. "夫中庸之書, 節節皆從天命而來, 節節皆歸致於天命. 故道之本末於是乎."

11) 『全書』 四, 「中庸自箴」, 223쪽. "德者行吾之直心也." 比較(cf.), Ricci는 『天主實義』 제7장(Malteo Ricci, 앞의 책, 259쪽)에서 '덕'에 대해서 다음과 같이 말하고 있다. "딕행은 신성의 보배로운 옷이다. 오랫동안 이로운 생각에 젖어야 의로운 행위가 생겨난다"(德乃神性之寶服, 以久習義念, 義行生也).

12) 『全書』 四, 「中庸講義」, 246~247쪽. "中者, 聖人之極功也. 中也者, 衷也. 中也者, 誠也." 茶山은 『尙書古訓』 卷二에서 寬而栗, 柔而立, 愿而泰, 亂而敬, 擾而毅, 直而溫, 簡而廉, 剛而塞, 彊而義의 9덕이 중화의 성덕(成德)임을 밝히면서, "9덕은 중이며 떳떳함이 용이다. 중용 두 글자는 어찌 요순 이후 성인과 성인이 서로 전수한 은밀한 뜻과 요긴한 말이 아니겠는가"라고 하였다. 중용이란 단순히 子思에 의하여 이루어진 말이 아니라, 古文에 의하여 이루어진 9덕이 곧 중용사상의 기초가 되고 있으며 이 9덕을 꾸준한 마음(항심)으로 지켜나가는 有常의 떳떳함이 곧 庸이라고 여겼던 것이다.

茶山에게서 <中>은 대·소·후·박 중 어느 하나로서의 至善한 것이다. 덕으로서의 中은 至善이 있는 곳이다. 나의 마음으로서 먼저 대·소·후·박을 저울질하여 中을 잡은 후에, 타인의 말을 살펴보아서 그 가운데 양단에 저촉된 것은 버리고 中에 부합한 점만을 사용한다면 비로소 中을 잃지 않을 수 있다.[14] 그러므로 중용의 덕도 결코 평범한 덕일 수 없고 지성의 덕이다.

주자는 <庸>을 평상이라 하였으니 이것이 중용의 뜻 자체를 올바로 깨닫지 못한 점이라고 茶山이 지적한다. 주자는 <중용>을 주석을 하되 <平常의 理>라 하였는데, 茶山은 평상의 理는 결코 성인의 至德일 수 없으므로, <庸>의 뜻을 따로 다른 데서 찾아야 할 것이라 하였다.[15] 다시 말해서 용을 평상이라 한다면 그러나 중용은 지덕이라야 하는데 평상의 理에는 지덕이 깃들 수 없다는 것이다. 茶山에게서 <中>은 至善이어야 하고, <庸>은 떳떳함, 꾸준함이어야 한다.

> 맹자는 '庸敬在兄'이라 하였으니 庸敬이란 변함없이 항상 공경하는 것을 이른다. 이로 말미암아 보건데 庸이란 恒常·經常이다. 어찌 평상을 말하겠는가? 이를 총괄해 보면 中庸이란 천하 제일의 의리이다.[16]

---

13) 『全書』四,「中庸自箴」, 195쪽. "中者, 至善之所在也. 有極大極厚而得中者, 有極小匡薄而得中者."

14) 『全書』四,「中庸講義」, 261쪽. "大小厚薄, 必於吾心之內. 先有權衡以執其中, 然後去察人言, 其犯於兩端者棄之, 其合於中庸者用之, 方可以不失其中."

15) 『全書』四,「中庸自箴」, 189쪽. "惟庸字之義, 未有明解. 若云平常之理, 則聖人以平常之理, 名曰至德亦恐未然."

16) 『全書』四,「中庸講義」, 255쪽. "孟子曰: '庸敬在兄'. 庸敬者, 恒敬也. 由是觀之, 庸也者, 恒常也, 經常也, 豈平常之謂乎? 總之中庸者, 天下第一等義理."

그에게서 <庸>이 '恒'이오 '常'이니, 곧 庸德은 恒德이오, 常德인 것이다. 우리말로는 '떳떳함', '꾸준함' 또는 '끈기'이다. 이는 지성으로도 통하는 길이 아닐 수 없다. 이러한 점에서 그의 <중용>에 대한 해석은 至善의 적극적 실천의지를 엿 볼 수 있다. 꾸준함(常)이 없다면 庸과 中은 모두 잃게 된다.[17]

여기서 한 가지 더 살피고 넘어야 할 문제는 주자학자들이 『중용』에 대하여 주장해 온 천리설의 부정이다. 주자는 『중용』을 해석하면서 말하기를 "誠은 진실무망한 천리의 본연이다"[18]라고 하였다. 誠之하는 것은 진실무망하지 못함을 진실무망 하고자 함이니 인간의 당연한 일로서 천리를 이루려는 것이다. 주자는 천리를 알아야만 그것을 통하여 중용의 덕을 체득하게 되고 이를 행할 수 있다는 말이다. 그러한 우주론적 형이상학의 사유는 자연론적 낙관론에 빠질 위험이 있고, 그리고 인간의 실천적 노력에 적절한 지침을 줄 수 없다는 이유로 茶山은 반대한다.[19]

그에게서 천명을 기다림은 꾸준한(庸) 것이다.[20] 비록 천명의 성이란 지혜로운 자나 어리석은 자나 모두가 같이 얻는 것(賢愚同得)이라고 할지라도, 中和는 실천을 통하여 이룰 수 있는 경지이므로, 반드시 도의를 힘써 이루어 나간 후에 중화를 이루게 되는 것이다. 우리가 실천도 하기 전에 중화의 덕이 인간에게 갖추어져 있다는 주자의 이론은 잘못된 것이라고 茶山은 역설한다. 중용은 일상적

---

17) 『全書』四, 「中庸自箴」, 196쪽. "旣不能有常, 則庸與中俱亡矣."
18) 朱熹, 『大學·中庸』, 1990, 學民文化社. 「中庸章句大全」, "誠字, 眞實無妄之謂, 天理之本然也."
19) 『全書』四, 「中庸講義」, 328쪽. "本然非天命, 天命非本然, 恐不無可議也." 茶山은 이 천리가 본연의 성이란 당치도 않다는 것이다. 주자가 理가 동일하다는 것은 오직 받은 바의 천명이 모두 같다는, 다시 말해서 인간과 만물이 같다는 말인데 茶山은 이에 반대하고 있다.
20) 『全書』四, 「中庸自箴」, 204쪽. "命者所以庸也."

실천의 결과로서 얻어지는 것에 지나지 않는다. 중화의 덕은 본래 신독에 의해서 나온 것이다. 중용의 도는 신독이 아니고서는 능히 할 수 없다.

어떻게 신독을 통하여 中和의 극치에 이를 수 있는가? 茶山은 『중용』해석에서 "희로애락이 아직 발현하기 이전(未發)에 상태가 中"이라는 주자의 「중용장구」의 해석에 대해, 비록 희로애락의 감정은 아직 발현하지 않았어도 心知思慮는 이미 활동하고 있다고 설명한다. 즉 우리의 지각은 늘 깨어 있다는 것이다. 따라서 이 때에 하느님(상제)을 섬기되 항상 삼가고 두려워하여 잘못이라도 있을까 하고 과격한 행동을 저지를까 하고 편벽한 감정이 싹틀까 두려워하여 마음가짐을 공평하게 하고 일에 대처하는 마음도 지극히 공정히 지녀 천명을 기다린다면 천하의 지극한 中이라 할 수 있다.

茶山에게서 중용의 덕은 한 마디로 지성의 덕이다. 따라서 군자는 天을 알고 섬기며 홀로 삼가 조심하고 언제나 그리고 때를 맞추어(時中) 지성으로 인간관계의 도의를 실천하는 사람이다. 군자의 도는 하느님(상제) 앞에서 자기가 성심성의를 다해 선을 실행하는 일 뿐이다.

> 中庸의 德은 신독이 아니면 이루어질 수 없다. 신독의 공부는 귀신이 아니면 두려울 것이 없게 된다. 그러므로 귀신의 덕은 곧 우리 도의 근본이다.[21]

茶山에게서 중용의 덕은 신독이 아니면 성취할 수 없으며, 신독의 공부는 귀신이 아니라면 두려운 마음이 없게 되어 할 수 없게 된다. 神의 강림하심은 은미하면서도 밝게 드러나는 것이니 그 성

---

21) 『全書』四,「中庸講義」, 282쪽. "中庸之德, 非愼獨不能成. 愼獨之功, 非鬼神無所畏. 鬼神之德, 卽吾道之所本也."

실함은 가리울 수 없음이 이와 같다는 것이다. 결국 그의 중용의 덕은 귀신의 덕과 깊은 관련을 맺고 있다. 그는『중용』제16장「鬼神之爲德」節의 해석에서 <귀신의 덕>은 천덕을 뜻하고 있음을 밝히고 있다.[22] 그리고 <誠>이라는 한 글자로 풀이한다.[23]

그러므로 중용의 덕은 하느님(상제)을 두려워하면서 천명을 성실하게 따르는 것이다. 인간이 성실한 노력을 통해 중용의 덕을 달성하게 되면 마음속에는 至善의 中正의 원칙이 확립되고, 이 원칙을 따라 그야말로 盡人性・盡物性할 수 있게 된다고 하였다.[24] 성인은 끊임없는 실천적 노력의 결과로 이루어지는 것이다.

2. 愼獨과 誠

茶山은 인간이 하느님(상제) 앞에 있는 겸허한 사람으로서 끊임없이 성실하기 위하여 신독하는 자세를 꾸준하게 지켜야 함을 말하고 있다. 여기에서 <愼>의 의미는 戒愼恐懼이고, <獨>의 내용은 己所獨知 즉 자기 자신만이 아는 바로 인간이 지니는 영명성, 도심, 그리고 이를 달리 말하면 천명, 곧 상제의 명이다.[25] 신독의 경지는 하느님(상제)과 자기 자신의 만남의 장이다.

---

22) 위의 책, 277쪽. "此節乃讚美天德, 以爲愼獨之本者也."
23) 위의 책, 324쪽. "故於鬼神章, 插一誠字, 爲一篇之樞紐."
24)『全書』四,「中庸自箴」, 187쪽. "所謂能盡人性, 能盡物性也. 原其所本豈非愼獨之誠, 有以致此也乎." 그는 '中庸'을 중이용(中而庸) 또는 중화이용(中和而庸)이라고 한다. 치중화(致中和)란 지성(至誠)이며 지성은 천도이니 지성을 갖춘 이는 天과 덕이 일치되므로 위로는 하늘을 다스릴 수 있고 아래로는 땅을 다스릴 수 있다고 한다.
25) 李海英, 1991,「丁若鏞의 中庸解釋에 관한 硏究 (1)」『退溪學』三, 15쪽. 또는『茶山實學論文選集』四, 223쪽.

　　옛 사람들은 진심으로 하늘을 섬기고 진심으로 神을 섬기면서 움
직일 때나 가만히 있을 때나 마음에 어떤 생각을 품기만 해도 그것
이 진실한가, 거짓인가, 선한가, 악한가를 경계하여 말하기를 날마다
굽어보심이 여기에 있는 것으로 여겼다. 그러므로 홀로 삼가는 간절
한 마음이 독실하여야 천덕에 이룰 수가 있었던 것이다.[26]

　사람들의 이러한 경외심이야말로 신독을 가능하게 하는 기본이
되고, 궁극적으로는 중용의 덕을 실천하는 기초가 되는 것이다. 하느
님(상제)의 천명은 군자의 誠과 직통하고 있음을 본다. 茶山의 <誠>
은 천명의 깨달음을 얻기 위해 행사 전에 갖추어야 하는 태도를 말
한다. 신독이란 태도가 지극히 참됨(至誠)에 있다. 신독이 지성이고
지성이 신독이라는 점에 대해서는 그에게서 의심할 수가 없다.[27]
　『중용』의 誠이란 하느님(상제)을 아는 일(知天)에 있으므로 하느
님(상제)과 짝하려 하는 戒愼恐懼의 모습이다. 하느님(상제)을 아는
일(知天)은 신독이며, 신독은 진실과 성실이다. 그러므로 그가 주장
하는 성실은 하느님(상제)의 존재를 의식하는 상태에서 자기자신
을 제어하려는 진실과 성실한 마음가짐을 의미한다. 그것은 도심
의 구체적 작용이 된다. 즉 성실이란 도심을 발흥케 하는 전제가
되는 상태이다.

　　성실로 말미암아 밝아지는 것을 性이라 말하고, 밝음으로 말미암
아 성실함을 敎라 말한다. 성실하면 곧 밝아지고, 밝으면 곧 지성을
드리는 것이다.[28]

---

26) 『全書』四, 「中庸講義」, 277쪽. “古人實心事天, 實心事神. 一動一靜, 一
　　念之萌, 或誠或僞, 或善或惡, 戒之曰日監在玆. 故其戒愼恐懼, 愼獨之切,
　　眞切篤實, 以達天德.”
27) 『全書』四, 「中庸自箴」, 185~186쪽. “愼獨者, 誠也 愼獨之爲至誠, 至誠
　　之爲愼獨.”
28) 朱熹, 『大學·中庸』, 1990, 學民文化社, 203쪽. 「中庸章句大全」, “自誠

중용의 덕에 대한 인식보다는 그것을 대하는 인간생활 속에서의 진실과 성실이 문제가 되는 것이다. 성인은 언제나 진실과 성실을 잃지 않아야 한다. 진실과 성실을 잃지 않는 그의 생활이 천덕과 일치하는 것이다.[29] 그래서 茶山은 항상 삼가 조심하여 하늘을 섬기듯 사람을 섬기라고 하였다. 천도와 인도가 <誠>이라는 하나의 글자를 벗어날 수 있겠는가! 신독이 바로 誠인 까닭이다.

주자학은 천리를 기초로 하는 도덕적 형이상학이다. 인간에게 "천리를 보존하고 사욕을 없애라!"(存天理 滅人欲)고 권면을 한다. 인간이 추구해야 할 최상의 목표는 바로 사욕을 제거하고 본래 天理로서 부여된 본성을 회복(復性)하는데 있는 것이다. 천성을 회복하려고 결단하느냐의 것은 순전히 인간의 도덕 문제인 것이다. 이러한 도의에 결코 선행에 대한 상이나 악행에 대한 벌이라는 공리타산적인 이해관계가 개입되어 있지 않다. 『중용』에서의 천덕은 타고난 성품을 따르는 "率性之謂道"로서 도덕수양론이라 할 수 있다.

Ricci는 인간의 자유의지의 선택의 결과에 따른 하느님(천주)의 상벌이 무엇보다도 핵심적인 사항이었기 때문에 내세에서의 복락의 취득이라는 그러한 이득의 추구는 얼마든지 정당화될 수 있다는 논의를 펴고 있다.[30] 그러나 이러한 Ricci의 도덕공리론은 유학자들에게는 아주 천박한 것으로 보여 많은 비판을 받게 되었다.

이에 대해 중국선비(中士)는 다음과 같이 말하고 있다.

明, 謂之性. 自明誠, 謂之敎. 誠則明矣, 明則誠矣."
29) 『全書』四, 「中庸講義」, 277쪽 參照.
30) 송영배, 앞의 책, 524쪽. 마테오 리치의 인간관과 윤리관에서 보자면 유교의 순수도덕적인 復性說은 권선징악을 효과적으로 도모하기에 너무나 미흡한 것으로 보였을 것이다. 그로서는 결과에 따른 하느님의 상벌이 무엇보다도 핵심적인 사항이었기 때문에 내세에서의 복락의 취득이라는 그러한 <이득>의 추구는 얼마든지 정당화 될 수 있다는 논의를 펴고 있는 것이다.

> (중국의) 옛 성현들이 세상을 교화함에는 利는 언급하지 않고 仁義만 말할 뿐입니다. 군자가 선을 함에는 아무런 의도(無義)도 없습니다. 하물며 이해 득실을 따지려는 뜻이 있을 수 있겠습니까?[31]

茶山은 "天이 福善禍淫을 한다"는 사상을 강조하고 있다. 하느님(상제)의 상선벌악에 근거를 두고서 인간에게 선행을 유도하고 악행을 막아보려는 Ricci의 도덕공리론에 동의하고 있는 셈이다. 그러나 그는 이득의 추구가 아니라 하느님(상제)의 은혜에 보답하는데 두고 있다. 선한 일과 악한 일에 대한 報償을 언급하되, 기독교의 내세에 두지 않고 있으며, 유학의 현세주의에 머물러 있다. 따라서 그는 『중용』의 도덕수양론을 따르고 있다.

II. 善의 실천

茶山은 본래 공자의 학문이 修己·治人임을 깨달아 공자가 지향한 도덕 실천의 정신을 회복해야 한다고 역설한다. 그는 주자학의 비실제적인 공소성을 벗어나기 위한 노력을 공맹의 본원유학의 실제지향의 정신을 이어받아 시도하고 있다. 그는 善의 실천을 강조한다.

> 대개 군자의 도는 알지 못하기 때문에 실행하지 못한 것이며, 실행하지 못하기 때문에 알지 못한다.[32]

---

31) Malteo Ricci, 앞의 책, 206쪽, "吾古聖賢敎世, 弗言利, 惟言仁義耳! 君子僞善, '無義' 況有利害之意耶?"
32) 위의 책, 327쪽. "大抵君子之道, 不知故不行, 不行故不知."

맹자의 성선설에서와 같이 茶山에게 있어서도 善이란 것은 그 누가 그것을 실현하든, 하지 않든 언제나 선한 사태로 실재하고 있다는 입장이다. 그것은 천명이기 때문이다. 이 때 善의 사태란 인간과 인간 사이의 관계에서 한정된 것임을 두 말할 나위도 없다. 이와 같이 善은 내재적 잠재능력으로 존재해 있다. 그러나 이것을 발휘함은 인간과 인간 사이의 행위 속에서 나타난다고 볼 수 있다. 인간과 인간과의 관계가 없다면 善은 영원히 내재로만 끝날 수 있다.33) 오로지 인간과 인간과의 구체적인 행위의 실천을 통하여 비로소 善은 나타나는 것이 된다.

주자가 理를 보편적 규범으로 형이상학화 함으로써, 인간뿐만 아니라 동식물과 무기물을 포괄하는 전 우주의 보편적 특성이자 본질로 파악함으로써, 명백히 그는 경험적 윤리학으로부터 일탈해 버린 셈이 된다. 선함의 가능 근거를 선험적 이념(理)에서 찾는 바람에 인간이 자신의 초월적 가능성을 자기의 내적 힘으로 확인하지 못하게 한다. 존재와 당위를 충분히 구분하지 못한 사유에서 온 것이다. 주체를 존재로부터 소외시키고 있다.

茶山은 도덕적 삶의 첫걸음이 타고난 도덕심(인의예지)을 회복하는 것이라는 주자학의 전제를 거부하였다. 주자학자들은 마음을 평온하고 동요되지 않고 외부 자극에 희로애락과 감정으로 반응하지 않으면서 내면으로 집중된 상태를 유지하게 하는 것이 미덕을 회복하며 함양하는 첩경이라고 주장하였다. 그는 이러한 정적주의가 유교적 언어로 가장한 불교 선종 교의와 다를 바 없다고 논박하였다.34)

그는 선의 실현 문제를 논함에 있어서 "선은 내재적 잠재능력으

---

33) 宋錫球, 1986, 『韓國의 儒彿思想』, 思社硏, 286쪽.
34) Donald Baker, 앞의 책, 81쪽.

로 존재"하고 "인간과 인간 사이의 관계가 없다면 선은 영원히 내
재" 상태로 머물게 된다고 말했는데, 이 점에서 四端과 善의 本具
性 문제는 좀더 해명이 있어야 될 줄로 안다. 또한 그가 四端의 本
具性을 부정하면서도 인간 내면에 善을 좋아함이 내재한다고 하였
으므로, 맹자의 四端과 善의 좋아함이 그와 어떻게 다른지를 답해
야 될 줄로 안다.

> 사람이 天에서 받은 것이라고는 단지 영명한 마음뿐이다. 이것으
> 로 仁・義・禮・智를 할 수 있는 것이다.[35]

일단 茶山은 맹자의 성선설을 따르고 있다. 그러나 맹자의 사유
에는 자연성과 도덕성의 갈등이 보이지 않는다. 물론 주자학자들
에게서도 "善은 내재적 잠재 능력으로 존재"하고 있지만, 인간이
그 이념을 인지하고 실현하는 정도는 서로 현격한 차이가 있다고
한다. 이것이 선험적이냐? 아니면 경험적이냐? 하는 점이 바로 주
자와 다산의 큰 차이이다.

1. 性善에 대한 이해

선행하기를 즐기는 반면에 악행을 수치스러워 하는 것이 곧 性
이다. 이 性을 좇아 어긋남이 없으면 도를 이루게 되는 것이다. 그
러므로 이를 性善이라 말한다.[36]

---

35) 『全書』四, 「中庸講義」, 240쪽. "人之受天, 只此靈明. 可仁可義可禮可
   智, 則有之矣." 인간에 있어서 도덕은 이 도의의 성을 발휘함에 의해서
   이루어진다. 인의예지는 바로 이 성의 실현이다.
36) 『全書』二, 「自撰墓誌銘」, 662쪽. "樂善恥惡者, 性也. 率此性而無違, 可
   以適道. 故曰性善也." 사람이 善한 일을 하면 마음이 유연하고 호연하

茶山은 性을 이렇게 "선행을 좋아하고 악행을 수치스러워 하는 것"으로 보는 점에서 분명히 성선설의 편에 서있다. 그러나 그의 성선설의 사고는 주자의 성선설과 다르다. 주자학에서는 善한 性이 理로서 담지(본구)된다고 믿지만, 그는 性의 그러한 담지를 믿지 않기 때문이다. 그에게서의 性은 역시 일정한 지향성으로서의 기호인데, 그 기호가 악행보다 선행을 지향하는 경향이 많을 뿐인 것이다.37) 인간은 본래부터 인의로 향할 수 있는 성질이 있기 때문에 인의를 행할 수도 있는 것이며, 바로 이것이 인성이 선하다는 주장을 할 수 있는 근거이다.

마음이 욕심에 유혹되어 절제치 못하면 악이 되고 마음이 본래부터 주어진 성선을 따라 행하면 선이 된다고 한다. 선악의 행위는 욕심의 절제에 따라 천명의 성, 즉 도심으로 돌아가느냐 인심으로 돌아가느냐가 문제가 된다. 따라서 性은 本善하므로 率性한다. 하지만 마음(心)은 혹은 선할 수도, 혹은 불선할 수도 있으므로 治心해야 한다는 것이다.38) 이러한 治心은 인간이 기호로서의 性을 자

여 막힘이 없는 것은 물이 아래로 흐르는 것과 같고 악한 일을 하면 마음이 울적하게 되고 갑갑하게 되는 것은 마치 물길이 막혀 통하지 못하는 것과 같은 것이다(『全書』四, 「孟子要義」, 527쪽).

37) 『全書』四, 「孟子要義」, 527쪽. 그에게서 仁義 등은 마음속에 가지고 태어난 무엇이 아니라, 그러한 性向에 해당되는 行爲를 할 때 고려되는 것이다(仁者, 行仁也. 義者, 行義也).

38) 송석구, 앞의 책, 54~55쪽. 또는 『茶山實學思想論文選集』(6), 236~237쪽. 여기서 茶山의 '性善'은 근대철학자 Kant의 선의지(ein guter Wille)에 퍽 가깝다고 생각된다. 만일 좋은 의지에 의해서 사용되면 善이 되며, 나쁜 의지에 의해서 사용되면 惡이 된다. 따라서 재능·기질은 善한 목적을 달성하기 위한 수단은 될 수 있으나, 그 자체로서 善한 것이라고는 할 수 없다. 그것들을 사용하는 사람의 의지에 따라서는 惡으로 될 수도 있다. 문제는, 그것들을 사용하는 사람의 의지에 달려있는 것이다. 선의지야말로 Kant 도덕철학의 관건이라고 한다면, 또한 茶山의 性善도 그것과 흡사하다고 여겨진다.

율적으로 실현할 때 이루어지는 것이다. 인간의 본성은 天이 부여한 것으로서 性善이지만, 그가 선과 악을 선택할 수 있는 자주권을 가지고 있다.

언제나 두렵고 두려운 마음으로 조심하여 혹시라도 放逸할까 하며, 삼가 조심스럽게 하느님(상제)이 계신 듯이 행동해야 한다는 것이다. 즉 언제나 계신공구하여야 한다는 것이다.[39] 그가 말하는 神(god)은 저 "영명하고 주재하는 상제"를 뜻한다. 중용의 덕은 인격적인 神(god)을 전제하지 않으면 안 된다는 것이다. 신독은 誠을 이루는 근간이 되어 이를 지탱하고 있는 것이며, 모든 도와 덕의 徵驗의 근본을 이루고 있는 것이다.

그러나 그는 "군자의 학문은 부모를 섬기는 데서 시작하여 하느님(상제)을 섬기는 일로 끝난다."[40]라고 말하고 있다. 이렇게 볼 때 그는 하느님(상제)을 인격적인 神(god)으로 수용함에 있어서는 서학의 영향을 크게 받았지만, 그러나 그는 끝까지<윤리적인 天>으로 이해하는 데서는 유학의 인본주의에서 결코 벗어나지 않고 있다.

Ricci는 한문으로 20여 권의 책을 쓰면서 善의 실천에 대해 자주 이야기를 하였으며, 그 자신도 善을 실천하기 위해 노력하였다. 특히 그는 善의 실천에 대해서 어떻게 생각했는지를 보여 주는 그의 대표적인 글로서『二十五言』을 써놓았다. 열 여덟 번째 글에서 그는 이렇게 말하고 있다.

나의 몸은 당나귀에, 그리고 나의 마음은 아들에 비유할 수 있다. 당나귀를 기르기 위해 마구간과 말구유를 정돈하고, 음식을 충분히 공급하며, 굴레를 화려하게 꾸미며, 안장과 고삐를 장식하면서, 가령

---

39)『全書』四,『中庸講義』, 282쪽. "中庸之德, 非愼獨不能成. 愼獨之功, 非鬼神無所畏. 鬼神之德, 卽吾道之所本也."
40) 위의 책, 280쪽. "君子之學, 始於事親, 終於事天."

외아들은 더럽게 내버려두고, 굶주리게 하고, 추위에 떨게 하고, 길
에서 굶어 죽게 한다면, 사람들은 그를 못난이라고 하지 않겠는가?[41]

茶山의 인본주의적 낙관적인 견해와는 다르게 Ricci는 악의 근원
에 대한 사상에 따라 기독교의 原罪(original sin) 교리를 믿고 있기 때
문에, 인간은 천주의 은총으로 구원을 받아야 善할 수 있다는 것이
다. 동양사상에서는 기독교에서와 같이 악의 근원에 대한 절실한 이
해가 없다. 한국 전통사상에서는 하늘(天)에 순응하면 선하고 순응
하지 못하면 악하다고 보았기 때문에 인간 자신의 죄에 대한 심각성
이 보이지 않는다. 그러나 茶山은 악의 현실을 그 자신의 徵驗을 통
해 강조는 하지만,[42] 그도 역시 인간의 性善에 바탕을 두고 있다.
茶山이 인간의 동물적・이기적 본성 외에 인간의 도덕적 가능성
의 근원으로서의 善에 대한 지향성을 발견하고 인심・도심을 대립
적인 것으로 이해할 때, 이 이기적・동물적 본성이 惡의 근원으로
인식됨을 어쩔 수 없다. 그리고 이 양자가 상충되는 상황에서 이기
적・본능적 욕구가 바로 惡이라고도 말해 질 수 있다. 이런 점에서
는 그는 순자의 견해에 가깝다고 보여진다.

2. 명선과 명덕

먼저 誠의 윤리를 이루기 위한 전제로서의 <明善>에 대해 충분
한 관심과 주의가 있어야 한다. 주자는 명선에 대해 "인심・천명의
본연을 잘 살펴 至善의 소재를 참으로 아는 것"[43]으로 해석한다.

---

41) 마테오 리치, 2000, 송영배 역주, 『교우론, 이십오언, 기인십편』, 서울대 출
　　판부, 62쪽 또는 소현수, 1996, 『마테오 리치』, 서강대 출판부, 208~209쪽.
42) 『全書』 二, 「自撰墓誌銘, 662쪽. "難善而易惡者, 勢也."

그는 명선을 格物致知로 이해하고 있다. 그러나 茶山은 이와 달리 <明善>이 곧 <知天>을 의미하는 것이라고 한다. "하느님(상제)을 아는 일"(知天)후에 "선을 택하는 일"(擇善)을 할 수 있으니, 상제를 알지 않고서는 선을 선택할 수 없음44)을 역설한다. 여기서 윤리적 인식과 실천의 단계를 설명하고 있음을 알 수 있다. 인간이 선을 택할 수 있는 근거는 다름 아닌 또한 천명의 인식에 있는 것이다.

그러면 우리는 왜 하느님(상제)이 어떤 분인 줄을 알아야 하는가? 단순히 하느님(상제)을 경외하고 尊崇하기 위해서인가? 그렇지만은 않다. 茶山은 사람이 해야 할 도리가 무엇인가를 알기 위해서는 먼저 하느님(상제)이 어떤 분인 줄을 알아야 한다고 주장한다. 즉 사람이 천명을 받아 사람다운 바를 알아 그대로 따르는 일이 중용의 <修身>으로 나아가는 점임을 밝힘으로써 向外的인 <知天>의 문제가 마침내 向內的인 <知人>의 문제로 전환되어 <知天>이 곧 <明善>의 근본이 되는 것이다.

> 知人은 사람의 사람다운 바를 아는 것이다. 天命 그것을 일러 性이라 하고 性대로 따르는 그것을 道라 하니 이것을 아는 것이 知人이다. 그러므로 "사람을 알려고 생각한다면 天을 알지 않을 수 없다"는 것이다. … 사람이 사람다운 바를 앎은 성인만 한 자가 없다. 사람을 알면 "백세(百世) 후에 나올 성인을 기다려 묻더라도 의혹을 살 바 없다"고 하였다.45)

---

43) 朱熹, 『大學・中庸』, 1990, 學民文化社, 188쪽. 「中庸章句大全」, "不明乎善, 謂不能察於人心天命之本然, 而眞知至善之所在也."

44) 『全書』四, 「中庸講義」, 323쪽. "明善者, 知隱之見, 知微之顯, 知天之不可欺也. 知天而後可以擇善. 不知天者, 不可以擇善."

45) 『全書』四, 「中庸自箴」, 212～213쪽. "知人者, 知人之所以爲人也. 天命之謂性, 率性之謂道, 知此則知人矣. 故曰思知人, 不可以不知天也.… 知人之所以爲人者, 莫如聖人. 故知人則百世以俟聖人, 以不惑也."

"하느님(상제)을 아는 일"(知天)이 誠의 근본이 되어 수신을 이루게 되는 것이다. 이는 천명의 말씀을 따르는 것이다. 天이 나에게 간절하게 경계하고 고하는 것이니 모름지기 빛나고 빛나는 천명임을 깨달아서 순종하면 선이 된다. 인성의 천명은 덕의 잠재적 가능 근거로서 인간에게 있게 된다. 이것이 바로 도심이다. 도심은 곧 도의의 성이요, 이는 오직 천명으로써 선만을 하도록 주어졌던 것이다. 인간 본성으로부터 저절로 우러나는 도심은 인간 고유의 자발적 사유에 의한 가치판단, 善으로서의 지향, 행위의 啓導로 나타나는 기호를 의미한다. 그러므로 중용의 덕은 본래 신독에 의하여 나온 것으로 도심의 작용에 따라 선의 실천에 이르러야 한다.

茶山에 있어서 지극한 善이란 무엇인가?

> 지극한 善이란 무엇인가? 경서에 확실한 글이 있어서 仁이라 하고 敬이라 하며 孝라 하고 慈라 하였으니, 이것들이 모두 지극한 善이다. … 지극한 善이란 인륜관계에서의 완전한 德임이 여기서 분명해지니 어찌 다른 해석이 있을 수 있겠는가?[46]

그런데 우리에게 중요한 일은 지극한 善이 무엇인가에 대한 쓸데없는 형이상학의 탐구에 시간을 소비하는 일보다는, 여러 경전들에서 이미 분명하게 밝히고 있는 인륜의 덕이 지극한 善임을 알고, 그것을 실천해 나가기로 결단하는 것이다. 이러한 모든 인륜의 덕의 실천에는 경전의 가르침에 대한 믿음을 바탕으로 한 결단이 선행된다.

그의 『중용』 해석에서 나타나는 사상은 그의 경학체계로 확산되고 있다. 그는 『대학』의 강령인 「明明德」에서 <명덕>은 인간이

---

46) 『全書』四, 「大學公議」, 29쪽. "至善之爲何物? 經有正文, 曰仁曰敬曰孝曰慈, 皆至善也. … 凡至善之爲人倫成德, 於此明矣, 而復有他解乎?"

天에서 부여받은 것이 아니라, 사람이 지켜야 할 덕목인 인륜이라 주장한다. 곧 명덕을 孝·弟·慈의 세 가지 덕목으로 규정한다.[47] 결국 중용의 명덕은 효·제·자의 도의를 밝히는 것이요, 이 행사로 얻어진 결과이다.

이러한 덕목은 인간관계에서 이루어진다. 그것은 그가 <仁>을 한자의 구성인 두 사람을 의미한다고 해석하는 것이고, 그 <仁>은 효·제·자의 인간관계를 가리킨다고 해석하였다. 인간의 덕성은 사람의 내면으로 추구하는 性理가 아니라 다른 사람에게로 나아가는 실천으로 파악하고 있다.

戒愼恐懼의 태도로 하느님(上帝)을 잘 섬기면 仁을 행할 수 있다. 헛되게 태극이나 공경하고 이를 天이라 생각하면, 仁을 행할 수 없다.[48]

茶山은 주자학자에게서 희미해졌던 <事天>을 두드러지게 강조하였고, 그 事天의 방법으로 효·제·자와 개인의 수양, 특히 "하느님(상제)을 두려워하고 삼가 조심하는 태도"(戒愼恐懼)를 역설하고 있다. 그는 명선이면 반드시 知天하고, 知天은 신독의 근본이라고 한다. 知天은 知命이고 知人이니, <仁>이란 人倫의 盛德이다. 天이 사람의 선악을 살피는 것은 항상 인륜에 있으므로, 몸을 닦아 하느님(상제)을 섬기는 길은 인륜을 실천하는 것이고, 바로 거기에 <仁>이 있다. 그런데 인간이 선을 실천하는 것은 두 마음의 갈등에서 도심이 인심을 이긴 결과에 의한 것이라고 그는 설명하고 있다.

---

47) 『全書』四,「中庸講義」, 274쪽. "大學之明明德於天下者, 亦只孝弟慈." 혹은 『全書』二,「自撰墓誌銘」, 661쪽. "曰明德者, 孝弟慈, 非人之靈明也." 또는 『全書』四,「大學公議」14쪽. "明德也, 孝弟慈."
48) 『全書』二,「自撰墓誌銘」, 662쪽. "恐懼戒愼, 昭事上帝, 則可以爲仁. 虛尊太極, 以理爲天, 則不可以爲仁."

> 자기(己)는 나다. 나에게는 두 몸(二體)이 있고 또한 두 마음(二心)
> 이 있다. 道心이 人心을 이기면 大體가 小體를 이기는 것이다.[49]

여기서 도심은 적극적인 활동성을 가지고 있는 것으로써 인심과 적극적인 대결을 통하여 인간으로 하여금 善으로 나아가게 하는 작용을 의미하고 있다. 茶山은 이러한 도심의 부단한 작용을 통해서만 이 德의 완성에 도달할 수 있다고 믿고 있다. 천명의 꾸준한 인식과 실천의 노력을 통하여 내면에서 성숙되고 익숙하여져 인심은 편안하고 도심은 항상 밝게 드러나는 경지에 도달하는 것이다.

사람이 선행을 하려면 마냥 악이 이를 이간시키려고 하고, 좋지 못한 일을 하려고 하면 부끄러움 때문에 가슴속에서 언제나 두 마음이 끊임없이 교전하려는 것과 같은 徵驗이 있다고 그는 말하고 있다. 그가 도심의 부단한 작용을 강조한 사실은 欲求體로서의 인간이 항상 惡에 기울어지기 쉬운 것으로 전제하고 그것의 경계를 도심이 하는 것으로 보고 있기 때문이다. 한편 도심의 강조는 인간에게 자율적 판단의 중요함을 깨우쳐 주려는 것으로 볼 수 있다.

그에 있어서 천명은 性으로 주었고, 性은 좋아하고 싫어함(嗜好)이다. 그렇지만 인간에게 준 좋아하고 싫어함이란 선을 좋아하고 악을 싫어한다는 것으로서의 좋아하고 싫어함에 국한되는 것이다.[50] 인간이 선만을 좋아함은 천명이지만 이것을 실천하고 하지 않는 것은 오직 인간의 마음에 달려있다는 것이다. 그렇기 때문에 만약 선을 좋아함이 천명으로 주어져 있지 않다면, 인간의 마음이 선을 실천하려고 해도 할 수 없는 것이다. 따라서 인간의 내면에는 이미 선을 좋아함이 있지만, 그것의 실천은 인간의 마음(道心)의

---

49)『全書』五,「論語古今註」, 450쪽. "補曰己者我也. 有二體, 亦有二心. 道心克人心, 則大體克小體也."

50) 宋錫球, 앞의 책, 282쪽.

작용에 의한 것이다. 마음이 선을 실천하지 않을 경우, 선은 내부
적으로 잠재하여 있을 뿐이다.[51] 결국 천명이 준 도심은 마음의 움
직이는 욕심을 억제하고 저지시키는 능력이 있게 되고, 또한 善을
스스로 자각하게 되는 것임을 밝히고 있다.

3. 仁의 具現

효도라는 것은 내가 몸을 닦는 길이다. 몸을 닦고자 하면 먼저 내
마음을 바르게 하지 않을 수 없고 마음을 바르게 하고자 하면 먼저
내 뜻을 성실하게 하지 않을 수 없다.[52]

茶山에게서 인류의 덕은 誠의 윤리에서 시작해서 선의 실천으로
즉 "정성을 다하여 선을 추구함"(至誠求善)으로 해서 구현되어지
는 것이다.

이제까지 명령하는 하느님(상제)과 명령을 받는 사람과의 자세
는 논의하였고, 그 명령의 내용에 관해서는 좀 더 논의하여야 할
것이다. 도덕적 행위는 그가 스스로 사람을 이해하고 있는 관념과
그의 외적·내적 경험에 의하여 각자에게 부여되는 보편적 현실이
며, 이 현실은 시대와 민족에 따라 "특이한 형태의 다양성" 밑에
드러나고 표현된다.[53] 인간은 그 性命을 자각하는 자각적 존재이
다. 사람은 是非善惡을 자기가 결정짓고 책임지게 되는 것이다.

인간에 있어서 도심을 통하여 드러나는 구체적인 선이란 무엇인

---

51) 위의 책, 283쪽.
52) 『全書』四, 「大學公議」, 29쪽. "曰孝者, 吾之所以修身也. 思修身, 不可
不先正吾心. 思正心, 不可不先誠吾意."
53) F. 그레고와르, 趙洪植 譯, 1981, 『道德思想史』, 三星文庫, 17쪽.

가? 그것이 바로 인간의 도의이다. 이 도의는 사람과 사람 사이의 관계에서 자기 본분을 극진히 하는 데 있다. 이 자기의 본분이란 무엇인가? 그것이 곧 <仁>이다. 仁의 구체적인 한 모습들이 효·제·자인 것이다. 이것은 인간관계에서 얻어진 덕이다.[54) 인간관계에서 이러한 덕을 극진히 하는 일은 모두 仁이라 할 수 있다. 효도(孝)하고 공경(悌)하고 자애(慈)하는 등, 두 사람의 상호관계에 정성을 다하는 일이 仁을 완성하는 일(盛德)이다.

> 효제란 바로 仁이다. 仁이란 총괄해서 하는 말이고, 효제란 분할해서 하는 말이다. 仁이란 효제로부터 시작되기 때문에, "효제란 仁의 근본이다"라고 하였다.[55)

茶山은 이러한 구체적인 행위에서 仁을 파악하고 있다. 오직 인간의 노력 여하에 따라 仁이 될 수도 있고 안 될 수도 있다. 그러므로 인륜의 성덕도 내가 스스로 구하여 극진히 실천하는 데서 이루어짐이요, 또 구체적으로 내가 남에게 극진한 사랑을 주는데서 얻어지는 것이지, 하늘이 나에게 갖다 주는 것이 아니다. 결국 내가 어떻게 행하느냐에 따라 결정된다. 仁은 이루어짐이다. 단번에 仁이 형성되는 것이 아니라 부단히 내가 남에게 주는 사랑이 쌓이고 쌓여서 인륜의 덕이 이룩되는 것이다.

그는 <仁>을 "남에게 향한 사랑"(嚮人之愛)이라 규정하며, 자녀가 부모에 대한 공경으로서의 <孝>, 서로 형제들 사이의 우애로서의 <悌>, 부모가 자녀에 대한 자애로서의 <慈>라는 규범에

---

54) 『全書』四, 「中庸自箴」, 307쪽. "經云, 仁者人也者, 謂仁之爲德, 生於人與人之間, 而仁之爲名, 成於人與人之際."
55) 『全書』二, 「自撰墓誌銘」, 657쪽. "孝弟卽仁. 仁者總名也, 孝弟者分目也. 仁自孝弟始, 故曰爲仁之本也."

기초하여 나와 남이 마주하는 다양한 인간 관계를 사랑으로 맺게
하는 인격의 성취된 덕이라 파악하고 있다.

> 仁이란 다른 사람에게 향한 사랑이다. 아들은 아버지에게 향하고
> 아우는 형에게 향하고 신하는 군주에게 향하고 목자는 백성에게 향
> 하여 무릇 사람과 사람이 서로 향하여 부드러운 사랑을 주는 것을
> 仁이라 하는 것이다.56)

茶山의 嚮人之愛는 사람과 사람 사이의 모든 관계로서의 기독
교 윤리에서 말하는 "이웃을 사랑하라"는 으뜸 계명과 거의 차이
가 없다. Ricci는 인간과 인간의 상호 관계에 있어서 서로를 올바르
게 융합시킬 수 있는 "인간다운 사랑의 실천" 즉 <仁>이 더욱 중
요하다고 말함으로써, 더욱 더 기독교 윤리와 유교의 그것과 본질
적으로 같음(同)을 역설하고 있다. 그렇다면 그가 『천주실의』에서
말하는 <仁>의 핵심적 메시지는 무엇인가?

> 仁이란 바로 두 마디로 그 뜻을 다 말할 수 있다. 天主를 사랑하
> 라! 天主를 사랑하는 것보다 더 높은 것은 없다. 天主를 사랑하는 사
> 람은 남을 자기처럼 사랑하라! 이 두 가지를 실천할 수 있으면 모든
> 행동이 다 이루어진 것입니다. 그러하니 둘이지만 또한 하나일 뿐입
> 니다.… 우리들이 진실로 天主를 사랑한다면 사람을 사랑하지 않을
> 수 있겠습니까?57)

---

56) 『全書』五, 「論語古今註」, 210쪽. "仁者嚮人之愛也. 子嚮父, 弟嚮兄, 臣
嚮君, 牧嚮民, 凡人與人之相嚮, 而然其愛者謂之仁也."

57) Matteo Ricci, 앞의 책, 272~273쪽. "夫仁之說, 可約而以二言窮之. 曰愛
天主! 爲天主無以尙, 而爲天主者愛人如己也. 行斯二者百行全備矣. 二
亦一而已. … 吾眞愛天主者, 有不愛人者乎?" 비교(cf.), "네 마음을 다하
고 목숨을 다하고 뜻을 다하여 主 너의 하나님을 사랑하라 하셨으니
이것이 크고 첫째 되는 계명이요 둘째는 그와 같으니 네 이웃을 네 몸
과 같이 사랑하라 하셨으니"(마태복음, 22:37－9). 윤성범, 1975, 『誠의
神學』, 서울문화사, 참조. 환언하면 이러한 계명을 공자의 말씀에 따르

기독교 윤리의 독특한 점은 하느님과 사람 사이의 관계인데 <위로부터>(from above)라는 기본적 관점에서부터 출발하여 사람과 사람 사이의 관계로 나아가 모든 윤리문제의 해결을 도모하게 된다는 것이다. 그와 같은 특색을 이렇게 표현해 볼 수 있다. 즉 하나님의 뜻을 구현하고 그대로 실천한 神人(God–man)이 예수 그리스도이기 때문에 그리스도론적(基督論的)으로 윤리를 검토하여 그리스도인의 삶의 방향을 지시한다.

그런데 茶山의 윤리사상도 하느님(상제)과 사람 사이의 관계라는 점은 Ricci의 서학과 일치하지만, 그는 천명을 구현하고 그대로 실천한 사람으로서 하나의 특정인(Messiah)을 지목하지는 않았고, 모든 사람 각자가 천명을 성실로 구현하고 그대로 실천하는 사람이 되라는 것이다. 그는 유학에서와 같이 <아래로부터>(from below)라는 기본적 관점에서 출발한다.

Ricci는 윤리 도덕의 실천을 지향하는 공자의 유학사상을 건드리지 않고 오히려 찬양하면서 천주교 교리를 굳히고자 하였다.[58]

茶山에게서도 誠의 윤리는 하느님(상제)을 섬기듯이 사람을 섬기는 일(事天事人)이라고 한다면, Ricci에게서 하느님(天主)을 공경하고 이웃을 사랑하는 일(敬天愛人)과 상통하고 있다.

茶山은 인간의 덕성을 인간 내면으로 추구하는 것이 아니라 다른 인간에로 나아가는 것으로 파악하고 있다. 그것은 천명에 순응하는 점에서 도심을 하느님(상제)과 다른 인간을 사랑하는 타자에로의 지향성(being for others)으로 연관시켜 볼 수 있다.[59] 나와 남이 서로 뗄 수 없는 관계에서 사랑을 말하는 점은 그야말로 황금률

면, ‘忠’과 ‘恕’일 것이다. ‘忠’은 하늘에 자기 성심을 다하는 일이고, ‘恕’는 자기처럼 남을 생각해 주는 일이라고 주석하고 있기 때문이다.
58) 이원순, 1989, 『朝鮮西學史硏究』, 一志社, 105쪽.
59) 琴章泰, 앞의 책, 185쪽.

(golden rule)[60]을 분명하게 짚어주고 있는 것이다. 쉽게 말하면 남의 입장에 나를 놓고 생각하여 그렇게 남에게 대해 주는 일을 말한다. 여기서도 그에게서는 유학과 서학이 만나고 있다.

그러나 기독교에서의 <사랑>(agape)은『누가복음』제10장 "착한 사마리아 사람의 비유"에서 보듯이 자기와 관계가 먼 사람 즉 사회에서 소외된 사람에게 베푸는 사랑이지만,[61] 유학에서의 <仁>은 자기와 가까운 사람 즉 부모, 형제, 친지에게 베푸는 사랑이기에 茶山은 유학의 仁에 머물고 있지 않나 생각된다.

Ⅲ. 맺는 말

茶山은 도덕행위의 궁극적 목적이 理가 형성해 놓은, 편재하는 우주적 네트워크에 통합되는 것이라는 주자학의 전제를 거부하였다. 그 대신에 도덕을 본원유학에서 상정하였던 것처럼 인간 공동체 내부에서의 私心이 없는 상호작용으로 규정하였다. 따라서 그는 하느님(상제)이 하늘에 실제로 존재하면서 지상에 있는 인간의

---

60) 마태복음 7:12. "그러므로 무엇이든지 남에게 대접을 받고자 하는 대로 너희도 남을 대접하라." 이 예수의 말씀은 황금률(golden rule)에 해당된다. 그리고 또한 공자의 말씀에도 있다. "己所不欲, 勿施於人"(『논어』). 그런 점에서 모든 사람은 도덕 실천의 준칙이 되는 絜矩之道를 자신 안에 지니고 있는 것이라 할 수 있다.

61) "네 의견에는 이 세 사람 중에 누가 강도 만난 사람의 이웃이 되겠느냐? 대답하되 '자비를 베푼 사람입니다' 예수께서 이르시되 '가서 너도 이와 같이 하라' 하시니라"(누가복음 10:36-7).

사고와 행위를 몸소 감찰하고 심판한다는 사실을 믿고 있다. 이 점을 다수의 유학자들이 인정하지 않았으나, 그는 천주교 신앙의 도덕적 효과를 제대로 평가할 수 있었던 것이다.62) 그는 근세조선의 당시 유학자들처럼 단지 주자학의 수정이나 보충, 또는 정돈에 머물 수 없었고, 주자학의 전면적 비판 위에 서서 새로운 윤리관을 말한다.

우리는 이러한 점들을 또한 그의 『중용』 해석에서 찾아 볼 수 있다.

> 중용의 학문은 천명에 근본을 두고, (상제를) 두려워하고 삼가 조심함(戒愼恐懼)으로써 그것을 지키며 계속하여 쉬지 아니함으로써 이룬다.63)

『중용』에서의 모든 가르침은 비록 천명에 근본하고 있지만, 그 천명은 곧 도의의 성으로 인간에게 내재화한다. 인간의 도의는 영지의 성(道心)에서 출발한다. 본래부터 선을 좋아하는 도의의 성을 인간이 받은 것이다. 이러한 성을 따라 실천함으로 도심이 발현되는 것이다. 그대로 따라서 率性의 道로 나아갈 때 바로 성인이 된다.

茶山은 이러한 중용의 학문을 통해서야 성인이 될 수 있다고 한다. 그러므로 중용의 도는 하느님(상제)의 명을 따르는 성인의 도이다. "천명을 인간의 본심 가운데서 찾는 일은 성인이 밝게 天을 섬기는 배움"64)이라고 그는 말하고 있다.

---

62) Donald Baker, 앞의 책, 81쪽.
63) 『全書』 七, 「尙書古訓」, 253쪽. "中庸之學, 本之於天命. 持之以戒愼恐懼, 成之以恒久不息."
64) 『全書』 四, 「中庸自箴」, 181쪽. "救天命於本心者, 聖人昭事之學也." 비교(cf.), "일의 결국을 다 들었으니 하나님을 경외하고 그 명령을 지킬지어다. 이것이 사람의 본분이니라" (전도서, 12:13).

그는 도의의 형성을 종래의 유학에서와 같이 생각하지 않는다. 인·의·예·지의 四德을 인간 본성에 선천적으로 내재한 본질적 구성요소로 파악하는 주자학에 대립하여, 茶山은 이 四德을 마음 속에 있는 오묘한 이치가 아니라 인간의 행위에 따라 얻어지는 것이라 한다.[65] 곧 하늘로부터 부여되는 것은 <영명>일 뿐이지 덕으로 주어진 것이 아니라 하여, 인성과 덕이 일치하고 있는 점을 인정하지 않는다. 그는 덕이 인성의 내면 속에 선천적으로 주어진 것으로 보게 되면, 사람의 임무는 "벽을 바라보고 앉아 마음을 관조"(向壁觀心)하는 선불교에 빠질 것이라고 주자학을 비판한다.[66] 이와 같이 그는 주자학의 형이상학적 발상이 불교의 그것을 도입한 것이라고 지적한다.

茶山은 주자가 四德을 본연의 성으로 내세우는 주장에 반대하고 있다. <本然>이란 두 글자는 육경사서와 제자백가의 글에 한번도 비친 적이 없고, 오직 불교경전에서 중언부언하는 말을 쓰고 있으니 옛 성인이 말한 바와는 다르기 때문이다. 그래서 그는 <본연의 성>이라는 용어를 쓰지 않고 <도의의 성>이라는 용어로 쓰고 있음을 우리는 주목해야 한다.

그에게 있어서 性의 담지는 이미 앞에서도 보았지만, 결코 인정되는 것이 아니다. 그러므로 도의는 담지 된 性의 발현에 의해 이루어지는 것이 아니다. 도의는 어디까지나 그것에 해당하는 행위를 인위적으로 의도(自欲)하고 실천·실행(自作·爲行)하는 노력과 행동 속에서 이루어지는 것이다. 따라서 茶山에 있어서 도의는 결코 선험적·절대적·불변적인 것이 아니라, 경험적·상대적·가변적인 것임을 알 수 있다.[67]

---

65) 금장태, 1989, 앞의 책, 183쪽.
66) 위의 책, 같은 쪽.

　　그에게서 도의의 성은 선을 좋아하고 악을 멀리하는 선험적 경
향성이지만, 도덕적 관념은 인간 속에 있는 것이 아니라, 인간관계
에서 후천적인 노력을 통해 경험으로부터 인간 속에 들어온 것이
다. 인간이 성인의 도로서 하느님(상제)을 알고 섬기고 모시는 경건
한 자세와 중용의 덕으로서 자기가 해야 할 자기의 본분들을 극진
히 할 때, 비로소 인간의 도의를 다하게 되어 자기완성에 이르게
된다고 그는 보았다.

---

67) 尹絲淳(편), 앞의 책, 138쪽.

<h1 style="text-align:center">결 론</h1>

茶山은 修己治人으로 표현되는 공자의 학문관을 계승하고, 그것에 의해 당시의 주자학의 학풍을 비판하기 때문에, 그의 학문은 일단 본원유학 곧 洙泗學을 표방하는 것으로 특징지어진다. 그가 아무리 본원유학을 역설하였더라도, 그것은 결국 자신의 처한 당시의 여건에서 자신의 학문을 이룩하기 위한 방편으로서의 표방에 불과한 것이었다고 보아야 한다.[1] 그 당시 관학인 주자학을 극복하는 방편으로는 오직 주자보다 더 권위가 있는 공자를 내세우는 길밖에 없음을 고려하면 더욱 그렇다고 하겠다. 그는 새로운 시대정신의 요구에 부응하는 세계관을 본원유학을 통해서 본 것이다.

그는 유학사상에서 출발하여 그것을 계승하였지만 그대로 墨守·盲從하지 않았고, 다른 한편 새롭게 들어온 사상들에도 개방적 태도를 취하면서도, 그 자신의 主見에 따라 비판적으로 취사선택하여 자신의 사상을 구축하였음을 알 수 있다. 특히 우리는 그에게서 도덕성의 실천의지와 근대 지향성의 사고를 알 수 있다. 그의 주자학 비판은 유학이라는 가치체계 자체에 대한 반성을 통해 변화되고 있는 시대 현실에 대응하는 새로운 가치체계를 정립하고자 하는데서 주자학의 극복과 <實學> 자체의 형성 과정으로 파악되

---

1) 위의 책, 13쪽.

어야 한다.

우리는 茶山의 육경사서학에 이르러 비로소 탈주자학적 새로운 경학의 길이 열리었음을 주목해야 할 것이다. 그의 경학은 본래적인 본원유학에 근거했다는 점에 있어서도 그의 독보적인 위치를 우리는 인정하지 않을 수 없다. 그는 탈주자학 하면서 서학의 영향을 받고 있음을 숨길 수 없다. 그러나 그는 자기의 세계관에서 수용할 수 있는 용어와 개념으로 한국사상을 말하고 있고, 다만 Ricci 도 그 자신의 세계관의 용어와 개념을 補儒論的으로 천주교사상을 말하고 있다.

다산은 그 시대의 용어와 개념을 확장하면서 주자학자들보다 더 실제적인 학문을 추구한 이상, 그가 비록 주자의 용어와 개념을 구사할지라도, 그 내용이 그대로 과거의 주자학에 그칠 가능성이 거의 없다. 그것은 오히려 새로운 그의 독자적인 철학이라고 해야 마땅할 것이다.[2] 그의 사상은 거의 대부분 주자학적인 차원이나, 그러나 그 범주에서 벗어나고 있음을 우리는 확실하게 알 수 있다. 유학사상의 토양 위에서 다산은 독자적인 내용이 형성되었을 뿐 아니라, 새로운 측면의 사상적 특색을 우리는 선명히 볼 수 있다. 그러므로 우리는 선생을 대표적인 한국사상가로 손꼽을 수 있다.

다산은 철학적으로 서학의 세계관에서 영감을 받았을 뿐만 아니라, 종교적으로도 하느님(상제)을 믿고 수용한 것으로는 보아서는 분명히 신앙을 지녔던 것으로 보인다. 그러나 그가 기독교 신앙을 가졌다고 해서 유학자가 아닌 것은 아니다. 그는 확실한 조선유학자이었다. 그는 공맹의 본원유학에로 돌아가기 위한 실천도덕의 제창자이었고 동시에 기독교적인 신앙을 가슴속에 품고 있었으며[3], 그리고 근대지향의 실학자이었다. 이것은 그의 사상의 복잡성

---

2) 위의 책, 124쪽.

을 이해하는 기본적인 구도이다.[4]

그는 이론적으로 Ricci의 저술인『천주실의』의 영향을 받았기 때문에 그의 사상에 서학적인 요인들이 다분히 나타나는 것은 말할 나위가 없다. 우리가 그의 사상을 理氣 철학이 아니고 靈肉의 철학으로 부르는 까닭도 서학의 영향 때문이다.[5] 따라서 우리는 그의 사상을 이해하기 위한 가장 기본적인 구도는 다음과 같이 설명할 수 있다. 그는 주자학의 대전제인 <性卽理>를 가능하게 하는 理氣論의 구도를 해체하여, 그 당시의 正學인 "天理로서의 天"을 부정적(negative)으로 비판하고, 邪學인 "天主로서의 天"을 긍정적(positive)으로 수용함으로써 "上帝로서의 天"을 재해석하여 하느님(상제) 사상을 근본으로 하는 새로운 세계관으로 재구성하였다.

그는 23세 때의『중용강의』이후 73세 때『梅氏書平』을 저술할 때까지『중용강의』에서 제기한 종교문제들을 스스로 부정하는 입장을 보인 것이 아니라 지속적으로 유지하고 있다는 사실이 중요하다. 물론『중용강의』가 그가 신앙생활에 깊이 젖었을 때에 이룬 것이지만, 하느님(상제) 개념은 다산의 사상체계에 있어서 처음이

---

3) 금장태, 1993,「茶山의 儒學思想과 西學思想」,『茶山 丁若鏞의 西學思想』, 다섯수레, 99~100쪽. 그의 시대가 엄격한 천주교 금지령과 억압이 있었고, 특히 그 자신은 신앙문제로 생명의 위협으로 끈질긴 고통을 받아왔던 상황에 놓였기 때문에 표면적으로 자기 신앙을 감추어야 하는 <外儒內耶>의 이중생활을 하지 않을 수 없었을 것이다. 이러한 주장은 천주교 계통의 자료들에 의거해 계속 나오고 있다. 그들에 의하면 그의 매부 이승훈에게 감화를 받아 1784년 천주교에 입교하였으며, 그는 한 때 배교한 적이 있으나 참회 생활을 하다가 강진유배에서 풀려 난 뒤『조선복음전래사』를 저술하였고, 1836년 고향집에서 유 방제(파치피코) 신부에게 병자성사를 받고 선종하였다.
4) 김형효, 2000,『원효에서 다산까지』, 청계, 521쪽. 또는 김형효 외, 앞의 책, 4쪽.
5) 위의 책, 같은 쪽.

자 마지막인 그러한 위치를 지니고 있다. 그러나 그 책은 천주교 교리서가 아니라 유학 경전의 논리적인 새로운 해석체계인 점이 주목된다.

그의 상제사상은 천주교 교리를 흡수함으로써 유학 사상의 새로운 지평을 열어 주었다. 바로 여기에 그의 사상이 지닌 독특한 성격과 가치를 발견할 수 있는 점이 보인다. 우리는 다산의 그러한 사상을 짚어봄으로써 한국사상사를 언급할 때 오늘날에 있어서 어떤 의미를 지니는가를 살피려는 데 크게 도움을 얻을 수 있다.

첫째로 <하늘>과 <하느님>의 구분은 그의 物我二分法의 思考에서 비롯된다. 그는 자연현상으로서의 하늘은 인간의 감각 대상에 불과한 것으로 한정을 짓고, 종래의 천인합일의 사고에서의 도덕적 가치근거로서 하느님(상제)과 동일하지 않은 점을 철저히 구분하였다. 그럼으로써 유가의 전통적인 천인합일의 사고를 지향하면서도 한편 물아일체 의식을 탈피하는 그의 독특한 天觀을 형성하고 있다.

그의 천관은 孔子의 天 관념에 따라 초월성과 내재성을 수용하여 발전하였고, 그 뿐 아니라 순자의 天人之分論도 적극적으로 수용하여 천인관계를 분명하게 하였다. 또한 묵자의 天 관념도 수용하여 主宰의 의미를 확실하게 하였다. 이와 같이 그는 본원유학의 하느님(상제)관념을 자기 나름대로 수용하고 있다.

그는 神(god) 중의 최고의 존재인 하느님(상제)을 천지만물의 주재자로 唯一神化하고 있다. 그의 하나님(상제)은 유일한 최고신이며 우주의 주재자이다. 특히 天은 神(god)의 세계에 속하고 인간은 鬼로서 한정지어 귀신과 혼동하거나 일치하지 않는다는 그의 <神> 개념은 유교 전통으로부터 기독교에로 옮겨간 점이라 할 수 있다. 오히려 서학의 영향이 그에게 이러한 관점을 제공하였다고 보는 것이 타당하겠다. 우리가 주목할 점은 그의 天 관념을 말할 때 서학 유신론의 유일신적 의미가 다분히 함축되어 있다는 사실을 부인할 수 없다는 것이다.

둘째로 그렇다면 과연 우주의 생성 변화의 어떤 과정에 하느님(상제)이 개입하는가? 그는 天·地·神·人의 밖에서 만물 등을 造化하여 宰制하고 安養하는 하느님(상제)을 말하고 있다. 그러나 Ricci는 이와 비슷한 이야기를 했어도 造化에 대하여 언급하지 않고 다만 주재만을 말하고 있을 뿐이다. 여기서 조화를 Ricci가 말하는 창조의 개념과 동일시해서는 안될 것이다. "無에서 有를 만들었다"는 만물의 창조를 그는 받아들이지 않고 있다.

그는 만물이 天의 造化에 의해서 이루어진 것이므로 조화를 떠나서 존재할 수 없음을 물 속의 물고기에 비유한다. 여기에서 조화는 창조의 개념과 확연히 구분된다. 부연하면 우주가 생성 변화하면서 창조적 전진과정을 주재하는 天으로 이해할 수 있다. 하느님(상제)의 조화 아래 있는 태극이 설정되고 나면 우주의 구체적인 전개는 태극의 자연적인 자기분화의 과정으로 설명되고 있다. 이러한 까닭에 그는 결코 유학의 세계관에서 크게 벗어나지 않고 있다.

셋째로 Aristoteles나 Aquinas에 의하면, 생물과 무생물을 구분해 주는 기본적인 것은 <魂>이다. 어떤 존재를 살아있게끔 만들어 주는 것(anima)이 혼이기 때문이다. 그리고 인간과 다른 존재를 구별해 주는 것은 <영혼>이다. 그런데 인간의 영혼이 가지고 있는 이성적 사유 판단능력을 茶山의 말로 하면 <영명>이다. 우리가 여기서 주목할 점은 茶山이 혼에 대해서는 관심이 없고 오직 신령한 점에서만 영명(도의)의 성을 말하는 것은 그가 수용할 수 있는 점만 주체적으로 받아들이고 있다는 사실이다. 그가 말하는 영명한 성은 영혼과 같으면서도 꼭 같은 개념이 아니다. 영명성은 인간의 마음(心)만이 고유하게 가지고 있는 지향성일 뿐이다.

그는 마치 천주라는 명칭 대신에 天 혹은 하느님(상제)이라는 유교전통의 명칭 속에서 같은 개념, 내용을 계발하고 있는 것과 마찬가지로 영혼이라는 명칭을 사용하지 않고도 영명으로서 영혼의 개념을 담고 있다.[6] 말하자면 영명의 개념을 그 시대에 맞게끔 그는 확대시키고 있다. 그는 우리말과 글을 살아 있는 언어로 하기 위해 그 개념의 의미를 확대시킨 것이다.

茶山은 서학에서 내세를 말하듯이 영혼이 불멸함을 믿지 아니하고, 육신과 함께 혼도 소멸된다고 믿는 유가 현세주의에서의 혼백으로 받아들이고 있다. 그러나 서학에서는 식물의 生魂이나 동물의 覺魂은 혼백으로 보고 있고, 인간의 靈魂은 혼백으로 보고 있지 않다. 영혼은 불멸이기 때문이다. 여기에 그는 반대하고 있다. 그는 주자와 마찬가지로 인간이든 동물이든 <혼>의 실체를 부인하고 있다. 그의 인간이해는 유학자로 머물러 있기 때문에, 서양인의 <영혼> 이해와 유학자의 <영명> 이해는 근본적으로 다름을 우리는 알 수 있다.

넷째로 그에게서 천명은 인성과 더불어 존재하며, 그것은 도심의 형태로 존재한다. 이것은 인간의 마음에 새겨 놓은 하느님(상제)의 명령으로 보게 되면, 天賦良心說이라 할 수 있다. 그는 맹자의 성선설을 바탕으로 하고, 그것을 서학과 유학을 더불어 수용하여 그 나름대로 개신하면서 발전시키는 논지를 펴나가고 있다. 그는 주자학의 인성론에서 하느님(상제)의 명을 부여하는 性命論的 人性論으로 독자적 전개를 시도하고 있다.

그는 인간이 다른 것(物)과의 차이를 性三品說로 설명한다. 그는 초목의 성이란 생명이 있으나 지각이 없고, 금수의 성이란 생명이

---

6) 위의 책, 83쪽.

있는데다가 또한 지각이 있고, 우리 인간의 성이란 생명·지각이 있고 또한 신령하고 선하게 본다. 그가 人·物性을 등급으로 구별한 점은 원래 순자가 「王制」 편에서 처음 말했던 것을 본받았으나, 또한 Aristoteles나 Ricci의 魂三品說의 영향도 받고 있음을 부인할 수 없다.

茶山의 철학체계에서 독특한 의미를 지니고 있는 인간 이해에서 거의 Ricci와 의견을 같이 한다. 다시 말해서 인간은 우주 만물 가운데 가장 높은 층에 위치하는 靈長으로서의 지위를 지니고 있으며, 각 단계의 사물들의 본성은 하느님(상제)으로부터 각각 고유하게 부여받고, 인간만이 도덕을 실천할 수 있는 특성을 고유하게 지니고 있다는 것이다.

다섯째로 흔히 주자학의 <본연의 성>은 純善無惡하므로 茶山의 <도의의 성>에 해당하는 것이 아니냐하는 의문이 있을 수 있으나, 그가 언급하고 있는 주자학의 본연의 성에 대한 비판을 보면 이들은 결코 서로 같을 수 없다. "본연의 성은 본래 佛書인 능엄경에서 나왔다"라고 한 점은 송학이 불교 특히 화엄학의 영향을 크게 받고 있다는 근세학자들의 견해에 대해 그는 보다 앞서 있음을 보여 주고 있다.

주자가 생각하는 天은 사람의 마음속에 들어오면 인성이 되어 본연의 성으로만 남게 된다. 그래서 天은 천리라는 理法으로만 남게 되어 주재할 능력이 없게 된다. 이러한 주자의 견해에 대해서 茶山은 <본연의 성>을 <도의의 성>으로 바꾸어 말하고, 인간이 도의의 성을 지킬 수 있도록 하기 위해서 천지만물 뿐만 아니라 사람의 마음에 깊은 속까지도 감찰할 수 있는 하느님(상제)을 제시하고 있다. 그에게서 하느님(상제)은 인간의 도덕행위를 가능하게 하고 심판하는 윤리적 요청이다. 근세철학자 Kant의 『실천이성비판』

에서 인간에게 도덕적 행위를 실천하기 위해 "요청되는 神"을 생각나게 한다.

여섯째로 Ricci에게서 정신(神性·人心)과 육신(形性·獸心)의 상호관계는 茶山과 거의 일치하고 있다. 그에게서 인간의 본질은 바로 정신에 있고, 그것의 추구는 육신에 얽매어 있는 정신이 그러한 육신의 속박에서 벗어나는 초월성으로 보고 있기 때문이다. 그러나 茶山은 정신(靈知·道心·大體)과 육신(形軀·人心·小體)에 대해 그 자신의 인간관의 언어·개념을 그대로 쓰고 있기 때문에 차별성이 있다.

Ricci는 인간의 심성 안에서 두 가지 상반된 마음이 있어 인심과 수심이라고 명칭을 붙인 데 대하여, 茶山은 두 성정에서 나오는 마음을 도심과 인심이란 용어를 붙이고 있다. 그는 形軀의 마음을 인심이라 하고 靈知의 마음을 도심이라고 말하고 있다. 그러면서도 그는 Ricci와는 달리 神形妙合을 말하고 있다. 즉 정신과 신체를 통하지 않고서는 이념적 가치의 독자적이고 초월적인 발현은 존재하지 않는다는 상련의 것(continuity) 위에 서 있다. 그럼에도 불구하고 정신과 신체가 구현하는 반응의 양상과 그 질을 따져야 하는 비상련의 것(incontinuity)임을 피할 수 없다. 그러므로 이중구조이지만 하나인(二而一的) 神形妙合의 道를 그는 주장하고 있다. 여기서 茶山이 이론적으로는 둘로 분석하고 현실적으로는 하나로 종합하는 사고의 틀을 우리는 주목해야 할 것이다.

일곱째로 茶山은 유학 경전주석에 기반을 두고 있는 만큼, 그가 하느님을 아는 일(知天)과 하느님을 섬기는 일(事天) 그리고 하느님을 모시는 일(格天)을 기독교 교리체계로 논의하는 데는 한계가 있다. 어디까지나 그의 새로운 사상은 주자학의 공리공론의 빛깔을 씻어내고 그 당시 천주교 신앙의 빛으로 다소 비춰주고 있다.

마침내 유학 경전 속에 담긴 天 관념의 신앙적 성격을 발현시키고 있는 점에서, 한국 종교철학의 더없이 소중한 창조적 업적임을 우리는 인정하지 않을 수 없다.

여덟째로 그는 하느님(상제)의 상선벌악에 근거를 두고서 인간에게 선행을 유도하고 악행을 막아보려는 Ricci의 道德功利論에 동의하고 있는 것 같지만, 그러한 보상을 내세에 두지 않고 현세에 머물러 있다. 그러므로 그는 서학의 입장을 벗어나『중용』의 道德修養論을 따르고 있다. 그는 Ricci의 현세부정적인 내세주의를 받아들일 수 없기 때문이다. 그는 현세의 삶 속에서 인간과 인간들 사이의 교제나 그들 간의 원숙한 <실천적 의지>가 제일차적인 관심으로 보고 있다.

아홉째로 기독교에서의 <사랑>(agape)은 자기와 먼 사람(사회에서 소외된 사람)에게 베푸는 사랑이지만, 유학에서의 <仁>은 자기와 가까운 사람(부모, 형제, 친지)에게 베푸는 사랑이라 할 수 있다. 그런데 茶山은 효·제·자를 강조하고 있기 때문에 유학적인 仁에서 성덕을 말하고 있다. 말하자면 여기서 仁과 사랑(agape)은 親疎 關係에서 그 차이가 드러나고 있다.

따라서 茶山의 상제사상이 지닌 기본 특징은 유학 이념을 천주교 교리의 구조에 힘입어 재해석한 점이라 할 수 있다. 마치 주자학이 불교의 영향을 받았으나 결코 불교사상이 아닌 것처럼 그의 사상은 천주교 교리의 영향 속에 형성되었다 할지라도 기독교사상이 아니라는 점이 확실하다.[7] 그러나 다만 그의『중용』해석은 우리 토박이 학자들이 한국기독교사상을 접할 수 있도록 해주는 한국의 종교신학(Theology of Religion) 입문서의 역할로서 기대해 볼만함을 우리는 주목해야 한다.

---

7) 금장태, 1989, 앞의 책, 187쪽.

그의 사상은 묵은 세계관에서 벗어나 새로운 세계관으로 거듭나려고 하는 탈주자학적 의지에서 형성되어진 것이기에, 단순한 본원유학에로의 복고적 회귀만을 의미한 것은 더욱 아니었고, 궁극적으로 근대지향의 의식에서 서학을 적극 수용하여 당시 조선사회의 풍토를 개혁하려는 데 있었다는 점을 지적하지 않을 수 없다.

다산경학의 기본성격은 바로 그 시대의 다양한 사상조류를 폭넓게 수용하고 이를 종합하는 과정에서 자신의 독자적이고 통일된 세계관을 구현해 가는데서 드러나는 것이다. 곧 다산경학은 주자의 경학체계를 근본적으로 비판·극복하면서도 필요에 따라 적극적으로 수용하기도 한다. 그는 그 자신의 시대 현실에서 모순과 불합리함을 해결하기 위해 요구되는 개혁의식을 각성하고, 새로 전래된 서학의 과학적 사유방법과 신앙적 세계관에서 받은 영향까지도 포함하여, 유학경전에 새로운 빛을 투사하여 경학체계를 통해 새로운 세계관을 구축하였던 것이다.[8]

결국 그의 상제사상은 근대한국이라는 특수(Besonders) 속에서 특히 개별(Einzelnes)을 강조하는 서학과 보편(Allgemeines)을 강조하는 유학을 융화시켜 새로운 시대의 세계관을 구축하는 토대요 기초임을 밝혔다. 다산사상은 <서양>이라는 강과 <동양>이라는 강이 <近代韓國>이라는 바다에 합류시키고 있고, 각각의 강은 서로 배타적이 아니라 일정한 연관성을 가지고 있다는 사실을 잘 지적해 주고자 하였다. 물론 동·서 사상의 연관성을 계속 규명하는 일은 그가 연구한 것처럼 오늘날 우리들에게 남겨진 앞으로의 과제일 것이다.

지금 우리 민족의 상황에서 우리들에게 다시 한번 절실하고도

---

8) 琴章泰, 1999, 「茶山 經學의 脫朱子學的 世界觀」『茶山 經學과 經世學의 교류와 접점』, 다산학술문화재단, 16쪽.

시급하게 요구되는 것은 또 한 번의 서구(기독교)문명에 대한 맹목에 가까운 추종과 모방이 아니라 현재 우리의 총체적인 삶이 터잡고 있는 변화된 역사적·사회적 조건에 예리한 감수성 속에서 이것과 정합성을 유지하는 새로운 세계관을 주체적으로 구성해 나가는 작업이다.[9] 바로 그것은 이를 전제로 한 새로운 문화의 구상과 실천을 위한 진지하고도 간단없는 노력일 것이다.

茶山은 그 당시의 세계관에서 유학과 서학을 주체적으로 수용하여 그의 사상을 전개하면서 발전시키고 있다는 점에 우리는 주목해야 한다. 지금 그리고 여기에 사는 우리들은 이 시대의 세계관을 형성하기 위해 동양과 서양의 학문을 주체적으로 수용하여 전개하고 발전시켜 나가야 할 것이고, 그리고 새 세대들에게 이 새로운 세계관을 모색하도록 인도해 줌으로써 앞으로 韓國思想이 나가야 할 길을 분명하게 제시해 주어야 할 것이다.

---

9) 鄭一均, 2000,『茶山 四書經學 硏究』, 一志社, 3쪽. 이광래 교수도 최근 저서에서 우리에게 고유한 문화적 유전자형의 복원으로 새로운 문화적 표현형을 발견해 초근대적인 세계관의 형성에 기여해야 함을 역설하고 있다(李光來, 2003,『한국의 서양사상 수용사』, 열린 책들 참조).

참 고 문 헌

丁若鏞, 1982, 『與猶堂全書』, 景仁文化社, 影印刊.

______, 1994, 『與猶堂全書』, 景仁文化社(全二十册).

______, 1995, 湖南學硏究所 譯, 『國譯 與猶堂 全書』, 驪江出版社, (經
　　集 五册).

______, 1985, 朴錫武 譯, 『茶山散文選』, 創作과 批評社.

______, 1980, 李乙浩 譯, 『茶山學 提要』, 大洋書籍.

______, 1994, 李篪衡 譯, 『茶山 孟子要義』, 現代實學社.

______ 外, 1996, 實是學舍經學硏究會 編譯, 『다산과 문산의 인성논
　　쟁』, 한길사.

程　子, 『二程全書』, 臺灣中華書局.

朱　熹, 1981, 『性理大全』, 景文社.

______, 1998, 허탁·이요성 역주, 『朱子語類』, 청계.

Matteo Ricci, 1972, 『天主實義』, 韓國敎會史硏究所.

__________, 1999, 宋榮培 外 共譯, 『천주실의』, 서울大出版部.

__________, 2000, 宋榮培 역주, 『交友論, 二十五言, 畸人十篇』, 서울대
　　출판부.

__________, 1984, 李秀雄 譯, 『天主實義』, 분도출판社.

______ 外, 1964, 李之藻 編, 『天學初函』 제1권, 臺北市.

〈經書類〉

『詩經』, 1974, 玄岩社.

『書經』, 1974, 玄岩社.

『周易』, 1990, 學民文化社.

『東洋의 知慧』, 1975, 乙酉文化社.

『經書』, 1979, 成均館大 大東文化研究院.

『論語』, 1990, 學民文化社.

『大學·中庸』, 1990, 學民文化社.

『中庸』, 1995, 서울大出版部.

『孟子』, 1990, 學民文化社.

『荀子讀本』, 1977, 臺灣 三民書局.

『墨子閒詁』, 1986, 臺北 世界書局.

楊雄, 1911, 『法言疏證』.

〈圖書類〉

姜萬吉, 1990, 『茶山學의 探究』, 民音社.

______ 外, 1986, 『丁茶山과 그 時代』, 民音社.

姜在彦, 1990, 『조선의 西學史』, 民音社.

고승제, 1995, 『茶山을 찾아서』, 中央日報社.

琴章泰, 1982, 『한국유교의 재조명』, 전망사.

______, 1984, 『東西交涉과 近代 韓國思想』, 成均館大出版部.

______, 1989, 『韓國實學思想研究』, 集文堂.

______, 1994, 『朝鮮後期의 儒學思想』, 서울大出版部.

______ 외, 1995, 『神觀의 土着化』, 韓國司牧研究所.

______, 2001, 『다산실학탐구』, 소학사.

길희성 外, 1995, 『한국 전통사상과 천주교』, 탐구당.

金敬宰, 1983, 『韓國文化神學』, 韓國神學研究所.

______, 2003, 『이름 없는 하느님』, 삼인.

金均鎭, 1990, 『基督教組織神學』, 제1권, 延世大出版部.

金能根, 1988, 『儒敎의 天思想』, 崇實大出版部.

金玉姬, 1979, 『曠菴 李蘗의 西學思想』, 가톨릭출판사.

______, 1991, 『茶山 丁若鏞의 西學思想』, 순교의 맥.

김하태, 1985, 『東西哲學의 만남』, 종로서적.

김형효 外, 1998,『茶山의 사상과 그 현대적 의미』, 한국정신문화연구원.

______, 2000,『원효에서 다산까지』, 청계.

김환철, 1994,『實學과 그리스도교의 만남』, 나단.

김흡영, 2000,『道의 신학』, 다산글방.

盧吉明, 1988,『가톨릭과 朝鮮後期 社會變動』, 高麗大 民族文化研究所.

閔庚培, 1977,『韓國基督教史』, 대한기독교서회.

文淳太, 1993,『茶山 丁若鏞』, 큰 산.

朴鳳琅, 1983,『神의 世俗化』, 대한기독교출판사.

朴錫武, 1990,『茶山紀行』, 한길사.

朴鍾鴻, 1986,『韓國思想史論攷』, 瑞文堂.

백낙준, 1973,『韓國改新教史』, 연세대출판부.

변선환(아키브), 1996,『변선환 종교신학』, 한국신학연구소.

소현수, 1996,『마테오 리치』, 서강대출판부.

宋錫球, 1986,『韓國의 儒佛思想』, 思社研.

宋榮培, 1986,『中國社會思想史』, 한길사.

宋載邵, 1986,『茶山詩 研究』, 창작사.

愼鏞廈, 1997,『朝鮮後期 實學派의 社會思想研究』, 지식산업사.

沈相泰, 1997,『續·2000년대의 한국교회』, 바오로딸.

沈喁俊, 1985,『順菴 安鼎福 研究』, 一志社.

沈一燮, 1982,『韓國民族運動과 基督教受容史考』, 亞細亞文化社.

______, 1995,『韓國 土着化神學 形成史 論究』, 國學資料院.

安炳周, 1987,『儒教의 民本思想』, 成均館大 大同文化研究院.

楊祖漢, 황갑연 譯, 1999,『중용철학』, 서광사.

柳東植, 1977,『韓國宗教와 基督教』, 大韓基督教書會.

______, 1984,『韓國神學의 鑛脈』, 전망사.

柳洪烈, 1962,『韓國天主教會史』, 上,下, 가톨릭出版社.

尹絲淳, 1984,『東洋思想과 韓國思想』, 乙酉文化社.

______, 1986,『韓國儒學思想論』, 열음사.

______ 編, 1990,『丁若鏞』, 高麗大出版部.

______, 1991,『韓國儒學論究』, 玄岩社.

尹聖範, 1972,『韓國的 神學: 誠의 解釋學』, 선명문화사.

______, 1974,『孝』, 서울文化社.

______, 1975,「誠의 神學』, 서울文化社.

______, 1977,『基督教와 韓國思想』, 大韓基督教書會.

李光來, 2003,『한국의 서양사상 수용사』, 열린책들.

李基東, 1995,『東洋三國의 朱子學』, 成均館大出版部.

李東歡 外, 1990,「茶山의 政治經濟思想』, 創作과 批評社.

李晩采, 1984,『天主教傳教迫害史(闢衛編)』, 국제고전교육협회.

李相殷, 1966,『韓國思想史』, 日新社.

李聖培, 1985,『유교와 그리스도교』, 분도출판사.

李元淳, 1989,『朝鮮西學史研究』, 一志社.

______, 1986,『韓國天主教會史研究』, 한국교회사연구소.

李栗谷, 1978,『栗谷全書』上, 下, 大提閣.

李乙浩, 1979,『丁茶山의 生涯와 思想』, 博英社.

______, 1981,『茶山經學思想研究』, 乙酉文化史, 제3판.

______ 外, 1989,『丁茶山의 經學』, 民音社.

李鍾聲, 1980,『神論』, 大韓基督教出版社.

이찬수 外, 1996,『宗教神學의 理解, 분도출판사.

李篪衡, 1996,『茶山 經學研究』, 太學社.

임헌규, 2001,『유가의 심성론과 현대 심리철학』, 철학과 현실사.

장승구, 2001,『정약용과 실천의 철학』, 서광사.

정대위, 1986,『그리스도교와 동양인의 세계』, 한국신학연구소.

鄭炳連, 1994,『茶山 四書學 研究』, 景仁文化社.

鄭玉子, 1993,『조선후기 역사의 이해』, 一志社.

鄭一均, 2000,『茶山 四書經學 研究』, 一志社.

趙 光, 1988,『朝鮮後期 天主教史 研究』, 高麗大 民族文化研究所.

蔡茂松, 1985,『退溪・栗谷哲學의 比較研究』, 成均館大出版部.

崔大羽 外, 1989,『丁茶山의 經學』, 民音社.

崔東熙, 1988,『西學에 대한 韓國實學의 反應』, 高麗大 民族文化研究所.

崔奭祐, 1982,『韓國教會史의 探究』, 韓國教會史研究所.

______, 1982, 『韓國天主敎會의 歷史』, 韓國敎會史研究所.

______ 外, 1993, 『茶山 丁若鏞의 西學思想』, 다섯수레.

崔韶子, 1987, 『東西文化交流史研究』, 三英社.

馮友蘭, 1935, 『中國哲學史』 上, 北京 商務印書館.

馮 寓, 1993, 『天人關係論』, 신지서원.

韓㳓劤, 1981, 『李朝後期의 社會와 思想』, 을유문화사.

______ 外, 1985, 『丁茶山 研究의 現況』, 民音社.

______, 1987, 『星湖 李瀷 研究』, 서울대出版部.

韓亨祚, 1996, 『주희에서 정약용으로』, 세계사.

玄相允, 1977, 『朝鮮儒學史』, 民衆書館.

황의동, 1995, 『한국의 유학 사상』, 서광사.

Donald Baker, 1997, *Confucianism Confronts Catholicism in the Late Chosen Dynasty*; 金世潤 譯, 『朝鮮後期 儒敎와 天主敎의 대립』, 一潮閣.

Louis Berkhof, 1969, *Manual of Christian Doctrine*, Grand Rapids, Michigan.

Vincent Cronin, 1989, *The Wise Man from The West*, E. P. Dutton, New York; 이기반 역, 『西方에서 온 賢者』, 분도출판사.

C. Dallet, 1979, 80, 81, *Historie de LEglise de Coree*; 안응렬, 최석우 공역, 韓國天主敎會史』 上, 中, 下, 분도출판사.

Fung Yu－Lan, 1967, *The Spirit of Chinese Philosophy*, Beacon Press, Boston.

F. 그레고와르, 1981, 趙洪植 譯, 『道德思想史』, 二星文庫.

Kyoung Jae Kim, 1994, *Christianity and the encounter of Asian Religions* Boekencentrum, Zoetermeer.

Heup Young Kim, 1996, *Wang Yang－Min and Karl Barth: A Confucian－Christian Dialogue*, Univ. Press of America.

______________, 2003, *Christ & the Tao*, Christian Conference of Asia.

Hans Kueng, 1994, Julia Ching, *Christentum und Chinesische Religion*; 이낙선 역, 『중국종교와 그리스도교』, 분도출판사.

Juan G. Ruiz de Medina, 1993, *Origenes de la Ignesia Catolica Coreana desde 1566 hesta 1784*, 박철역, 『한국천주교 전래의 기원』, 서강대출판부.

Joseph Needham, 1969, *Science and Civilization in China* Ⅱ, Cambridge Press, London; 李錫浩외 二人 共譯, 1994,『中國의 科學과 文明』Ⅲ, 乙酉文化社.

Didace de Pantoja, 1996, *Les 7 Victories*, 박완식, 김진소 공역,『七克』, 전주대 출판부.

Jonathan D. Spence, 1984, *The Memory Palace of Matteo Ricci*, Penguin, New York.

Wilhelm Weischedel, 2003, *Der Gott der Philosophen*; 최상욱역,『철학자들의 신』, 東文選.

〈 論文類 〉

『茶山實學思想論文選集』「思想一般」(1), (2), (3), (4), (5), (6), (7).

郭信煥, 1993,「孟子와 荀子의 天觀」『思索』제10집.

琴章泰, 1986,「茶山의 天槪念과 天人關係論」『哲學』제25집, 韓國哲學會.

______, 1995,「儒教의 天・上帝觀」『神觀의 土着化』, 韓國司牧研究所, 1995.

______, 1999,「茶山 經學의 脫朱子學的 世界觀」『茶山 經學과 經世學의 교류와 접점』, 다산학술문화재단.

김승혜, 1995,「한국인의 '하느님' 개념과 그리스도교의 '하느님'사상」『한국전통사상과 천주교』제1집, 탐구당.

金榮一, 1986,「丁若鏞의 天命思想 研究」『論文集』제16집, 江南大出版部.

______, 1994,「韓國宗教와 基督教倫理」『한국교회의 미래와 평신도』, 대한기독교서회.

______, 1995,「韓國初期天主教思想史考」『韓國神學의 土着化論과 社會倫理』, 國學資料院,

______, 1998,「丁若鏞의 上帝思想 研究」『人文科學論集』제5집, 江南大 人文科學研究所.

金王淵, 1989,「茶山 易學의 研究」, 高麗大 博士學位論文, 1989.

金玉姬, 1993,「茶山의 心經密驗에 나타난 心性論」『茶山 丁若鏞의 西學思想』, 다섯수레.

羅鶴鎭, 1975,「仁과 사랑의 政治領域에서의 役割」『神學思想』 第十一輯, 韓國神學研究所.

朴錫武, 1984,「丁若鏞, 그의 時代와 思想」『韓國社會研究』, 한길사.

鮮于湳, 1958,「족장의 하느님과 모세의 야웨」『한국신학대학보』 제4집, 한신대출판부.

成泰鏞, 1979,「茶山의 人性論」『哲學研究』 제14집, 11월호.

______, 1984,「茶山의 明善論에 대한 一考察」『泰東古典研究』 創刊號, 泰東古典研究所.

______, 1994,「茶山 丁若鏞의 哲學思想」『철학과 현실』 겨울호.

宋錫球, 1986,「茶山의 人性論」『哲學』 제25집, 韓國哲學會.

宋榮培, 1997,「마테오 리치의 基督敎와 儒敎解釋의 衝擊과 問題點」, 東洋哲學會 發表論文.

安晋吾, 1984,「茶山學과 朱子學의 相異考(二)」『茶山學報』 6.

吳鍾逸, 1985,「茶山의 大學 中庸觀」『茶山學報』 7.

劉權鐘, 1985,「茶山 丁若鏞의 上帝觀」『茶山學報』 7.

______, 1990,「茶山의 天觀」『丁若鏞』, 高麗大出版部.

______, 1991,「茶山 禮學研究」, 高麗大 博士學位論文.

柳初夏, 1990,「丁若鏞의 宇宙觀」, 高麗大 博士學位論文.

이성배, 1995,「<仁>과 그리스도의 사랑」,『한국전통사상과 천주교』, 탐구당.

李成春, 1995,「茶山 丁若鏞의 天思想 研究」, 圓光大 博士學位論文.

李海英, 1991,「丁若鏞의 中庸解釋에 關한 研究」『退溪學』 第三輯.

全道雄, 1990,「茶山의 敎育思想 研究」, 延世大 博士學位論文.

鄭炳連, 1984,「茶山의 中庸理解와 愼獨君子論」『동양철학연구』 3.

______, 1998,「茶山 丁若鏞의 近代的 人間觀」『東洋哲學의 自然과 人間』, 亞細亞文化社.

鄭一均, 1996,「茶山 丁若鏞의 세계관에 대한 사회학적 연구」, 서울대

博士論文.

蔡茂松, 1985,「朱子哲學의 根本問題」『退溪 栗谷哲學의 比較研究』,
　　　成均館大出版部.

趙　珖, 1985,「조선후기 天主教史 연구」, 高麗大 博士論文.

崔基福, 1989,「儒教와 西學의 思想的 葛藤과 相和的 理解에 關한 研
　　　究」, 成均館大 博士學位論文.

崔道熙, 1995,「荀子의 人間觀」『인문과학논총』 제27집, 建國大 人文
　　　科學研究所.

黃弼昊, 1988,「比較哲學이란 무엇인가」『哲學』 제29집.

찾아보기

ㄱ

覺魂　162, 264

降生說　33

講學會　37

乾隆帝　9

格天意識　220, 223

經世歌　38

經世學　5

敬神　28

經義進士　7

敬天愛人　112, 220, 253

經學　5, 123, 218, 260

戒愼恐懼　93, 101, 211, 215, 218,
　220, 237, 238, 248

고증학　5

孔孟　18, 74, 173, 240, 260

攻西派　26, 37

空疏性　6

共有的 屬性　147

交友論　21

권일신　37

권철신　25, 37, 39

克己復禮　28

기독교 교리　49, 114

기독교 변증론　19

기독교 사상　9

기독교 신앙　15

기독교화　2

氣發理乘一途說　7, 131

氣의 취산설　35

氣質論　177

氣質의 性　105, 178, 179, 181,
　183, 194, 196, 207, 210

김범우　10

ㄴ

內聖外王　123

능엄경　265

ㄷ

多神思想　69, 138

大體　194, 204, 208, 266

道德功利論　239, 240, 267

道德修養論　239, 240, 267

道心　48, 104, 105, 107, 108, 109,
　110, 123, 185, 194, 196, 197,
　199, 204, 205, 206, 216, 238,
　247, 249, 250, 255

道義의 性　95, 109, 159, 173, 181,
　183, 197, 198, 210, 247, 255,
　256, 265

280 찾아보기

道義天 138
董仲舒 152

ㅁ

만물의 영장 182
萬物一本 165
萬物一源 48
萬物一元 84
萬物一體論 170
萬法歸一說 87, 168, 175
萬有一本觀 106
萬有一體觀 83, 87, 175, 198
蔓川遺稿 38, 39, 40
明德 245, 247
明善 245
몽학선생 36
묘합 207
無君無父 35
無父無君 55
묵자 143, 262
物我二分 46, 85, 96, 262
物我一體 121
물아일체 46, 262

ㅂ

백서 39
闢衛論 26
벽위편 54

補儒論 64, 133
補儒論的 6, 31, 260
復性說 196
本然의 性 86, 105, 106, 178, 179, 181, 183, 196, 198, 207, 256, 265
본원유학 19, 37, 42, 45, 124, 133, 139, 163, 176, 179, 209, 240, 254, 259, 260, 268
本源儒學 5, 19, 37, 42, 45, 124, 133, 139, 163, 172, 176, 179, 209, 240, 254, 259, 260, 268
非共有的 屬性 147
비교철학 12
비상련의 것 209, 266

ㅅ

四庫全書 9
邪教 28, 55
四端七情 81, 90
死生觀 36
事天事人 112, 114, 115, 220, 223, 253
事天意識 101, 112, 220
四行 135
三仇說 35
삼품설 187
상련의 것 170, 175, 209, 266
上宰上書 42

上帝思想　9, 11, 143, 145
上帝天　121
生魂　162, 264
서교　29, 31, 39, 42
西敎　3, 15, 16, 25, 27, 28, 45, 63
西學　2, 4, 6, 7, 16, 25, 29, 31, 33,
　　34, 37, 45, 64, 124, 133, 144,
　　165, 184, 204, 208, 209, 221,
　　223, 260, 261, 262, 264, 268,
　　269
西學辯　26, 29
서학변　29
서학사상　3
宣敎論　4
聖敎要旨　38, 39, 44
性嗜好說　176, 180, 184, 193
性命　33, 174, 175, 180, 185, 195,
　　210, 250
性三品說　182, 264
성서언어　64
性善　73, 176, 180, 184, 242, 243,
　　244, 245
性善說　72, 177, 179, 241, 242,
　　243
성악　176
聖人　123, 210, 255
星湖僿說　26
성호학파　49
聖化　226
세계관　87, 131, 143, 144, 151,
　　165, 168, 179, 180, 204, 209,
　　259, 260, 263, 268, 269
小體　194, 266, 204, 208
屬性　31, 122, 129, 147, 148, 194
修己論　101
洙泗學　26, 42, 259
수사학　45
修身克己說　28
獸心　203, 208, 266
荀子　141, 142, 176, 177, 245, 265
崇天益人　113, 114, 223
스콜라 철학　155
詩・書經　19, 31
愼獨　102, 211, 212, 216, 220, 225,
　　236, 237, 238, 247
愼獨君子　112
神本主義　144, 218, 221
信西派　26, 37
신유교난　38, 39, 52
神認識論　148
神形妙合　185, 204, 207, 209, 266
신후담　25, 26, 29, 30, 31
實體　129
實學　6, 79, 80, 81, 259
실학파　37
心性論　68, 88, 209
心의 自主權　92
십계명가　38

ㅇ

안정복　25, 26, 32, 33, 35

양능 151
양명학 80
楊雄 176, 177
於于野談 21
靈明 47, 85, 90, 95, 97, 156, 157,
　　158, 159, 160, 161, 162, 163,
　　165, 180, 199, 205, 216, 256,
　　264
영성 151
영언려작 29
靈知 104, 107, 193, 194, 195, 198,
　　209, 216, 255, 266
영혼 160, 161, 162, 165, 263, 264
영혼불멸설 36
예수회 133
五常 51, 196
五行 48, 83, 135, 144, 149, 150,
　　151, 152, 156
王充 177
요청되는 神 216, 266
原罪 40, 170, 245
柳夢寅 21
唯一神化 122, 189, 262
유학 7
劉向 152
陸九淵 179
倫理的 天命 95
윤지충 10, 53, 54
陰陽 47, 83, 135, 144, 149, 150,
　　151, 156
음양오행 47

義理天 71, 73, 74, 103, 120, 172
이가환 37, 38, 39, 45
理氣論 7, 27, 48, 68, 82, 137,
　　164, 261
理氣二元 48, 84
理氣互發論 195
理發氣隨說 7
理法 89, 125, 126, 127, 149, 215,
　　219
李檗 6, 7, 38, 39, 44, 45, 49
李睟光 20
李承薰 6, 37, 38, 39, 45, 49
李珥 7, 131
李瀷 6, 26, 37
理一分殊說 87, 128, 175
李之藻 40, 220
이품설 187
李滉 7, 194
人格天 74
人物性同論 170
人物性同異論 81, 181
人本主義 144, 221
인성론 176, 177, 179, 181, 184
人心 48, 104, 105, 108, 185, 194,
　　203, 204, 205, 206, 208, 249,
　　266
仁義 157
一神思想 69, 138

ㅈ

자기반성 12
自明疏 45
子思 180
自然天 120, 121
자유의지 200
自由意志 202
자의식 12
張橫渠 177
全知全能 158
定命 174, 175
定命論 99
정약전 7, 37, 38, 39
정약종 37, 39, 42, 43, 44
程伊川 76, 126
정주학 30
정하상 42
조상숭배 57
造化 30, 151, 152, 153, 154, 155,
    158, 164, 263
종교신학 267
宗敎的 天命 95
宗旨 28
周恭先 126
主敎要旨 42, 44, 63
周禮 222
朱子學 5, 79, 80, 81, 82, 84, 94,
    124, 127, 133, 151, 158, 163,
    164, 173, 177, 179, 181, 184,
    194, 196, 197, 209, 217, 221,
    223, 243, 255, 256, 259, 260,
    266
主宰 47, 95, 97, 149, 152, 153,
    158, 159, 188, 220, 262
主宰天 71, 74, 103, 120, 121, 172
朱熹 5, 77, 89, 150
中庸 해석 5, 8, 122, 236, 247,
    267
中庸講義 7, 11, 46, 68, 135, 261
중용강의보 11
中庸自箴 11, 46, 68
中庸章句 68
中庸策 7
芝峰類說 20
知天意識 102, 159, 212, 214
직방외기 29
진산사건 51, 53
徵驗 7, 245, 249

ㅊ

創造 40, 155, 263
斥邪論 4, 26
천당지옥설 34, 36
天德 225, 229, 230
天賦良心說 264
天使 189
天人合一 46, 72, 74, 82, 96, 103,
    121, 168, 172, 173, 203, 219,

221, 262

天爵　141

天主　124, 134, 137, 153, 165, 170,
　　189, 239, 253, 261

천주공경가　38, 39

天主教 教理　7, 9, 37, 41, 51, 161

천주교 신앙　10, 25, 49, 51, 266

天主實義　3, 8, 11, 16, 17, 19, 20,
　　21, 22, 23, 24, 25, 26, 27, 29,
　　32, 33, 34, 35, 49, 53, 54, 63,
　　129, 132, 153, 189, 200, 208,
　　220, 261

天主實義跋　26, 38

天學考　32

天學問答　26, 32

천학초함　40

最高善　157, 170

最高神　122

追遠報本　57

親儒斥佛論　18

七克　16, 28

ㅎ

하느님의 형상　160

한국유학　9

韓國天主教會史　10, 39

한역서학서　15

響人之愛　111

嚮人之愛　251, 252

形軀　104, 193, 194, 195, 207, 209,
　　266

護教　18

護教論　4

浩然之氣　73

魂魄　162

혼백　264

魂三品說　182, 265

洪範　152

화엄학　265

황사영　39

황천　119

훈고학　5

ㅌ

탈주자학　204, 260

태극　30, 75, 76, 77, 83, 88, 125,
　　134, 135, 144, 152, 173, 175,
　　263

太極　83, 128, 149, 165

토착화　1, 23, 63

A

Accommodation　133

Acculturation　22

agape　254, 267

anima　161, 162, 183, 263

Aquinas　23, 161, 202, 203, 204, 263

Aristoteles　17, 23, 161, 182, 263, 265

attributes 147
attribution 31
Augustine 217

B

Besonders 12
being for others 253

C

contact point 61
continuity 170, 175, 209, 266
creatio ex nihilo 155
cult 212, 223, 225, 226

D

Dallet 4, 10, 39
Disputatio 17

E

Einzelnes 12
Empedokles 136

F

form 135

free will 202

G

God—man 253
golden rule 254

I

I. de Pantoja 28
ideology 63
incontinuity 209, 266
intelligence 147, 157

J

Johane 45

K

Kant 216, 265

L

logos 127

M

Matteo Ricci 3, 17
Messiah 253

missa 224

monotheismist 189

N

Nachdenken 12

negative 137, 261

norm 167

O

original sin

P

positive 137, 261

priest 223

polytheismist 189

R

Ricci 3, 7, 8, 12, 16, 17, 18, 19, 20, 22, 23, 26, 28, 31, 41, 42, 43, 49, 63, 131, 134, 136, 148, 155, 158, 161, 162, 164, 165, 182, 184, 189, 200, 202, 203, 208, 209, 217, 218, 220, 239, 244, 252, 253, 261, 263, 265, 266, 267, 271

S

sanctification 226

sincerity 229

soul 161

sovereignty 147

spirituality 159

status 148

summum bonum 157, 170

T

Theology of Religion 267

this world 210

Thomas Aquinas 23, 148

Thomism 17

V

virtue 233

김 영 일(金榮一)

고려대학교 농화학과 졸업, 강남대학교 신학과 졸업, 한신대학교 대학원 신학과 졸업(조직신학, 신학석사), 고려대학교 교육대학원 졸업(윤리교육, 교육학석사), 성균관대학교 유학대학원 수료(한국사상), Princeton Theological Seminary에서 국비로 1년간 연구, 건국대학교 대학원 철학과 졸업(한국철학, 철학박사).

강남대학교 신학부 교수, 우원사상연구소장

著 書

『사람과 삶』(강남대 출판부), 『젊은이를 위한 신학』(성광출판사), 『한국신학의 토착화론과 사회윤리』(공저, 국학자료원), 『한국종교와 윤리』(한국기독교문화연구소), 『기독교와 현대사회』(공저, 강남대 출판부), 『현대인의 결혼과 가정』(학문사), 『기독교와 사회복지』(공저, 부스러기), 『교회와 사회』(공저, 성광문화사), 『결혼과 가정』(강남대 출판부).

論 文

「본회퍼의 그리스도론」「다산의 상제사상 연구」외 논문 다수.

丁若鏞의 上帝思想　　　　　　　　정가 : 16,000원

2003년 11월 20일	초판 인쇄
2003년 11월 30일	초판 발행

저　　자 : 金 榮 一
회　　장 : 韓 相 夏
발 행 인 : 韓 政 熙
발 행 처 : 景仁文化社
편　　집 : 金 明 宣
서울특별시 마포구 마포동 324 - 3
전화 : 718 - 4831~2, 팩스 : 703 - 9711
E-mail : kyunginp@chollian.net
등록번호 : 제10 - 18호(1973. 11. 8)